JN418342

높나무봄 (高 椿) 산문집

억이야! 떡이야!

(상)

높나무봄 (高 椿) 산문집

억이야! 떡이야!

(상)

좋은수필사

책머리에

당초엔 신작만으로 책을 묶어보려 했다. 6년 전에 펴낸 [고춘산고高椿散稿]가 그 발목을 잡았다.

고향을 찾는 마음으로 오랜만에 [고춘산고]를 읽어 내려가다가

『원 세상에!』

화톳불을 볼에 들이댄 듯 얼굴이 화끈거렸다.

『이걸 글이라고 책으로 엮어 국공립도서관에서부터 대학도서관에 이르기까지 빠짐없이 돌렸으니.』

뒤늦게 어찌해볼 도리가 없었다.

그 일을 교훈 삼아 새로 쓴 글들은 능력껏 되풀이 갈고 다듬었다. 거기에 [고춘산고] 중에서 손질하면 될 성부른 놈을 여남은 편 골라 함께 묶었다. 결국 [고춘산고 개정증보판]이 된 셈이다.

나는 때때로 저명인사들 글에서 적지 않은 비문非文을 발견하고 쓴웃음짓곤 했던 터라. 막상 자신이 글을 쓰면서도 똑같은 실수를 저지르게 되지 않을까 딴엔 마음을 썼기에, 이 책에 문장이 조악한 곳은 많을지 몰라도, 최소한 비문은 없을 것이다.

그렇다 해도 이 책에 실린 모든 글은 하다못해 실용문조차도 격식이라는 것을 완전히 무시하고, 머릿속의 생각이 풀리는 대로 그냥 받아쓰기만 한 것이니, 세상에서 둘째가라면 서운해 할 산고散稿 중 산고요, 한어중이 먹물의 갈지자걸음으로 보면 될 것이다.

이 책은 부피가 거의 600쪽에 이르니 단권으로 상재하기 버거운 바 있어 상·하권(上·下卷)으로 나누어 묶었다.

상권은 명색 나의 등단작인 〈부부여래夫婦如來〉를 비롯한 경수필 30편과 〈남한산성 둔전말기〉를 비롯한 중·장편 산문 아홉 편으로 꾸렸다. 중·장편 산문은 너무 길어서 잡지에 발표하지 못한 것들이라 이 책에서 비로소 햇빛을 보게 된다.

하권은 상권에 못다 실은 중·장편 산문 여섯 편과 14편의 역사 에세이를 묶었다. 역사 에세이는 서술주체인 나와 무관하게 엄중한 고증을 거쳐 집필한 역사교과서의 성격이 짙다. 〈리영희와 노무현〉 〈억이야! 떡이야!〉를 비롯한 〈384년 만에 세운 신도비의 몰골〉등이 그렇고, 〈촉석루 삼장사의 허와 실〉은 영남과 호남이 오늘같이 앙숙이 되기 전에는 의리와 인정으로 교유한 사례가 허다했음을 고증한 글이다.

이 책에는 보는 이의 눈높이에 못 미치는 글이 많을 줄 안다. 애정어린 눈으로 질책을 주신다면 더없는 보람으로 여길 것이다.

이 책을 출간해주신 〈좋은수필〉 서정환 회장과 강호형 주간께 깊은 감사를 드린다.

아울러 항상 격려하고 이끌어준 문우 최병호 형께도.

을미년(2015) 성하

높나무봄 씀

차례

제2부 | 부부여래夫婦如來

제3부 | 후박나무 우리집

제4부 | 높나무봄 기행수필

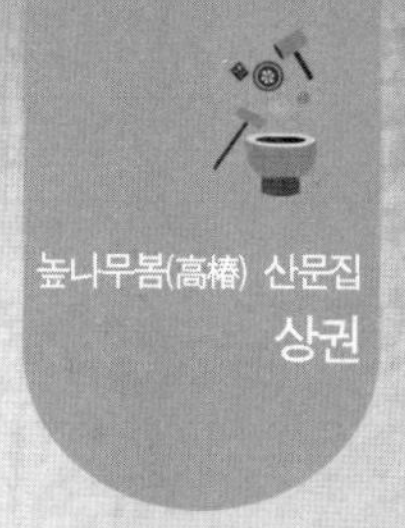

제1부

화전花煎놀이

멧비둘기와 두 어머니

이 땅에서 들리는 텃새 울음으로 나의 심금을 가장 절실하게 건드리는 건 종다리와 멧비둘기 울음소리다. 철부지 적 장차 내 앞에 열릴 미지의 세계를 동경하며 마음 설레게 한 건 종달새의 지저귐이었다. 그와는 달리 지금도 들을 적마다 뭔지 모를 슬픔이 묻어나는 건 멧비둘기 울음소리다.

내가 태어나서 유년시절을 보낸 곳은 섬진강 중류지역, 드넓은 갯밭을 옆구리에 끼고 있는 야산자락 고즈넉한 마을이다. 갯밭은 그러니까 강과 우리 마을 사이에 아스라이 펑퍼져 있는 평원이다. 해마다 사질토의 그 갯밭에 봄기운이 무르익으면, 작년에 베어낸 호밀포기 그루터기에 어느새 네댓 개의 알을 까서 품어주고 있는 새가 있었다. 종달새였다. 기척 없이 알을 품고 있다가 무슨 연유인지 갑자기 "삐르르" 소리를 내며 수직으로 하늘높이 날아오른다. 들판 위로 아물아물 피어오르는 아지랑이 속으로 들어가, 알과 강나루를 번갈아 내려다보며 무어라고 재잘거리는지 영롱한 목소리로 봄 하늘을 장식하던 종달새. "삐이쫄, 찌이지프 찌이지프 찌이지프" 하다가는 "찌이지크 찌이지크, 쓰이 쓰이, 류우

류우 류우 류우, 찌이지크 찌이지크, 류우 류우 류우 류우"한다.(#울음소리='동아백과'에서 인용)

봄 한 철 들려오는 그 종다리 소리를 화사하고 현란한 귀부인의 맵시에 견준다면, 사시사철 주변에서 물리도록 들려오는 멧비둘기 소리는 그지없이 투박한 촌부의 매무새다. 종다리 소리에는 내 어린 시절의 찬란한 꿈이 있어 좋았고, 멧비둘기 소리에는 소박한 어머니의 모습이 담겨 있어 좋았다. 종다리 울음 속에 깃들었던 나의 꿈은 산산조각 어디론가 사라지고 없으니, 오늘은 멧비둘기 이야기만 해야겠다.

인가에서 조금만 벗어났다 싶으면 들리는 멧비둘기 소리. 새 울음소리 중 가장 향토색 짙은 소리다. 조선팔도 두메산골 어느 집에나 시도 때도 없이 들려오는 소리니까. 그 멧비둘기가 내 집에서 지척인 서울 대모산 허리에서도 어김없이 울어댄다. 기력에 걸맞잖게 대모산을 즐겨 누비는 이유다. 슬픈 사연을 가득 머금은 것 같은 그 한恨의 소리, 그래서 까마득한 옛날의 어머니 음성을 듣는 것 같아 자꾸만 듣고 싶은 소리다.

멧비둘기는 가장 먼저 봄을 알리는 전령사다. 입춘 우수를 지나 해가 노루꼬리 만큼 길어지고 눈석임물이 시나브로 언 땅을 녹이기 시작하면 이내 들려오는 게 멧비둘기 울음소리다.

"구그으~ 구우구우~" "뽀뽀오~ 꾸우꾸우~" "쿠우 쿠루 쿠우쿠우" 듣는 사람의 청감에 따라 제각기 다르게 듣는 모양이다. 봄의 전령인 이 소리에 농부들은 겨울 한철 노루잠에서 깨어나 또 한해의 시름겨운 농사를 시작한단다.

경상도 사람들은 비유 능력이 탁월한가 보다.

이 소리를 "서방 죽고 자석 죽고 구우 구루 구루"

"제집 죽고 자석 죽고 서답빨래 누가 할꼬!"

라고 은유하여 듣는다니 놀라운 비유의 능력이다. 울음소리에 한恨이 스며있다는 뜻일 것이다. 그래서 그러는 것일까? 양지바른 곳에 나와 앉아 봄갈이 준비와 각종 씨앗으로 모판 만들기에 분주한 아낙네들의 입에선 『저것 우는 소리는 참말이지 청승맞아 못 듣겠어! 무슨 새가 원 저렇게도!』하는 푸념이 흘러나오곤 한단다.

아, 유년시절에 어머니 슬하에서 듣던 그 청승맞은 소리! 듣고 또 들어도 물리지 않는 그 투박한 소리. 그것은 바로 투박하기 그지없던 내 어머니의 모습 그대로이기 때문이다.

어머니는 타고난 박색에다 중년을 넘기면서부터는 항상 몸에 병을 달고 살았다. 그래도 천생 가난한 잔반 집안의 큰며느리 감이었다. 다달이 거르지 않고 찾아오는 그 많은 제삿날이면, 대처에 나가 사는 막내동서만 빼고, 같은 마을 가까운 곳에 각각 제금 나 살고 있는 두 동서들을 아침나절 일찍부터 불러들여 군기 잡아 잘도 거느렸다. 손아래 두 동서는 당신에 비하여 용모나 맵시가 의젓하건만 큰동서의 지시에 군말 없이 잘 따라주었다. 평소에도 그랬었지만 제삿날에는 더더욱 서로 간에 엇나가는 일이라고는 없이 집안이 화평하였다. 그것은 물론 우리 숙모님들 성품이 무던한 탓이기도 했지만, 어머니가 제향날 하루만 빼고는 모든 일에 자신의 의견을 접고 덕으로 동서들을 거느린 탓이었다.

어머니는 뒷날 나의 양어머니가 되실 둘째동서와 함께, 섬진강 중류 순자강鶉子江변이나 옥과천 하류로 민물새우나 다슬기를 건지러 간 일이 종종 있었다. 당시 네댓 살밖에 안 된 나와 나의 사촌형을 앞세우고서.

그때마다 햇살이 눈부시게 부서지는 얕은 개울물 저만치 어디쯤에서 멧비둘기가 극성스레 울어대곤 하였다. 얄밉도록 애틋이 사람의 가슴을 파고드는 그 소리를 들으며, 맑은 물속 자갈밭에서 집어 올린 다슬기나 깨끗한 물웅덩이에서 건져 올린 새우는, 언제고 두 분이 각각 옆구리에 끼고 있는 앙증맞은 소쿠리를 거의 반씩이나 채우고 있었다. 그 다슬기면 다슬기, 새우면 새우를 놓고 예외 없이 두 분 사이에 실랑이가 벌어졌다. 아들이 많은 형님이 많이 가져가야 한다느니, 이런 것은 딸들이 좋아하니까 딸이 많은 자네가 더 가져가야 한다느니…. 언제나 벌어지는 실랑이 끝에 결국 어머니가 작은어머니 소쿠리에 한 움큼씩 더 얹어주고서야 잠잠해지곤 하였다. 파젯날 새벽, 음복하고 남은 제수음식을 나눌 때에도 똑같은 실랑이가 벌어지곤 했었다.

형은 아우의 논에, 아우는 형의 논에 낟가리를 더 갖다 놓으려다 달밤에 오가는 길에서 마주친 의좋은 형제 이야기는 들어보았어도, 무엇이 되었든 노느매기하면서 동서들끼리 이런다는 이야기는, 나의 유년시절 우리 어머니들 말고는 일찍이 듣도 보도 못하였다.

내가 만으로 채 열 살을 채우기도 전에 그 어머니가 세상을 하직하였다. 자신의 몸이 온전치를 못하니 농촌살림을 일단 접고, 대처에 나가 사는 아들에게 몸을 의탁하였으나, 병든 몸은 누구에게나 짐이었다.

당시 내가 너무 어려서 무슨 연유인진 모르겠으나, 하여간 얼마 뒤 들판에 가을 벼가 누렇게 익어갈 무렵, 어머니는 둘째동서에게 잠시 몸을 의탁하려 나를 앞세우고 고향마을을 찾은 일이 있었다. 그때도 마을 뒷산에선 멧비둘기가 극성스레 울어대고 있었다. 작은집 안마당에 들어서는 어머니를 보자 버선발로 뛰어내려와 병든 손윗동서를 격하게 끌어안던 작은어머니! 아, 나는 지금 그때 일을 회상하며 흘러내리는 눈물을 주체하지 못한다. 그 작은어머니는 뒷날 나의 어머니가 되시었다. 나보다 한 살 손위사촌인 작은어머니의 외아들이 나이 열일곱에 저 세상으로 떠나갔기 때문이다.

나는 지금도 대모산을 거닐며 멧비둘기 울음소리를 들을 적마다, 고향집 앞뒤 산에서 하루 종일 울어대던 멧비둘기를 떠올리며, 동서간의 투박한 정을 나누던 두 분 어머니를 생각하고, 어느새 젖어있는 눈시울로 손수건 대신 투박한 두 주먹을 가져간다.

2009년 7월 17일

〈2013년 7월호 월간지에 발표〉

화전花煎놀이

—한 이중인격자의 변

어둡고 지루했던 겨울을 나고, 모처럼 햇볕 따사로운 봄철을 맞은 규방 여인들이, 시집살이 굴레에서 잠시 벗어나, 꽃 피는 산속을 찾아 진달래 꽃전을 부쳐 먹으면서, 춤추고 노래하며 하루를 즐기는 부녀자의 봄놀이에 화전놀이라는 게 있었다.

조선시대에 규방가사閨房歌詞로 화전가花煎歌라는 것을 지어서 부녀자들이 즐겨 불렀던 옛일을 상고해보면, 화전놀이는 본시 양반 사대부집 새아씨들의 놀이였음을 알 수 있다. 통문으로 공론을 모으고 집안 어른들의 승낙을 받아 택일하여 몸치장하고, 경치 좋은 산야를 찾아 하루를 즐기는 이벤트였던 것이다. 그런 내용은 [화전가]의 가사에 잘 드러나 있다.

그때 시중드는 노비들 외에 여염의 상민층 아낙네들은 감히 그 자리에 얼굴을 내밀지 못한 채, 먼발치서 구경만 하는 관객의 입장이었다. 그러다가 조선말엽에 접어들어 상민들이 급격히 의식화하기 시작하면서, 그들도 봄이 오면 끼리끼리 모여 산야를 찾아 화전놀이를 즐기게 되었다.

나의 유년시절 우리가 살던 한촌의 부녀자들도, 봄이 오면 양반들 놀이 빳빳하게 흥겨운 화전놀이를 즐겼으니까 말이다.

마을 앞산 아늑한 골짜기에서, 온 산을 벌겋게 물들인 진달래 꽃무더기를 배경 삼아, 요란스러운 북장구 소리에 맞춰 춤추고 노래하며 신명나게 하루를 즐기던 일은, 지금도 눈만 감으면 어제 일처럼 눈앞에 선연히 떠오르는 몇 안 되는 나의 유년시절 추억이다.

하지만 그 속에 우리 집 부녀자들은 없었다. 집성촌을 떠나 3대째 그 마을에 나와 살고 있으면서도, 우리집안 여인들이 마을 아낙들과 어울리기란 아직은 피차에 스스럽기만 했던 모양이다. 나의 유년시절까지도 우리집안 사람들은 마을사람들과 물과 기름처럼 잘 섞이지를 못하고 있었다. 그렇다고 무슨 특별한 갈등관계에 있었던 건 아니라서, 나는 마을 아이들과 자유롭게 어울리며 그들과 함께 봄철의 화전놀이를 멀찍이서 지켜보곤 했었다. 여인들만의 놀이판에 비록 어린 아이라 해도 명색이 사내인데 가까이까지 접근하는 건 금기로 돼 있었기 때문이다.

삼월 삼짇날은 바야흐로 봄이 무르녹기 시작하는 날이다. 작년 9월 9일에 강남 찾아 떠나갔던 제비가 다시 옛집을 찾아 돌아오는 춘삼월 호시절이다. 그날 노랑나비를 보면 한해가 길하고 흰나비를 보면 그해에 부모상을 당한다는 속설도 있었다. 순박한 인심이 계절 속에 무르녹은 여항풍설이었다.

우리 마을 앞산의 참남실眞木坪 웅숭깊은 골짜기는 봄철이 되면 그야말로 불붙듯 타오르는 진달래 꽃밭이다. 해마다 그곳이 우리 마을 화전놀이터였다. 삼월 삼짇날을 전후한 날씨 화창한 날을 골라 그곳에서 화전놀이가 열렸다.

그날이 되면 그 풍물놀이 터에서 조금 비켜난 곳에다 두세 군데 큰 돌덩이를 괴어 아궁이를 만든다. 그런 다음 그 위에 번철을 얹거나 소댕을 뒤집어 놓고 몇 사람이 아궁이에 불을 지펴 번철이나 소댕을 덥힌다. 그동안에 다른 아낙들은 온 산에 흐드러지게 피어있는 진달래꽃 중에서 크고 싱싱한 꽃잎만을 골라서 따가지고 온다. 그러면 솜씨 좋은 아낙네 몇이서 납작납작하게 눌린 찹쌀가루 반죽 위에 꽃잎 몇 개씩을 곱게 펴서 얹고는, 그 위에 참기름을 발라 뜨겁게 덥혀진 소댕 위에 올려놓고, 위아래로 뒤집어가며 꽃부꾸미와 꽃지짐을 만들어낸다.

봄 냄새 가득한 그 화전花煎을 나누어 먹으며 고된 시집살이에서 벗어나 홀가분하게 하루를 즐기는 아낙네들의 그런 해맑은 모습을, 나는 그때 나의 유년시절 말고 그 뒤론 거의 본 일이 없으니, 이 한 가지만으로도 세상사 무상함을 실감한다.

지금 생각해 보아도 그때 동네 여인들은 노소를 막론 그렇게 잘 놀 수가 없었다. 춥지도 덥지도 않은 해맑은 봄 햇살을 온몸에 받고, 벌겋게 타오르는 진달래 꽃불 속에서 펼쳐 보이는 춤사위와 노랫가락 속에는 사람살이의 고달픔이 서럽게 무르녹아 있었다. 북 장구를 비롯한 꽹과리 소리와 징소리는 진달래 꽃불 위를 스쳐 춘삼월 봄 하늘에 흐느끼듯 울려 퍼지고 있었다. 그것은 여염 상민들의 삶의 애환이었다.

징과 꽹과리만 두드리는 것으로 가볍게 시작하여, 이내 북과 장구까지 끼어들어 서서히 분위기를 달구어가다가, 한순간에 꽹과리만을 거세게 두들기며 가락을 절정으로 휘몰아가서는, 어느 순간 다시 천천히 징과 꽹과리로 느긋하게 끝맺는 솜씨는 지금 생각하면 요즘의 사물놀이와 방불한 것이었다. 그리고 한평생 문학의 언저리를 서성거리던 나의 안

목으로 그때를 회상하며 그 동작들을 떠올려보면 영락없는 기승전결起承轉結의 구조가 확연하게 드러나는 기법이었다.

때가 이미 현대문명을 구가하는 그 즈음에도, 시대의 추이에 눈감은 양반들 쪽에서는 상민들에게 숨겨진 그런 재주를, 사당패거리나 광대들의 천한 잡기로 치부하여 거들떠보지도 않았다는 것이다. 어려서부터 감수성이 남달랐다는 나에게 그것은 참으로 경이로운 몸짓이었는데 말이다. 나는 성장기부터 이렇듯 정서적으로 마을사람들과 하나가 되어 있었다.

먼발치서 화전놀이를 구경하고 있는 나에게, 「이리 와서 화전 하나 먹어보라」고 손짓하여 부르던 몇몇 젊은 아주머니들의 모습은 칠십여 년이 지난 오늘날에도 눈앞에 선연히 떠오른다. 오늘 이 시간에도 그들은 내 향수의 본원이며 정서적 지향점이다. 민촌살이 3대째에 접어들었으니 양반의 너울은 진작 벗어던진 처지에서도 우리집안 어른들은 무슨 미련이 남아있기에 마을사람들에게 다가서지 못했을까?

지금 내 마음속엔 화전놀이를 즐기던 아주머니들을 그리워하는 수구초심首丘初心과 우리집안이 마을사람들에게 일정한 거리를 두고 지내던 성장환경이 공존하고 있다. 그것이 오늘의 나를, 의식은 평등 지향적 진보를 선호하면서도 무의식은 계급 지향적 보수층에 머물러 있는 이중인격자로 만들어 버렸으리라는 생각에, 나는 쓰디쓴 한숨을 토한다.

2009년 10월 1일

〈2010년 계간지 봄호에 발표〉

잔반殘班

우리집안이 잔반으로 전락하여 한촌으로 밀려나와 살적에도 주인들이 굶으면 굶었지 종은 굶기지 않았다고 들었다. 그런데 작은형의 유년시절인 1920년대만 해도 이미 개명한 세상이라, 종이 밥 좀 안 굶는다고 그걸 그리 대수롭게 여겼겠나? 결국 하나 남은 가전여비家傳女婢마저 가난이 싫어 종적을 감추어 버렸다니, 그때 우리 집의 그 궁핍은 차마 필설로 다하기 어려웠을 것이다.

먹는 입이라도 줄여보겠다며 어머니는 아들 3형제를 데리고 내키지 않은 친정 문을 두드리게 되었다는 것이다. 막내 형과 나는 아직 어머니 자궁 밖으로 나오기도 전 일이니, 대가족 집단인 우리집안 나머지 가권들은 그때 어디서 어찌하고 살았는지 바이 알 길이 없고, 다만 가난으로 말미암은 어머니의 친정살이에 얽힌 몇 가지 에피소드만을 뒷날에 들어 알고 있을 따름이다.

그러니까 그때는 작은형(셋째형)이 막내였단다. 또 그때부터 그는 그 또래의 대표적 개구쟁이였고.

하루는 외갓집 동네 아이들 서너 명과 얼려 사랑채 앞마당에서 개구지게 놀다가, 그만 잘못하여 마루에 앉아 밥을 먹고 있는 머슴 밥상에 모래를 끼얹고 말았더라나. 머슴이 드문드문 밥 속에 섞인 모래를 가려가며 조심스레 먹노라고 먹다가 아차 하는 순간, 이빨 하나가 부러져 버렸것다. 사람됨이 무던했다는 그 머슴도 일이 그쯤 되자 성깔을 부리느라, 다음 끼니부터는 수저도 들지 않은 채 밥상을 물려버리니, 집안 분위기가 좋을 턱이 있었겠나!

외숙이야 동기간 사정으로 그만 일쯤 대범하게 넘겼다지만, 외숙모만 해도 피 한 방울 안 섞인 남이다. 외숙모에겐 아이를 셋씩이나 줄래줄래 매달고 와서 법석을 떠는 손아래 시누이가 뭐 그리 반가운 손님일 것이며, 그런 외숙모에게 어머니는 또 얼마나 민망했겠는가! 물론 이것은 온전히 나의 추론일 뿐이지만 내가 태어나기도 전에 있었다는 우리집안의 그 참담한 정황을 생각할 때마다 나는 지금도 어머니에 대한 한없는 연민의 정을 떨쳐버리기가 어렵다.

그 어머니는 천수를 다하지 못한 채 일찍이 이승을 하직하시고, 먼 뒷날 막내 형과 나까지 합친 우리 5형제가 외숙의 환갑 잔칫날 외갓집을 찾았을 때, 거의 호들갑에 가까운 외숙모의 반기는 품새로 보아, 내 추론이 빗나간 것이었음을 알게 되어 참으로 다행스러웠다. 그때 외숙모는 나이 30을 전후한 형들에게 『내 새끼들, 내 새끼들』하며 잊지 않고 외갓집을 찾아준 우리 형제들을 대견해 했었다.

세월은 흘러서 작은형의 막내시절은 가고 나의 막내시절이 왔다. 작은형과 나는 아홉 살 터울이고, 이 이야기는 나의 네댓 살 적 일이니, 작은형이 외갓집에서 머슴 밥상에 모래를 끼얹은 지 10년 가까운 세월이 흘렀을 무렵이었다.

우리 집에서 내리 6년을 머슴살이하는 윤 지호라고 있었다. 우리 마을 뒷산 너머, 두어 마장 떨어진 [내동마을]사람이었다. 아직 젊고 사람됨이 선량하기 이를 데 없는데다 다부진 일꾼이라서 어른들의 신임도 두터웠다. 어쩌다 허락을 받고 친가에 다녀올 때면, 자기 집 마당가에 서있다는 뽕나무에서 거무스름한 오디를 한 움큼씩 따다가 내게 안기는가 하면, 어디서 났는지 그때만 해도 시골구석에선 구경조차 못하던 1년감(토마토)을 가지고 와서 먹어보라고 주던 인정 많은 사람이었다.

그가 덕석을 짜며 혼자서 기거하는, 쇠죽솥 아궁이방 앞쪽 툇마루는 원시적 풍모가 물씬한 좀 별난 마루였다. 엄청나게 큰 통나무 하나를 세로로 반 갈라서, 토방 위에다 네 개의 뭉툭한 기둥을 세우고 그 위에 얹어놓은 것인데, 그는 대패로 잘 다듬어놓은 그 반반한 통나무마루가 좋은지, 여름이면 항상 그 좁은 툇마루에 개다리소반을 올려놓고 혼자서 밥을 먹곤 하였다.

한번은 그 앞에서 놀던 내가 그의 밥상에 모래를 끼얹은 일이 있었다. 실수로 그랬는지 일부러 그랬는진 전혀 기억에 없으나, 혼자서 놀다 그리된 것으로 미루어, 10년 전 작은형의 옛일과는 달리 필시 일부러 그랬을 것으로 생각한다. 그만큼 나는 어려서부터 싸가지가 없었던 것이다. 물론 내가 소학교에도 들어가기 전 코흘리개 적 일을 가지고 싸가지를 들먹일 일은 아닐지 모르나, 내가 그것을 굳이 싸가지라고 말하는 데에는 또 그만한 사단이 있었다.

하도 곡식이 귀한 시절이라 가을에 벼를 베어 그대로 논바닥에 널어두고 말리면 밤에 도둑맞기 일쑤였다. 그래서 어느 해던가 논바닥에 널어둔 벼를 일일이 볏단으로 만들어, 사랑채 넓은 마당으로 져 날라다가 집채보다도 더 높이 둥글넓적하게 쌓아올리고 그 위에 이엉을 덮어 보관한 일이 있었다.

그 벼 난가리 바깥쪽으로 여기저기 삐져나와 있는 잘 마른 검불들이 유별나게 나의 시선을 끌었다. 불을 댕기면 활활 신나게 타오를 것 같은 느낌이 들자, 나는 그게 정말 그러는지 보려고 안채 부엌으로 들어가서 몰래 성냥을 가지고 나와, 성냥개비를 북 그어서는 검불에 대보았것다! 아니나 다를까, 검불에 닿은 불은 삽시간에 난가리를 휘감더니 무섭게 타오르기 시작하였다. 멍청한 소견에도 겁은 났던지 내가 허둥지둥 어쩔 줄 모르고 있을 때, 천지신명이 돌보느라 때마침 머슴 지호가 방에서 나오다가 이 기막힌 광경을 보게 된 것이다. 그가 소리소리 질러 많은 식구들과 동네사람들을 불러 모아 불을 껐으니 망정이지, 불연이면 그해 겨울 우리 집안 대소가권들은 피죽도 못 얻어먹을 뻔했던 것이다. 그때 그 일련의 일을 두고 작은형은 『될성부른 나무는 떡잎부터 알아본다는데…』하며 나를 놀려대기 시작하더니만, 그 뒤론 무슨 일이고 내가 마음에 안 들면 언필칭 『될성부른 나무는…』이었다. 그러면 나는 약이 올라서

『쳇, 자기도 외갓집에서 그랬다는 주제에…』하며 대들곤 하였다.

그 다음해던가 다다음해던가 어림 잡아 그 무렵이었을 것이다. 망종하지가 지나도록 비다운 비가 안 내리자 집집마다 모내기를 단념하고, 문전옥답에다 온통 메밀을 심어버린 해가 있었다. 그런 흉년이 들어 온 나라가 기근으로 허덕이던 그해에도 섣달그믐은 때를 놓치지 않고 어김없이 찾아왔다. 나이보다 앳되고 소견이 늦터진 나 같은 못난이가 물색없이 설이 돌아온다고 좋아서 손가락을 꼽아가며 그날을 기다리는 동안, 우리집안 어른들은 설 차례 걱정으로 밤잠을 설쳤다는 걸 뒷날 내가 온전히 철들어서야 어렴풋이 알게 됐다.

전답의 소출 외에 항산恒産이라곤 없었으니 우리 집 어른들에게 그 흉

년의 세모가 얼마나 무서웠으랴! 설빔은 고사하고 우선 그 많은 신주 앞에 무엇을 공양한단 말인가!

그때가 딱 섣달 그믐날은 아니고 그믐을 며칠 앞둔, 날씨가 몹시 푸근했던 어느 날이었다고 기억한다. 소산숙부가 외척인 약내藥川 정정언鄭正言[1]댁에 벼 닷 섬을 얻으러 갔다가 밤늦도록 돌아오지 않자, 그믐을 앞둔 칠흑 같은 밤에 대소가의 적지 않은 가권들이 사랑채에 모여들어, 이제나 저제나 하며 눈이 빠지게 숙부를 기다리고 있었다. 그런데 결국 숙부는 뒤에 짐꾼들을 거느리지 못하고 빈손으로 돌아왔다. 그때 낙망하던 어른들의 어두운 표정이 지금도 눈을 감으면 선연히 떠오른다. 생각해보면 사는 형편이 우리보다는 낫다 해도 그 흉년에 그 집이라고 외손들에게 내어줄 벼 닷 섬이 어디 있었겠는가!

많은 가솔에 닷 섬은 있어야 춘궁을 이겨낼 것 같아 그랬을 거라고 짐작은 하지만, 그래도 그렇지 한두 섬도 아닌 닷 섬을 달라고 하다니! 우리집안 어른들이 너무도 물정에 어두웠거나 아니면 주제넘은 양반의 오기로 그랬을 것이다.

소산숙부가 빈손으로 돌아왔으니 그해 설을 어떻게 쇠었는지는 지금 전혀 기억에 없다. 그러나 어른들의 그런 망연한 처지엔 아랑곳없이 설날이 오기만을 손꼽아 기다렸던 나는 작은형의 말마따나 떡잎 때부터 될성부른 나무가 아니었던 것이다.

2010년 1월 20일

〈2011년 계간지 여름호에 발표〉

---

1) 정재건鄭在健: 내 高祖妣의 친정동생. 延日人. 사간원 正言과 사헌부 持平을 지냄. 나라가 망국으로 치닫자 벼슬을 내놓고 낙향하였는데, 뒤이어 合邦이 되자 자택 사랑에서 자결 순국함.

부교父教
– 한밤의 도깨비불

5백리 섬진강은 대부분 협곡 사이로 흐르는 물줄기고 보니 자연 너비가 좁은 강일밖에 없다. 하류의 하동포구에 이르면 제법 대하의 면모를 보이기도 하지만, 상류는 물 위로 삐죽삐죽 얼굴을 내민 바위들이 많아서, 강이라기보단 차라리 아이들이 삼태기 들고 천렵이나 하는 동네앞 개울이라면 맞을 것이다. 그런 개울 같은 상류가 자그마치 200 리나 그 모양으로 흘러내리다가, 오랜 옛날부터 유원지로 이름난 순창 땅 [향가리]에 이르러 중류로 접어든다. 개울물이 비로소 강물이 된다. 그 물줄기는 남원 땅 대강면을 유유히 감고 돌아 곡성 땅 청계동 협곡을 잠시 여울져 흐르다가 금지면 벌판을 만나게 된다. 그곳에서 지리산 계곡의 물줄기가 남원 읍을 휘감고 흘러오는 요천蓼川을 받아들인 다음, 오른쪽의 곡성읍내를 흘끗 스치며 아득히 흘러흘러, 압록에서 보성강과 합류하기까지의 백리 물길이 곧 섬진강 중류다.

사람들은 이곳만을 따로 떼어 순자강鶉子江이라는 낭만적 이름을 붙여주었다. 그 색다른 이름이 암시하듯 이곳에서는 메추라기들이 강물이나 얼음 위를 마치 릴레이 하듯 앞서거니 뒤서거니 날아갔다 날아돌아오는 정경을 상시에 볼 수 있다. 일정한 집이 없이 떠돌이로 애잔하게 살아가

는 그놈들도 깜냥에 이곳 풍치를 으뜸으로 치는 것이리라.(鶉子= 메추라기 순鶉+子(접미사))

순자강변엔 섬진강 상류나 하류에선 좀처럼 보기 어려운 드넓은 평야가 한군데 열려있다. 그 평야를 끼고 유유히 흘러가는 강의 둔치는 그림 같은 백사장이요, 백사장엔 강 건너 남원 땅으로 건너가는 강나루가 있고 강나루 근처 드넓은 포전엔 호밀밭이 질펀하다. 박목월의 시 [나그네]의 배경을 이곳으로 옮겨왔다면 맞을 것이다.

순자강 맑은 물가의 갯밭은 거무스름한 모래가 섞인 사질토라서 각종 야채 제배는 무론이요, 무슨 나무든 심기만 하면 뿌리를 잘 내리니 무럭무럭 자라게 마련이다. 더하여 강을 끼고 있다는 이점 때문에 뽕나무를 재배하여 잠농蠶農을 하기엔 최적지로 알려진 곳이다.

이곳에 잠실蠶室을 지어 잠사공장을 경영하는 아버지의 친구 [류 수종] 어른이 살고 있었다. 지체나 연치가 엇비슷하여 서로 말을 트고 지내는 친구인데도, 아버지는 상투 틀고 망건 두르고 갓과 도포로 의관을 정제한 유생이요, 그 어른은 일찍부터 삭발하고 신식학교를 다녔으니 출입할 때도 세루 두루마기에 중절모가 정장이다.

본시 남원읍내 사람인데 우리 집을 내왕하느라 강나루를 건너다닐 때, 순자강변의 입지조건을 눈여겨 보아두었다가, 물려받은 유산으로 나루터 인근 갯밭 수만 평을 사들였다. 그곳에 만여 그루 뽕나무를 심고, 사이사이에 10여 동의 대형 잠실을 지어 누에를 쳤다. 처음엔 누에고치를 생산하여 큰 방적회사에 납품하였지만, 이내 몸소 설비를 갖추어 고치에서 직접 실을 뽑는 제사공장까지 꾸려갔으니, 말하자면 우리 고장 굴지의 유지였다.

그때는 막내 형만 학교에 다니고 나는 아직 취학 전이었으니 태평양 전쟁이 발발하기도 한참 전이었다. 그 어른은 일본어 신문을 구독하였는데, 신문은 이십 리 밖 면소재지의 우편국 체부가 이틀에 한 번씩 자전거를 타고 면내를 돌아다니며 배달하는 우편물과 함께 배달되었다.

[류 수종] 어른이 사는 강변 나루터 잠실마을[2]은 종방 주인어른과 그에게 고용된 누에치기 인부와 제사공들만이 사는 십여 가구의 작은 마을이었다. 행정구역명은 우리 마을 이름인 송전리로 되어있지만 거리는 우리 마을에서 들판을 가로질러 자그마치 5~6마장이나 떨어져 있었다. 그 잠실마을에 우편물이라는 게 있어봐야 잊어버릴 만하면 한 통씩 있을까 말까한 터에, 체부의 애를 먹이는 건 그 종방 주인이 신문을 구독한다는 사실이었다. 체부가 우리 마을까지 오게 되면 대개 해가 뉘엿거릴 무렵이다. 그러니 우리 마을 우편물도 우리 집 사랑채에 놓고 가면서 본인들을 불러 전해 달라 부탁하고 가버리는 형편에, 그 신문 한 부를 배달하러 체부는 이틀에 한 번씩 땅거미 내릴 무렵 종방까지 오리五里길을 더 갔다 와야 하는 것이다.

궁즉통窮則通이렷다! 그 체부가 하루는 학교에서 돌아오고 있는 나의 막내 형을 눈여겨보았다. 학교에 가는 통학로로 종방을 거쳐서 간대도 크게 돌아가는 것이 아니라는 것을 아는 체부는 막내 형에게 다가갔다, 아침에 학교 갈 때 종방 주인집에 들러 신문을 전해주고 가면 심부름 값으로 매번 1전錢 씩을 주겠다고 제의하였다. 한 달이면 열다섯 번이니 15전이요, 15전이면 막내 형 월사금(수업료)이 되고도 남았다. 무슨 일에

2) 누에고치를 생산한다 하여 종방種紡이라 불렀다

나 게으른 것보다는 부지런히 나대는 편이 낫다며 아버지도 쾌히 승낙하니, 이리하여 막내 형은 이틀에 한 번씩 신문배달원 노릇을 하게 되었다.

사람의 일상이 기계 돌아가듯 꼭 그렇게 한결같기가 어디 쉬운 일인가? 한번은 막내 형에게 사정이 생겨(무슨 사정이었는진 지금 전혀 기억에 없다) 학교를 이틀씩이나 거르는 바람에 자연 신문배달도 한 번을 거를 수밖에 없었다. 그 배달되지 못하고 사랑채 앞마당 평상 위에 그대로 놓여있는 신문이 며칠 동안 출타했다가 그날도 밤이 이슥해서야 돌아온 아버지의 눈에 띄었다.

사랑방 뒷문을 열고 높직한 안채를 향하여 고함을 질러 막내 형과 어머니를 내려오게 하고는 신문배달을 못하게 된 사연을 들은 아버지의 표정이 일순 험악해졌다.

『당장 옷 갖춰 입고 종방에 다녀오너라! 네놈은 너를 믿고 맡긴 우편국 체부는 물론, 이틀에 한 번씩 신문을 가져다주는 너를 눈 빠지게 기다리는 종방 어른에게도 신의를 저버렸다. 사람이 남과 더불어 살아가는데 절대로 허술히 해서는 안 되는 일이 서로간의 믿음이라는 걸 네놈이 정녕 아직껏 몰랐단 말이냐?』 준엄한 꾸짖음이었다.

곁에서 듣고 있던 어머니가 이 캄캄한 밤에 어린것이 그 먼데를 어떻게 다녀온단 말이냐고 막내 형을 감싸고 나서자, 아버지는 어머니를 무섭게 노려보며

『아이에게 사정이 생겼으면 인편을 얻어서라도 신문을 보냈어야지! 어머니라는 사람의 생각이 고작 저 모양이니, 아이가 무엇을 보고 배운단 말이요?』하고는

『네 이놈! 썩 옷 갈아입고 나서지 못할까?』하고 재차 막내 형에게 호

통을 치고 나서, 나를 향하여

『네 형 혼자서는 밤길이 무서울 것이니, 네가 동행하도록 해라.』하였다.

이렇게 되자 어린것들만 보낼 수 없다며 어머니까지 장옷을 갖춰 입은 뒤에 등롱을 치켜들고 나서며 우리더러 앞장서라 하였다. 이리하여 세 사람이 일행이 되어 길을 나서는데 눈앞에는 칠흑 같은 어둠이요, 하늘에는 별조차 보이지 않았다. 아득한 벌판 너머 동쪽 끝으로 백사장 변 잠실마을과 강 건너 나루터로 짐작되는 곳에 희미한 불빛이 두어 점 깜박이고 있을 뿐이었다. 그 불빛만을 바라보고 세 사람은 어둠 속을 조심조심 한발 한발 내딛고 있었다.

그것은 보통사람들 상식으로는 용납하기 어려운 정경이었다. 연약한 여인과 소학교 저학년인 소년과 취학 전의 유년. 이들은 광막한 어둠 속으로 그냥 내몰려 있었다. 이들을 보호해줄 수 있는 그 무엇도 주변엔 없었다. 맨 뒤에서 어머니가 쳐들고 있는 희미한 초롱불빛에 의지하여 막내 형과 내가 앞서거니 뒤서거니 개천의 둑길 따라 걷는데, 앞에서 걷는 사람은 제 등으로 초롱불빛을 가려버리니 내딛는 발밑이 잘 보이지도 않았다. 산중이 아니고 벌판이라 짐승 무서울 건 없다 해도, 별빛조차 없는 칠흑 같은 어둠 속엔 귀기鬼氣가 서려있었다. 당장에라도 어디선가 나타난 야차夜叉에게 끌려갈 것만 같아 마음은 조마조마하고 몸은 오싹오싹, 그야말로 처연하기 그지없는 몰골들이었다. 지엄한 가장의 영이 아니었다면 연약한 이 세 모자가 어찌하여 깊은 밤 황량한 벌판을 헤매는 신세가 되었을 것인가! 그러고 보면 이들에게 남편과 아버지의 영은 귀신보다도 더 무서웠다는 뜻이 될 것이다.

아버지는 유학의 경전을 섭렵하셨으면서도, 실생활에선 원전原典의 어려운 철학보다는 명심보감이나 소학 등에 보이는 인격자의 덕목을 갖추려고 애쓰며 한평생을 사신 분이다. 그런 아버지의 한마디가 채찍보다도 아프고 귀신보다도 무서운 건 당연한 일이다.

어둠 속의 울퉁불퉁한 들길을 등롱燈籠 하나에 의지하여 나루터의 희미한 불빛만을 바라보고 천방지방 어떻게 헤쳐 왔는지, 하여간 목적지인 종방주인 집에 당도하였다. 그 집도 안팎마당은 물론 방방이 다 불이 꺼져있고, 사랑채의 류 수종 어른 방에만 불이 켜져 있었다. 막 침수에 들려던 어른이 우리형제를 맞아 신문을 받고는 밤이 깊은데 애썼다고 치하해 주었다.

가까스로 아버지의 영을 거행하고, 발길을 돌려 넓은 그 집 마당을 질러서 채 대문 밖으로 나서기도 전에 류 수종 어른의 사랑방 불도 꺼졌다. 거의 그와 동시에 그곳에서 빤히 건너다보이는 강 건너 나루터 언덕위 뱃사공 집 단 한 곳에만 켜져 있던 등불도 꺼져버리는 게 아닌가! 이제는 강 이쪽이고 건너 쪽이고 천지에 도무지 불빛이라곤 없는, 말 그대로 칠흑 같은 어둠만이 우리 앞을 가로막고 있었다.

그때였다. 이게 무슨 해괴한 일인가? 뽕나무 수풀 사이에 아까부터 어둠의 두억시니같이 거뭇거뭇 버티고 서있던 잠실蠶室(누에치는 집) 속에서 갑자기 불빛이 번쩍번쩍 하다가는 꺼지고, 한참 만에 또 번쩍번쩍 하다가는 꺼지곤 하는 게 아닌가! 천지사방에 인기척이라곤 없이 쥐죽은 듯 괴괴한 밤에 캄캄한 잠실 속에서 불빛이 번쩍거리다니? 한두 번도 아니고 똑같은 간격으로 소름이 돋도록 되풀이하는 저것은 도대체 무엇이란 말인가? 일행은 간이 콩 알 만하게 오그라들었다. 누구 입에선가 속삭이듯 『도깨비불인 갑다.』하는 소리가 나오자 이제는 죽었구나 싶어

나는 어머니의 치마폭에 매달렸으나 어머니라고 사람이 아니랴! 무섭기는 매일반일 것이었다. 우리 세 모자는 손에 손을 틀어잡고 걸음아 날 살려라! 거꾸러지며 일어서기를 수없이 되풀이하면서 우리 마을 쪽을 바라보고 냅다 뛰었다.

나는 그 밤을 한평생 잊지 못하며 살고 있다. 그로부터 꼭 73년이 지난 오늘, 나는 그때의 그 일을 돌이켜보며 연약한 처자에게 그런 고초를 겪게 하면서까지 꼭 그 밤에 그 신문을 종방 주인에게 갖다 주게 한 아버지의 마음을 헤아려보았다. 나도 이젠 지난 일들을 마음속에 갈무리하고 다가올 죽음에 대비해야 할 때가 되었기 때문이다.

아버지는 당신 스스로 인격자의 면모를 지니고 사셨던 분이라, 자식들에게도 자신이 최고의 가치로 여기는 유교의 덕목을 지니게 해주고 싶었을 것이다. 유교의 경전이 가르치는 것을 나름대로 실천하고 살아가기만 한다면 남에게 지탄받을 일은 없을 것이라 생각하신 아버지.

목전에서 어린 아들의 인격이 허물어져 가고 있는 걸 보고, 사람으로서 마땅히 지녀야 할 신의를 위해서라면 한밤중일지라도 그만한 시련은 감내해야 한다고 생각하셨을 것이다. 지금 생각해보면 그것은 자식을 향한 어버이의 육친의 자애가 교육적 엄격으로 승화한 숭고한 자식사랑이었던 것이다.

나는 오늘, 그 옛날 우리아버지가 자신의 아들들에게 불어넣어주려고 애쓰셨던 인격자의 덕목을 내가 과연 얼마나 지니고 있는지를 짚어보게 되었다. 그리고는 차마 고개를 들 수가 없었다. 건성으로 대강대강 되돌아보아도 삼강三綱에서나, 오륜五倫에서나, 인의예지신仁義禮智信의 오상五常에서나, 효제충신孝悌忠信의 사덕四德에서나 나는 거의 낙제점이었던 것이다.

부끄러운 한숨을 내쉬다가, 문득 그 밤을 생각하며 [신의信義]라는 덕목에 오랫동안 생각이 머물렀다. 지난날 내가 남에게 신의를 저버린 적이 있었던가를 하나하나 짚어보았다. 딱히 짚이는 대목이 없었다.

생각이 여기에 이르자 73년 전 그 밤에 아버지가 자식들의 몸속에 심어주신 신의의 씨앗이 몸속 어디엔가 헛되이 묻혀버리지 않고, 아버지라는 사랑의 햇볕을 받아 싹터서, 적으나마 사람의 이름에 값하는 나의 겉옷으로 자라주었음을 깨달았다. 나는 벌떡 일어나 묵은 앨범을 꺼내들었다. 갓과 도포로 의관을 정제한 아버지의 빛바랜 사진을 어루만지며 나는 평생 처음으로 아버지에게 감사와 존경의 묵념을 올렸다. 아, 아버지!

— 2010년 4월 —

※ 참고: 병석에 누운 어머니 대신 나를 돌보게 한다는 명분으로 서모庶母를 맞아들여, 어린 나를 힘들게 했던 아버지에게 왕년의 나는 결코 우호적이지 않았다.

모훈母訓

어머니의 희귀한 부정적 유전자를 여러 형제 중 유독 혼자만 물려받은 재수 없는 막내아들. 그 막내아들의 어머니 그리움이 다른 형제들에 비해 유별난 것은 대체 무슨 아이러니일까? 지난날을 되짚어보는 나의 회상기에 가장 많이 등장하는 어머니.

사실 어머니와 내가 이승에서 함께한 세월은 고작 10년에 불과하다. 자라서 어섯눈을 뜬 뒤부터 치면 잘해야 5~6년, 그것도 어머니와 헤어져 대처에 나가 학교 다녔던 기간을 빼면 기껏 3~4년 동안 나는 어머니와 모자간으로 살았을 뿐이다. 그런 나의 글에 어머니 이야기가 단골로 등장하는 걸 보면, 그 짧은 동안 어머니가 내 머릿속에 각인시켜 놓은 잊지 못할 일들이 그만큼 많았다는 뜻이기도 할 것이다.

오늘 동짓달 스무 엿샛날 내 작은형수 기일을 당하여 문득 추연한 생각이 들기로, 지난날 우리집안의 그 많은 제삿날 속에 스며있는 이러저런 추억을 떠올렸다. 어머니가 생전에 당신의 자식들이 올바른 사람으로 자라주기를 얼마나 희구하였던가에 생각이 미쳤다. 오늘은 우리 어머니 자식교육의 단면이라 할 에피소드를 두어 가지 풀어놓으려 한다.

태평양전쟁이 발발할 무렵, 내가 부모님 슬하에서 2학년까지 다녔던 후미진 두메학교는, 멀리 동남쪽 십리 밖에서 우리 마을 쪽을 바라보고 병풍같이 펼쳐진 동악산 자락에 아담하게 자리하고 있었다. 그곳까지 왕복 20 리 통학로는 날마다 일정치가 않았다. 오른쪽은 야산을 끼고 도는 신작로 하나뿐이지만, 왼쪽은 굽이돌아 흐르는 순자강변에 펼쳐진 드넓은 벌판이니, 오가는 논두길 밭두길 하며 널린 게 통학로라, 그날의 기분 따라 속된 말로 〈엿장수 마음대로〉였다.

그때가 초여름이었으니 그날은 음력으로 유월 스무 엿샛날, 증조할아버지와 할아버지의 기일이었을 것이다. 공교롭게도 부자분의 기일이 같은 날이라서 그날은 우리 집의 가장 큰 연중행사 날이었다.

나의 통학로인 순자강변 드넓은 갯밭에는 그 지질에 알맞은 농작물들이 겨울 한 철 빼고는 항상 빼곡하게 자라고 있었다. 사질토라서 작물은 주로 땅콩 참외 수박 감자 고구마 무 등속이었다. 음력으로 유월 하순이면 참외가 넝쿨 속에서 한창 무르익을 철이다. 그것을 떠올린 나는 그날 기막힌 아이디어 하나를 짜냈다.

≪가는 길에 아무 밭에나 들어가 제사에 쓸 참외를 따가지고 가자. 원두막이 군데군데 있긴 해도 실제로 사람이 지키는 밭은 별로 없으니 뭐가 걱정이냐! 아마 어머니도 대견해할 것이다≫ 작심하고 참외밭 둑길 따라 걸어가다가, 다짜고짜 거무스름한 넝쿨이 무성한 밭에 들어섰다. 굵고 농익은 놈으로 자그마치 여섯 개를 따서 책과 함께 책보에 싸가지고 의기양양하게 어머니 앞에 나타났다.

『이 참외 제사에 쓰시라고 강변 포전에서 따왔어요.』

불룩한 보자기를 자랑스레 내밀었다.

어렵쇼! 갑자기 어머니의 표정이 험악해지더니 대번에

『네가 도둑질한 걸 네 할아버님들 제사상에 올리란 말이냐? 누가 너에게 그런 짓을 가르쳤냐!』불호령을 내렸다. 그리고는 저분이 내 어머니가 맞나싶을 만큼 찬바람이 쌩 도는 소리로

『당장 3층 방 벽장 속에 들어가서 네가 한 짓을 생각해보며, 온종일 밖에는 얼씬 말거라.』엄명을 내렸다.

우리 집 안채의 마루는 20㎝ 높이로 층진 3층 마루로 되어있었다. 1층 마루에 딸린 방이 골방을 곁들인 안방이요, 2층 마루에 딸린 두 칸짜리 커다란 방이 도장방이요, 3층 마루에 딸린 방이 대갓집 같으면 별당쯤에 해당하는 명색 우리 집의 안사랑인데, 그 방의 벽장속이라면 안채에서도 가장 후미진 공간이었다. 거기 가두다시피 집어넣어 두고는 밖에서 맛있는 냄새를 풍기며 장만해대는 음식은 고사하고 점심밥조차 넣어주지 않았다. 하루 종일 쫄쫄 굶고 저녁이 됐는데, 나와서 저녁은 먹으라고 하면서도 고기전이며 시루떡이며 부꾸미 같은 것은 한 조각도 주지 않았다. 숙모님들이 그러지 마시라고 말려도 막무가내였다. 저녁이라도 먹여주는 건 네가 막내여서 봐주는 줄 알라는 투였다.

아뿔싸! 그러고 보니 대처로 나가 사는 큰형이 얼마 전 집에 다니러 왔을 때 했던 이야기를 깜박 잊고 있었구나. 그제야 나는 어머니가 오늘따라 더 무섭게 닦달하는 이유를 이해할 수 있었다.

우리가 살고 있는 30여 호의 한촌에는 사랑채를 갖추고 사는 집이 두 집밖에 없었다. 우리 집 사랑채를 아랫사랑이라 부르고, 우리 집에서 오른쪽 산허리께로 예닐곱 집 건너 윤씨네 집 사랑채를 윗사랑이라 불렀다. 두 사랑의 분위기는 사뭇 달랐다. 아랫사랑이 글줄이나 읽은 선비들이 드나드는 접빈객의 사랑이라면, 윗사랑은 동네에서 말마디나 하고 힘깨나 쓰는 사람들이 모여 마을일을 의논하는 공회당 같은 장소였다. 농한기에는 동네 젊은 이들이 윷놀이를 비롯한 각종 민속놀이를 즐기는 곳이기도 하였다. 이따금

은밀히 젊은이들의 도박판이 벌어진다는 소문이 흘러나오기도 하였다.

어느 날 우리 어머니 귀에 아직 소학교 어린 학생인 우리 큰형이 윗사랑 골방에서 마을 장정들과 얼려 노름을 하고 있다는 제보가 들어왔다. 머슴을 보내서 그것이 사실임을 알게 된 어머니는 당장 아들을 데려오게 하였다. 아들이 나타나자 때마침 콩을 삶느라 큰솥 아궁이에 장작불을 가득 지피고 있는 부엌으로 불러들여, 불문곡직 혀를 널름거리며 활활 타오르는 아궁이 불속으로 아들의 머리부터 밀어 넣었다.

『사람노릇 못할 놈이면 일찍 죽는 게 너도 편하고 집안도 편하다.』

무서운 기세로 조금치도 사정을 두지 않았다. 나이어린데다 체구도 작달막한 큰형이 어떻게 어머니를 당하겠는가. 머리털 타는 누린내가 진동하는 가운데 큰형이 발버둥 치며 울부짖었으나 소용없었다. 팔뚝이 장정 못잖게 굵었다는 '유월이'가 어머니의 팔을 붙들어 큰형을 떼어내고, 어머니를 가로막아 말리지 않았다면 참으로 무서운 일이 벌어졌을 것이라고, 온 가족들 앞에서 그날 밤 유월이가 증언하였다.[3)]

우리 어머니는 그런 분이었다. 우아하거나 후덕한 용태와는 거리가 있는 여인이었지만 투박한 외모에 병약한 체구를 지니고서도 우리집안의 그토록 많은 제사를 손아랫동서들과 함께 흠결 없이 치러내셨다. 동서들은 덕으로 거느리니 군말 없이 형님을 따랐고, 자식들에게는 자애와 위엄의 양날로 대하니 고명딸 하나 섞이지 않은 범강장달이 버금한 5형제가 목동을 따라가는 유순한 양같이 어머니의 교훈을 받아들였다는 것

---

3) 큰형과 작은형의 유년시절까지도 우리 집에는 유월이라는 가전여비家傳女婢가 있었다. 그런데 때가 어느 때라고 허우대 멀쑥한 가스나이가 끼니도 제대로 못 챙기는 가난한 집에서 종살이를 하겠는가! 결국 유월이는 어느 무더운 여름날 가뭇없이 종적을 감춰 버렸었다고 뒷날 작은형이 자신의 어린 시절을 회고하며 군소리처럼 뇌까리던 말을 나도 유년시절에 여러 번 들었다.

이다.

큰형은 한평생 어머니 그리운 생각이 일면 친구들 앞에서고 우리 형제들 앞에서고 그 이야기를 꺼내며, 그때 지글지글 타버린 머리카락과 앞이마에 입었던 화상 자국을 보여주곤 하였다.

아, 그 큰형도 가신 지 어언 30년, 석양에 홀로 남은 외로운 나그네여!

2010년 1월 10일

고무공

– 천황폐하의 은전

제2차 세계대전이 발발하면서 사기충천한 일본해군의 군가가, 펄럭이는 욱일승천기 깃발을 타고, 아침저녁으로 태평양 상공에 우렁차게 울려 퍼지고 있을 때였다. 1941년 12월 7일, 하와이 미 태평양사령부의 군항인 진주만을 기습 공격한 일본군은, 그 다음날로 미국과 연합국에 선전을 포고하고, 그야말로 승승장구 동남아시아를 하나하나 손아귀에 집어넣고 있었다. 필리핀과 싱가포르, 수마트라 및 자바 섬이 일본군대의 군홧발 밑에 추풍낙엽처럼 떨어지면서 일본군부의 대동아공영권의 꿈은 차근차근 눈앞의 현실이 돼가고 있었다.

그 무렵이었다. 그때가 겨울방학이었다. 그 해 봄부터 대처의 형에게 가서 소학교를 다니고 있던 소년이 아직까지는 시골집을 그대로 지키고 있는 부모 곁을 찾아서 겨울방학을 났었다. 그 겨울방학 마지막 날과 다음날인 개학 첫날의 그 일이 한평생 소년의 가슴에 아픈 생채기로 남게 될 줄이야!

개학날이 가까워지면 미리미리 소년을 대처의 형에게 보냈어야 할 일이다. 도대체 무슨 사연이 있어 개학 전날에야, 그것도 다 저녁나절이 돼서야 탄금리 최 생원의 광주나들이 길에 딸려 보냈던 것일까? 보나마나 그 무렵 부쩍 악화하기 시작한 어머니 병환 때문이었을 것이다. 결국 그 병환을 떨치지 못하고 얼마 뒤에 어머니는 세상을 뜨고 말았으니까.

어쨌거나 개학 전날 저녁나절에, 곧 눈이라도 내릴 것 같은 우중충한 하늘을 머리에 이고, 요긴한 볼일로 바삐 광주에 가야 한다는 최 생원의 뒤를 따라, 20 리 거리의 옥과 읍내에 다다른 순간부터 이 이야기는 시작된다.

소년을 데리고 해가 설핏할 무렵에야 옥과 읍내에 다다른 최 생원은 어이없게도 오늘 해 안에 광주행 버스가 있을까를 걱정하고 있었다. 최 생원의 생뚱맞은 그 소리를 듣는 순간 소년은 가슴이 철렁 내려앉으며, 머릿속에선 번개 같은 불안이 스쳐지나갔다. 일본인 담임선생 요꼬다니(横谷)의 차가운 시선이 떠올랐기 때문이다. 『이 자식! 개학 첫날부터 결석?』 아무리 가벼워도 교실 뒤쪽에 서서 두 팔을 들어 올리고 두 시간은 체벌을 받아야 할 사안이었다.

읍내 차부에는 소년과 최 생원 말고도 광주 가는 차를 기다리는 사람이 예닐곱 명이나 더 있었다. 그들은 초조하게 차부 대합실을 들락거리며 오지 않는 차를 눈이 빠지게 기다리고 있었다. 그들 중에도 소년과 최 생원같이 먼 마을에서 걸어 나온 사람이 있을 것이다. 만약 오늘 이대로 차가 끊긴다면, 읍내라고 변변한 숙박시설 하나 없는 곳이라, 그들은 꼼짝없이 밤중에 다시 그 먼 길을 걸어서 집으로 돌아가거나, 근처 마을의 아는 집을 찾아가서 하루 밤 신세를 져야 할 것이다. 그것은 소년의 어린 생각에도 참으로 심란한 정황이었다. 그러니 모두들 요행을 바라면서 날이 저물도록 버스를 기다렸으나 뭇 나그네의 바람을 저버리고 차는 끝내 오지 않았다. 그제야 사람들은 하나 둘씩 제 갈 길을 찾아 발길을 재촉하였다.[4]

최 생원도 마음속에 갈 곳을 정하였는지 꽁무니에 소년을 매달고 어둠 속을 걷기 시작하였다. 짐작에 가는 방향은 옥과 읍 남쪽의 야산지대인 것 같았다. 칠흑 같은 밤이었다. 신작로도 아닌 논두길과 밭둑길 그리고 산길을 어쩌다 구름사이로 잠깐씩 얼굴을 내미는 한두 개 희미한 별빛에 의지하여 최 생원과 소년은 걷고 또 걸었다. 어둠 속에서 짐승들의 울음소리가 들려왔다. 그다지 멀지 않은 곳에서 들리는 소리였다. 아직까지도 잊혀 지지 않은 것은 듣기에 섬뜩한 여우 울음소리였다. 시골구석에서 나고 자랐으면서도 성장이 더딘 소년은 그때까지도 그것이 여우의 울음소리인지를 몰랐다. 최 생원이 혼잣말로 「봄이 될라고 여시들이 나대는 갑다」해서야 그것이 여우의 울음소리인 걸 알았다. 지척을 분간하기 어려운 어둠 속에서 들려오는 여우의 울음소리가 무서워서 소년은 몸이 오싹하였다. 아마 다부지기로 소문난 최 생원도 조금은 무서웠을 것이다. 그렇게 어둠 속을 얼마나 걸었을까? 멀리서 개 짖는 소리가 들려왔다. 「인자 동네가 가까워지는 갑다」하는 최 생원의 말을 듣고서야 마음이 조금 놓였다.

찾아가는 마을에 들어서서도 대나무 울타리 사이사이로 뚫린 고샅과

---

4) 옥과玉果는 비록 작은 고을일망정 예전에는 현縣이라는 당당한 행정구역으로서 현감縣監이 상주하였다.
동헌에서 사령使令들의 웨는 소리가 요란한 곳이었는데, 일제가 행정구역을 개편하면서 동헌이 있었던 부근만을 떼어 한 개의 면面으로 축소 격하시키는 바람에 지금은 후미진 두메산골같이 돼버렸다.

고샅을 이리 돌고 저리 돌고, 한참을 그러고 나서야 어떤 집 행랑채 앞에서 문을 두드렸다. 주인의 영접을 받아 행랑방에 안내되었다. 한눈에 최 생원과 그 집 주인은 무람없는 사이로 보였다. 물론 소년의 아버지와 최 생원도 스스럼없는 사이이다. 그러고 보면 소년이 이 집에서 하루 밤 신세를 져도 괜찮을 것이라는 제법 어른스러운 생각도 들었다.

한참 만에 호롱불 밑에 소박한 시골 저녁밥상이 들어오고, 최 생원과 소년이 겸상으로 저녁을 먹고 상을 물린 뒤에, 주인은 방 한쪽에 소년의 잠자리를 보아주고는 최 생원과 마주앉아 그동안의 회포를 풀기 시작하였다. 숫기 없는 소년은 주인이 시키는 대로 자리에 누워서 천장을 바라보고 잠들기 전에 두 사람의 대화를 듣고 있었다. 그들의 대화 속에서는 소년의 집안 이야기가 간간이 섞여 나왔다. 한 고장에 우리 마을과 이십리 남짓밖에 안 떨어진 곳이라, 이 집 주인도 소년의 집안에 관한 것을 구전으로 들어 알고 있는 모양이었다. 주인이 누워있는 소년을 가리키며 아이가 똘똘하게 생겼다고 덕담을 하자 최 생원이

『아무개 자식농사가 여간 아니여. 아들들이 모두 여간 잘난 것이 아닌디, 이건 거기 대면 그중 째마리여』하는 것이었다. 어린 소견에도 평소 형들에 비하여 자신이 뒤쳐진다는 생각을 하고는 있었지만, 막상 남의 앞에서 대놓고 그런 소리를 들으니, 숫기가 더욱 가라앉아서 기운 없이 눈을 내리깔고 어서 잠들기만을 기다렸다.

이튿날에도 차는 정오가 가까워서야 정류장에 나타났다. 덜덜거리는 버스는 고작 80 리에 지나지 않은 거리를 한 시간 반이나 잡아먹고서야 승객들을 광주차부에 내려주었다. 이미 점심때가 겨워있었다.

최 생원과 작별하고 소년은 차부에서 십리 거리에 있는 양림정 집을

향해 걸어가고 있었다. 이제 막 개학식 행사가 끝난 학교 아이들은 학교 문밖으로 우르르 몰려나와 분주히 집에 돌아가고 있었으며, 개학식 행사가 일찍 끝나고 벌써 집에 돌아온 아이들은 골목에 나와 놀고 있었다.

『----?』

그런데 방학 전엔 못 보던 낯선 장면이 소년의 눈앞 이곳저곳에 나타나고 있었다. 소년은 눈이 휘둥그레졌다. 놀랍게도 하학하는 아이들이나 골목에 나와서 놀고 있는 아이들의 손과 손에는 하나같이 희고 말랑말랑한 고무공이 하나씩 들려있는 게 아닌가! 땅바닥에 곤두박아 튀어오르는 공을 받으며 걸어가는 아이도 있었고, 두세 사람이 멀찌감치 서서 서로 던지고 받으며 신명나게 떠드는 아이들도 있었다. 그 아이들 곁을 지나가면서 그들이 주고받는 이야기를 듣고, 그날 학교에서 천지개벽 같은 일대 사건이 일어났음을 알게 됐다.

필리핀과 싱가포르 및 자바와 수마트라를 점령한 일본은 드디어 고무나무를 손에 넣게 되었다. 일본의 국력이 그렇게 남양군도까지 착착 뻗어가고 있음을 만천하에 알리기 위하여, 천황폐하께서 황국신민의 아들딸들에게 고무공 하나씩을 하사했다는 것이다. 그 말을 듣는 순간 소년은 어제 옥과 정류장에서 광주행버스가 끊겼을지도 모른다는 말을 들었을 때처럼 가슴이 철렁 내려앉았다. 눈가에는 불안과 실망의 그림자가 짙게 드리웠다. 담임선생 〈요꼬다니〉의 얼굴이 떠올랐다. 결석한 아이의 몫까지 챙겨줄 인간이 아니었던 것이다. 개학 첫날의 결석 자체만으로도 큰일 날 일이거늘, 무엇이 예쁘다고 공까지 챙겨두었다 줄 것인가!

소년이 자기 동네인 양림정 어귀에 들어서자, 그 동네 아이들도 하나같이 골목에 나와 희고 말랑말랑한 새 고무공을 던지고 받으며 놀고 있었다. 국토 안에 고무나무가 없는 일본의 아이들이 고무공을 가지고 논다는 건 평소에는 상상하기조차 어려운 일이었다. 그것은 부잣집 아이들이라 해도 마찬가지였다. 그런데 그 귀하고 귀한 고무공을 가질 절호의 기회를 이 시골 소년은 그리도 허무하게 놓치고 만 것이다.

이튿날 학교에 나가서 혹시나 하고 담임인 요꼬다니의 눈치를 살폈으나, 요꼬다니는 일부러 소년의 눈길을 피하는 것 같았다. 다른 때 같으면 어제 결석한 일로 크게 야단을 쳤을 법한데, 어제 무슨 일로 결석했느냐는 말을 물어보지도 않았고, 네 몫의 공은 어찌 처리했다는 말도 없었다. 숫기가 없는데다 체념에 익숙한 소년은 다른 아이들의 손아귀에서 그 아이가 주무르는 대로 말랑말랑 들어갔다 나왔다 요술을 부리는, 그 신기한 고무공을 그저 부러운 듯 바라보기만 할 뿐이었다.

첫 시간이 끝나고 쉬는 시간에 아이들은 어제 받은 공을 가지고 우르르 운동장으로 몰려나갔다. 넓은 운동장을 가득 메우고 뛰노는 아이들이 저마다 하나씩 던져 올리는 고무공이, 봄 하늘에 마치 진눈개비처럼 어지러이 날아다니고 있었건만, 그 속에 소년이 던져 올린 공은 없었다. 천하의 모든 아이들에게 내리는 천황폐하의 그 황공한 은전조차도, 불우한 이 두메 소년에겐 그렇게 다가와 주지를 않았던 것이다.

2007년 1월 2일

대체 당신은 누구십니까?

-不可知的 不可知論

불우한 아이의 외모가 반듯하기 어렵고, 외모가 반듯하지 못한 아이의 표정이 밝지 못하다는 것은 선험적 확률이다. 나아가 반듯하지 못한 외모와 밝지 못한 표정을 지닌 아이는 무슨 일에나 곧잘 징징거리게 마련이며, 그렇게 징징거리는 아이를 곱게 볼 사람이 없다는 것 또한 예외 없는 세상살이의 이치다.

어떤 소년 하나가 불우하게 타고난 기수치레를 하느라고, 부모슬하에서 다니던 두메학교를 떠나, 형이 분가해 살고 있는 대처학교로 떠밀리듯 전학하면서 성장환경이 더 한층 열악해지자, 소년에 대한 사람들의 구박도 정비례하여 늘어났다.

대처학교로 갓 전학 와서 미처 촌티를 벗지 못한 소년이, 어떤 짓궂은 아이의 심한 이지메(괴롭힘 · 구박)를 견디다 못해 선생에게 그 사정을 호소하자, 소년의 징징거리는 표정을 힐끗 내려다본 요꼬다니(橫谷)라는 일본인 선생은, 어이없게도 오히려 구박하는 아이의 편을 들어

『소이쓰 분나굿데 야레(그 자식 흠씬 패 줘라)』하였고(2학년 때)

3학년 때는, 아이들에게 공부할 과제를 내주고 나서 창가의 담임교사용 책걸상에 앉아, 위아래 속옷 앞뒤자락을 뒤집어가며 이(蝨)를 잡곤 했던 다께야마(竹山)라는 조선인 선생이 소년의 담임이 되었다. 그는 소년의 큰형 친구라서 그랬을까? 아니면 자신의 소탈한 성격 탓이었을까? 하여간 남들이 다 구박하는 천덕구니를 그런대로 대강대강 봐주는 것 같았다. (사실은 그해 음력 정월에 소년의 어머니가 세상을 뜨자 어린것이 가엾다 생각했을지도 모른다)

그리고 태평양전쟁이 막바지에 접어들던 1944년에는 「전시총동원령」이라는 걸 내리니, 조무래기들이 다니는 소학교조차도 거의 조용할 날이 없었다. 비행기 기름을 짜야 하니 소나무 그루터기를 캐오라고 어린것들을 산으로 내모는가 하면, 야전용 군마에게 먹일 건초를 베어오라고 들로 내모는 일이 예사였다. 어쩌다 학교에 있는 날에도 이틀이 멀다 하고 남양군도나 만주 북지 같은 전선의 군인들에게 위문편지를 쓰게 하였다.

우선 모든 아이들에게 편지를 쓰게 하여, 담임선생이 그중 잘 쓴 것으로 여섯 편을 뽑아서, 아이들 열 명에게 뽑힌 글 중 하나를 내주며 그대로 베껴 쓰게 하였다(한 학급이 60명씩이었으니까). 한번은 뽑힌 글 중 하나가 그 소년의 것임을 뒤늦게 선생이 알게 되었다. 선생은 조금 전까지도 가장 잘 쓴 편지라고 칭찬하던 태도를 손바닥 뒤집듯 바꾸더니,

『사실은 잘 쓰지도 않았는데, 틀린 글자가 없어서 뽑아놓고 보니, 별것 아니다』하며 옹색한 소리로 또 한 번 소년을 구박하던 가네다(金田)라는 조선인선생. 그는 그 뒤로 소년의 글은 한 번도 뽑아주지 않았다. 그치는 창씨개명 여부를 놓고도 당국의 지시를 따르지 않고 있는 서너 명

의 아이들을 창씨 개명한 아이들과 노골적으로 차별하여 몹시 구박하였는데, 그러고도 해방 뒤에 보니 버젓이 시청의 사회과장이 되어있었다.(4학년 전반-)

4학년 때에 창씨개명하지 않은 아이는 한 학급에 서너 명, 많아야 네댓 명이 고작이었다. 소년의 집성촌에서도 돈 많은 부자들은 일찌감치 창씨개명에 동참해 버렸다. 소년의 집은 비록 생활형편이 넉넉지는 못해도, 저 임진 계사로 연이은 제봉 삼부자 순국의 가통을 고고하게 지키며, 온갖 사회적 불이익을 감내하면서 끝까지 창씨개명을 거부하고 있었다. 뿐만 아니라 모든 가족이 일단 집에 들어오면, 아버지의 엄명에 따라 절대로 일어를 쓰지 못하고 조선말만을 쓰고 살았다. 습관이란 무서운 것이어서 학교에서 쓰는 일어가 집에서도 예사로 튀어나오듯, 학교에서도 걸핏하면 집에서 쓰는 조선말이 튀어나와, 가뜩이나 이래저래 미운털 박힌 놈이 무사하기가 쉽지 않았다.

『센세이, 고이쓰 조센고 쓰까이마시다.(선생님, 이 자식 조선말 썼어요)』 소년의 입에서 어쩌다 조선말이 튀어나왔다 하면 행여 선생에게 잘 보일 기회를 놓칠세라 재빨리 고해바치는 놈은 왜 그리도 많았던지! 또 그 말을 듣기 무섭게 소년을 불러 세우고는 우악스런 손바닥으로 귀가 멍멍하도록 빰을 후려갈기던 가나우미(金海)라는 조선인선생. 그치는 아마도 김해 김가였던 게지?(4학년 후반기)

그러다가 참으로 뜻하지 않은 해방이 찾아왔다. 조무래기들은 생각지도 못했던 일이다. 날마다 일본군이 크게 승전하여 「루우스베루또-Roosevelt」 「짜-찌루-Churchill」의 항복을 받는 꿈을 꾸었다고 자랑하는, 조선인 조무래기들이 바라고 바라던 일본군 승전의 꿈을 저버리고서 말이다. 거의 왜놈의 자식이나 진배없이 돼버린, 얼치기 쪽발이들의 벌레 씹은 표정이 지금도 눈앞에 선연하다. 5학년 때였다.

전쟁 통에 집 가까운 학교로 강제 이적된 소년도 원래의 학교로 되돌아왔다. 교실이 배정되고 새 선생이 배정되어 〈가갸 거겨〉 우리 글자를 배우기 시작하였다. 말은 본디부터 아는 말이니 글자만 배우면 되는 것이다. 어디에 이다지도 배우기 쉬운 글자가 숨어있었더란 말이냐! 우리 글자를 배우기 시작하면서 소년은 저도 모르게 신명이 났다.

새로 온 선생은 김병호金炳浩 선생이라고 했다. 중국어를 잘하는 것으로 미루어 만주에서 교육받은 것 같다고 했다. [하서 김인후]선생의 후예로 창씨개명도 하지 않았다고 했다. 외모가 번듯하고 눈은 약간 노란빛이 도는 건장한 분이었다.

이윽고 한글을 다 깨친 아이들에게 선생은 우리나라 역사를 가르치기 시작했다. 단군, 기자, 위만, 삼한 등의 상고사는 대강 건너뛰고 삼국의 역사부터 본격적으로 가르쳤다. 선생은 백묵으로 흑판에 수직선 두 개를 길게 내리그어 칠판을 3등분으로 나누어놓고, 그 한 칸 한 칸에 고구려 백제 신라의 건국과정을 각각 열 줄 안팎으로 판서한 다음, 그것을 베끼게 하여 이튿날까지 외어오게 하였다. 소년은 물론 그날 중으로 다 외었다. 길지 않은 글인데다 내용도 재미있게 요약되어 있어서 외기도 무척 쉬웠다고 기억된다. 다음날, 윈 것을 선생 앞에서 따로따로 강해 바치는 시간이 되었다. 외지 못하는 아이가 태반이었다. 소년의 차례가 되자 소년은 거침없이 따르르 외어 바쳤다. 선생의 칭찬이 소년의 귓전을 울렸다. 아, 조국의 글과 역사를 배우게 되면서 소년은 마침내 선생의 칭찬을 듣기에 이르렀다. 해방 전엔 꿈조차 꿀 수 없는 일이었다.

선생은 며칠 동안 반 아이들 모두가 그것을 다 욀 때까지 더 이상 역사과목 진도를 나가지 않은 채 아이들이 빠짐없이 다 외기를 재촉하였지만 공부를 안 하는 아이들이 왜 그리 많았던지! 선생은 다시 소년을 지명하며 「저놈들 앞에서 모범삼아 다시 한 번 외어보라」고 하여, 소년이 또다시 따르르 외었더니 『이렇게 공부하는 아이가 몇 놈만 더 있어도 좋겠다.』며 교편으로 땅! 소리나게 교탁을 내리치면서 화를 내셨다.

소년은 가히 영웅이 되었다. 조국해방이 안겨준 선물이었다. 그 뒤로 소년에 대한 선생의 신임은 갈수록 두터워져 갔으며, 6학년에 진급하면서 또 김 병호 선생님이 소년의 담임으로 배정되던 날, 소년은 남모르게 환호의 손뼉을 쳤다. 외모는 타고난 것이라 어찌할 수 없다 쳐도 표정만은 여건에 따라 얼마든지 달라지는 것이니, 이때부터 소년의 표정은 하루가 다르게 밝아지기 시작했다.

얼마 후 6학년 합창단을 결성할 때 각 반에서 세 명씩 차출하였는데 소년도 거기에 끼었다. 물론 담임선생님이 지명하여 나가라고 한 것이다. 방과 후에 음악선생님의 지도를 받아 연습하여 가을학예회 때에 발표하였다. 음악적 분위기가 판이한 요나손의 「뻐꾸기 왈츠」와 슈베르트의 [겨울 나그네]중 제5곡 「보리수」를 선생님의 지휘봉을 따라 한 무대에서 성공적으로 소화해 냈다. 초등학교 아이들로서는 결코 쉬운 일이 아니었는데 말이다. 청중과 선생님들의 우레 같은 박수가 뒤따랐음은 물론이다.

하지만 소년이 담임선생님의 후원 하에 승승장구하는 일은 거기까지가 끝이었다. 선생님의 후원은 그 뒤에도 계속 이어졌지만, 그 후원을 받아들여 커나갈 수 있는 소년의 선천적 재능과 후천적 여건은 거기까지가 한계인 것 같았다.

합창이 성공리에 끝난 것을 보고 선생님은 소년의 예능소질을 인정한 것일까? 이듬해 봄 학예회 때 6학년은 연극을 공연하기로 했는데, 선생님은 그 주인공으로 소년을 추천한 것이다. 주인공소년이 담배 팔고 껌 팔아 소년가장으로서 효도를 다한다는 내용이었다. 방과 후에 각 반에서 뽑힌 출연자들이 연출담당 선생님으로부터 대본을 받고, 대사를 외면서 동작을 붙여보는 연습이 며칠 동안 진행되었다. 그러다 얼마 뒤부턴 웬 일인지 연출교사가 안 나오는 날이 잦더니, 출연자들이 대사도 제대로 못 왼 상태에서 공연날짜가 다가왔다. 큰 학교의 학사 일정을 사소한 일로 중단할 순 없었다. 예정대로 막은 올라가고 주인공인 소년이 나가서 [발단→전개]까지는 혼자서 그런대로 이끌어갔지만, 그 다음부터는 출연자들끼리 전혀 손발이 안 맞아 무대 위에서 우왕좌왕하다 흐지부지 끝나고 말았다. 연극은 말 그대로 실패의 막을 내리고 만 것이다. 담임선생님으로부터 호되게 야단맞을 각오를 했으나, 선생님은 그런 일에 왜 그리 무심했었는지 모르겠다. 뒷날 생각해 보니 해방 후 어지러운 정국과 변화무쌍한 사회상이 선생님들을 자기 직무에 안주하지 못하고 방황하게 만들었던 듯싶다. 연극담당 선생님도 소년의 담임선생님도 그래서 그런 것이 아니었을까?

그러다가 학예회와는 별도로 새해의 가장 큰 학교행사가 하나 기획되고 있었다. 3월 1일-독립만세운동을 기념하여 교내웅변대회를 연다는 계획이었다. 학년을 대표하여 한 사람씩 나와 웅변을 하면, 엄정 심사하여 등수를 매겨 시상한다는 것인데, 김병호 선생님은 놀랍게도 6학년 전체를 대표하는 웅변연사로 소년을 추천하고, 학년회의의 승인을 얻어 학교에 연사등록까지 마쳐 버렸다.(여기서 특기할 일은 6학년 연사로 등록한 소년의 이름자 바로 밑 칸에는 5학년 연사로서, 뒷날 한나라당 대통령 후보로 공천 받아, 두 번이나 대통령에 출마한 〈이회창〉의 이름이 등재되어 있었다는 사실이다. 물론 그때는 이회창이 누군지를 몰랐으니 소년이 괘념할 일은 아니었지만.)

그날 집에 돌아온 소년은 자신이 6학년 대표로 웅변을 하게 되었다는 사실을 큰형에게 말하였고, 다음날로 큰형은 원고를 써서 소년에게 건네주었다. 원고를 받은 날부터 그것을 외기 시작했는데 원고는 왜 그리 안 외어졌던고! 원고가 안 외어지니 원고 외는 일을 제쳐두고, 오로지 동네 아이들과 놀기에만 열중하였다. 공부를 잘하고 선생의 신임이 두터우니, 소년을 따르는 동네아이들도 많았다.

운명적으로 그때부터 뭔가 잘못되느라고 그랬을까? 마치 귀신들린 것처럼 놀기에만 온 정신을 팔았다. 선생님도 원고를 한 번 보자고 하더니 훑어보고 그대로 건네주며 잘 하라 이르고는 다시는 챙기는 일이 없었고, 큰형 또한 원고를 써준 뒤에 딱 한 번인가 어찌되어 가는지 물어보고는 그만이었다. 소년은 하늘 아래 외톨이였다. 원고를 8할 정도밖에 외지 못한 상태에서 웅변대회 날이 다가왔다. 그래도 깜냥에 간은 컸던지 강당에 입추의 여지없이 들어찬 청중들 앞으로 뚜벅뚜벅 걸어 나가 단상에서 그들을 굽어보며 기세 좋게 원고를 외어가기 시작했다. 시작은 씩씩했지만 8할밖에 못 외고 연단에 섰으니 끝부분이 어찌되었을지는 불문가지 아닌가! 마무리를 짓지 못한 채 창피를 무릅쓰고 연단을 내려와서, 청중들 옆으로 돌아 강당 뒷문 쪽으로 도망치듯 빠져나갔다. 그때 요란한 박수소리와 함께 줄잡아 수십 명 청중의 연호를 받으며 5학년 연사 〈이회창〉이 단상에 오르는 것이 보였다. 연호하는 사람들은 가족과 친지들인 것 같았다. 청중의 맨 뒤에 몸을 숨기고 이회창의 웅변을 들어보니 원고조차 제대로 외지 못했던 자신과는 달리 이회창은 쩌렁쩌렁한 목소리로 사자후를 토하고 있었다. 소년시절부터 그의 목소리는 어린아이답지 않게 걸쭉하고 박력이 있어, 사람의 심금을 울리기에 족한 음색을 지니고 있었다. 그가 주먹으로 앞에 놓인 탁자를 쿵하고 내리치며 무엇인가를 힘주어 부르짖을 때 청중들은 우레 같은 박수와 환호를 보내고 있었다. 어떤 사람은 「저게 검사의 아들인데 장래 대통령 감」이라고 예언하기도 하였다. 소년은 더더욱 창피하고 이회창이 우러러 보이는 한편, 이때부터 또다시 표정이 어두워지기 시작했다.

김병호선생님은 소년이 그렇게 웅변을 망쳤어도 특별히 책망하지도 않았다. 도대체 이분은 누구란 말인가! 평상인의 상식을 훌쩍 뛰어넘는 이분의 처세는 도대체 무엇이란 말인가! 그 많은 잘난 아이들을 두고 왜 외모도 못생기고 표정도 밝지 못한 아이를 합창단원으로 뽑고 연극의 주인공을 시켰으며, 한술 더 떠서 성적이 학급수석에도 못 미치는 아이를 6학년 전체를 대표하는 웅변연사로 뽑았더란 말인가! 그리고는 소년이 한 번도 자신의 여망에 부응하지 못했어도 책망 한 번 하는 법이 없다니!

아, 나의 인생도정에 아로새겨진 영원한 불가사의 김병호님이시여! 대체 당신은 누구십니까?

2005년 7월 31일

환생還生의 환상幻想

〈1〉

지금의 내 장조카와 막내숙부인 나는 나이차이가 겨우 열 살이다. 숙질간이면서도 나이가 한참 어린 손아래 친구 같은 느낌이 더 진하다.

내 직업이 교원이다 보니, 상하 위계의식이 여린 교직사회에서 사귄 손아래 친구가 많아서 그럴 것이다. 그런데 이 조카는 알고 보면 내 큰형 내외가 두 번째로 낳은 아들이고, 사실은 그 위로 이 아이와 네 살 터울 형이 있었다. 그 아이에게는 그러니까 삼촌인 내가 겨우 6년 연장이었다.

내가 초등학교 다닐 적에 형수가 살림살이에 매달리느라 그 아이를 내게 떠맡기기 일쑤였는데, 조카를 데리고 동네 골목에 나가 놀 때도 그 아이와 나는 항상 친구였다. 동네 아이들과 편을 갈라 놀이를 할 때도 항상 내 편에 넣어주었다. 이래저래 그 아이도 많은 식구들 중에서 나를 가장 좋아하고 나에게서 잘 떨어지려 하지 않았다.

우리아버지 손자사랑은 참 각별한 것이어서, 그에게 자신의 막내아들인 나는 그 손자에 비하면 하찮은 존재였다. 나에겐 [너]라고 하대를 하면서도 그 손자에겐 [자네]라는 준 존댓말을 썼으니 더 말해 뭣하랴! 나는 우리아버지가 그러는 게 서운하긴커녕 나 또한 덩달아 그 아이를 금지옥엽으로 귀히 여겼다. 학교 수업시간에도 집에 있는 그 아이를 생각하면 하교시간이 기다려지고, 하교시간이 되면 어서 그 아이와 놀고 싶은 마음에 귀가하는 발걸음이 빨라졌다. 집에 오면 책가방을 내던지기 무섭게 형수가 떠맡기는 그 아이를 데리고 골목에 나가 놀았다. 나뿐만 아니라 당시 초등학교 2~3학년 또래 아이들은 모두 어머니를 도와서 동생을 돌봐주는 애보기 머슴이나 마찬가지였다. 집집마다 아이를 많이 낳아 형제가 많던 그 시절, 그것은 대개의 초등학생에게 주어진 가사도우미 역할이었다.

사람은 몸과 몸끼리 마음과 마음끼리 서로 부딪치고 부대껴야 정이 들기 마련이다. 그 시절의 형제지간이나 숙질지간은 요즘같이 데면데면하고 버석버석한 사이가 아니라, 인정으로 진하게 얽힌 명실상부한 혈육지간이었다. 내 조카와 나도 그런 사이여서 친구로 친다 해도 절친한 친구였다.

그 아이의 이름은 찬석燦錫이었는데 내 입에 가장 많이 오르내리는 이름도 그러니까 당연히 찬석이었다. 학교에서 돌아와 대문을 밀치는 순간 가장 먼저 부르는 이름이 「찬석아!」였다. 그러면 내가 없는 동안 대개는 무료한 시간을 보내며 시무룩해 있던 아이가, 대번에 밝은 표정이 되어 내게 달려오곤 하였다. 사실 말이지 매일 출근하여 집에 없는 제 아버지와의 부자간 정보다도 나와의 숙질간 정이 훨씬 진한 것이었음은 그 당시로는 두말하면 잔소리였다.

〈2〉

그러던 그 아이가 만으로 다섯 살이 지나고 여섯 살을 채 넘기기 전 어느 날, 갑자기 세상과 가족들을 등지고 영원히 눈을 감아버렸다.

온몸에 열이 펄펄 끓는 아이를 들쳐 업고 큰형을 따라 병원에 간다고 나간 형수가 밤이 돼도 돌아오지 않더니, 이튿날도 밤이 이슥해서야 싸늘하게 식은 그 아이를 등에 업고 집에 돌아온 것이다. 시간이 하얗게 정지돼버린 순간이었다.

병명은 디프테리아(diphtheria)라고 하였다. 어른들의 설명으로 알게 됐지만, 그 병은 일곱 살 미만의 어린아이들이 늦가을이나 겨울에 잘 걸리는 급성전염병이라는 것이다. 열 때문에 목으로 음식물을 넘기지 못하다가, 이내 편도선이 붓고, 목젖에 위막僞膜이 생겨 목구멍이 좁아지니, 호흡곤란을 일으켜서 그대로 두면 심장마비로 죽는다는 것이다.

페니실린 같은 항생물질을 써서 부기를 가라앉히거나, 위막을 도려내는 수술요법이 있다지만, 태평양전쟁 말기의 암흑과도 같은 공황 속에 페니실린이 어디 있어서 부은 목을 가라앉히며, 마취제가 어디 있어서 수술로 위막을 도려내겠는가!

찬석이를 입원시킨 고재순의원高在珣醫院은 우리와 친척간이며 간판으로 이비인후과를 내건 이름난 병원인데도, 그런 시국여건 하에서는 어쩔 도리가 없었던 모양이다. 찬석이도 마취제 없이 맨살에, 그것도 다른 부위가 아닌 목에다 칼을 꽂아 수술한달 수가 없어서, 사방에 수소문하여 마취제를 구하느라 허둥지둥하다가 때를 놓치고 그 지경이 되었다는 것이다.

도저히 받아들이기 어려운 참척慘慽이었으나 현실은 어디까지나 현실이다. 이튿날 동네사람들을 시켜 어린이용 작은 관을 만들어, 그 속에 여섯 살짜리 어린 주검을 눕히고, 울며불며 관 뚜껑을 덮었던 그 가슴 무너지는 기억을, 내 어찌 차마 눈물 없이 되새길 수 있으랴!

탈진하여 멍한 시선으로 이 광경을 바라보며 멘붕이 돼버린 형수를 큰형이 다독거리는 동안, 작은형과 내가 그 서럽고 앙증맞은 관을 동네 사람의 어깨에 지워, 깻재(芝麻峴) 너머 십리 밖에다 묻어주고, 길가에서 드문드문 꺾어가지고 온 들국화 한 다발 무덤 앞에 놓아주었더니라.

낮에는 사람들 틈에 끼어 그렁저렁 넘어갔으나, 밤이 되어 모여든 사람들이 하나둘씩 빠져나가자, 찬석이 없는 집안이 텅 빈 상여 집같이 허전한데다, 가족들과 떨어져서 외진 산속 추운 땅속에 혼자 누워있을 어린것을 생각하니, 참을 수 없이 불쌍하여 나는 목을 놓아 울었다. 식구들마다 슬픔을 삼키며 잘들 견디고 있건만, 나만은 가상으로라도 있어서는 안 될 이 참담한 현실을 도저히 받아들일 수가 없었다. 몸부림치는 나를 오히려 형수와 형들이 달래느라 쩔쩔매던 그 일이, 팔순을 눈앞에 둔 지금까지도 어제 일처럼 선연하구나.

이튿날, 언제부턴가 고향에 내려가 있었던 아버지가 이 기막힌 소식을 전해 듣고 부랴부랴 올라와서는, 이놈들아 어서 가서 찬석이 데려오지 못하느냐고, 마치 실성한 사람처럼 동네가 들썩하도록 울부짖던 일도, 지금 생각하니 다 우리 가족사의 한 토막이었다.

〈3〉

큰형과 작은형은 다섯 살 터울이다. 둘 다 고향에서 소학교를 수석으로 졸업한 족족, 일찍 대처로 나와서 보통고시에 합격하고 직장에 다녔기 때문에, 사귀는 친구도 큰형친구가 작은형친구요 작은형친구가 큰형친구였다. 그 형들 친구 중에 양은승梁殷承씨라고 있었다. 능주고을 [다라실]에서 세거하는 제주양씨로 반명班名깨나 하는 집안 출신이었다. 그 무렵 무슨 연유인지 한동안 행방이 묘연했었는데, 지금 생각해보면 일제의 강제징병을 피하려고 깊숙이 은신해 있었던 것이리라. 그가 형들을 만나러 오랜만에 은밀히 잠행해 왔는데, 그날 밤에 잠은 작은형이 따로 나 살고 있는 양림1동 집 건넌방에서 나와 셋이서 자게 되었다. 나는 아직 어려서 말동무가 안 되었지만 두 사람은 오랜만에 만난 계제라 밤늦도록 이야기꽃을 피웠다. 암담한 시국이야기며 각자의 집안사정 이야기며 시정에 떠도는 황당한 여항풍설에 이르기까지 이야기는 꼬리에 꼬리를 물었다.

그러다가 얼마 전 찬석이 일도 있었던 터라, 죽음을 주제로 이야기가 오간 끝에, 양은승씨는 실로 내 귀를 쫑긋하게 하는 희한한 이야기를 쏟아내고 있었다. 자신이 머물고 있는 산촌의 사랑방에서 들은 이야기라고 하였다. 그다지 오래전 일도 아니라는 것이다.

그 고을의 한 선비가 일찍 상처喪妻하고 무남독녀를 기르며 살았는데, 딸아이가 자랄수록 요조숙녀로 안존하기 이를 데 없는지라, 친척을 비롯하여 노비에 이르기까지 칭송하지 않은 이가 없었다. 혼기가 되었으나 홀로 계시는 아버님을 어찌하고 혼인을 하겠느냐며 한사코 혼인을 미뤄오다가, 어느 날 갑자기 몹쓸 돌림병에 걸려 그만 세상을 뜨고 말았다.

애통과 상심으로 보름동안이나 곡기를 끊고 있는 아버지 앞에, 어느 날 느닷없이 죽은 딸아이가 살아 돌아와서는, 너붓이 절을 올리는 게 아닌가! 죽은 지 보름만의 일이었다. 깜짝 놀란 선비가 혹시 죽은 딸의 혼백이 아닐까 생각하고, 가까이 오라 하여 손과 얼굴을 만져 보는데 틀림없는 사람의 손과 얼굴이었다. 너무도 놀랍고 반가워서 영문을 물었더니, 그것은 천기天機라서 발설할 수는 없지만, 저는 귀신이 아니고 틀림없는 사람이니 아버님은 괘념치 마시라며, 보름 전과 똑같이 지성으로 아버지를 섬기는 게 아닌가! 다만 보름 전과 달라진 게 있다면 아버지의 속마음을 다 들여다보고, 아버지가 원하는 것을 미리 알아서 시중을 든다는 것이다. 물이 마시고 싶다고 생각만 해도 어느새 물을 대령하고, 이제 그만 자고 싶다고 생각하면 어느새 자리를 봐놓고 나가는 것이었다. 선비는 너무도 기쁘고 한편 괴이쩍기도 한지라, 하인을 시켜 딸의 무덤에 가서 살펴보고 오라 명하였다.

돌아와서 하인이 고하는 말이, 무덤이 둘로 갈라져서 양쪽으로 쩍 벌어져 있더라는 것이다. 소문을 들은 이웃들도 모두 그 무덤엘 찾아가서 양쪽으로 벌어진 무덤 속을 들여다보고, 빈 관만 들어있을 뿐 시신이 없는 것을 확인하고는 이 희한한 이야기를 사실로 믿게 되었다는 것이다.

〈4〉

잠자리에 누워서 양은승씨 이야기를 듣고 있던 나는 자리에서 벌떡 일어났다. 손가락을 꼽아 날짜를 세어보았다. 희한한 일이다. 내일이면 찬석이 죽은 지 꼭 보름이 되는 날이었다. 나는 가슴이 뛰기 시작하였다. 어쩌면 내일 찬석이가 살아 돌아올지도 모른다. 세상에는 그런 기적 같은 일이 얼마든지 있다고 여러 번 들어보지 않았던가! 내일 학교에 다녀오면 틀림없이 찬석이가 살아 돌아와 있을 것이다. 나는 마음이 설레어 그 밤을 거의 뜬눈으로 지새웠다. 그러다 어찌어찌 잠이 들었는데, 찬석이가 살아 돌아오는 꿈을 꾸면서 벌떡 일어났다. 아침이었다.

그날 학교에 가긴 갔으나 그때처럼 수업시간이 지루한 적은 일찍이 없었다. 『지금쯤 찬석이가 집에 와 있을까? 암! 와 있고말고. 그 선비의 딸도 보름 만에 살아 돌아왔다고 하지 않았더냐!』 내 마음은 일각이 여삼추였다. 어제 밤 꿈처럼 찬석이가 지금쯤 집에 와 있으리라고 철석같이 믿었다. 드디어 하학시간이 되자 나는 부리나케 달려서 우리가 사는 양림동에 다다랐다. 우리 집으로 가려면 서양인 선교사마을을 둘러싸고 있는 긴 돌담을 오른쪽에 끼고, 제중원濟衆院과 수피아須彼亞학당을 바라보고 가다가, 그 못미처에서 왼쪽 양림교회 아래쪽으로 뚫린 긴 골목길로 접어들어야 한다. 그 골목의 끝자락 왼쪽에 탱자나무로 울타리를 두른 널찍한 대지와 그 안에 들어앉은 큼직한 일본식 2층집이 있는데, 그곳에서 오른쪽 두시 방향을 바라보면 한 섬지기 남짓한 논배미 너머로 우리 마을이 보인다. 나는 그날 숨을 헐떡거리며 그 기나긴 골목길을 단숨에 빠져나와 탱자나무 울타리 2층집 앞에서 우리 집 대문 쪽을 바라보았다. 이상한 일이다. 기대했던 것과는 달리 우리 집 부근에 별다른 기미가 보이지 않았다. 만약 찬석이가 살아 돌아왔다면 마을이 왁자지껄할 텐데….

다리에 맥이 풀렸다. 집에 와보니 여전히 넋 나간 표정으로 마당을 응시하고 있는 형수와 형수에게 안겨있는 젖먹이 어린것의 모습이 보일 뿐, 찬석이의 기척은 아무데도 없었다.

이튿날 아침에도 나는 희망을 버리지 않았다. 저마다의 사정이 각기 다른데 어떻게 저승에서 이승으로 돌려보내는 날짜가 똑같을 수 있겠는가! 오늘은 꼭 돌아올 것이다. 찬석이가 돌아온 꿈도 꾸지 않았더냐! 찬석이는 꼭 돌아온다. 그런 확신을 가지며 학교에 가면서도 그날아침 서리가 내린 것이 마음에 걸렸다. 이 추운 날 어린것이 혼자서 십 리길을 걸어오려면 얼마나 외롭고 무서울까? 내가 학교에서 돌아올 때까지 집에 와있지 않으면 마중을 나가보리라. 그렇게 마음먹고 학교에 갔다가 집에 와보니, 그날도 찬석이는 돌아와 있지 않았다. 아까 생각한 대로 당장에 그 아이의 무덤까지 마중을 나가보고도 싶었다. 그 아이의 무덤이 양쪽으로 쩍 갈라지며 관 뚜껑이 열리고 그 아이가 일어나서 반가운 얼굴로 내게 다가와 안길 것을 기대하면서. 하지만 혼자서 그러는 것은 썩 내키지 않았다. 어쩐지 무섭다는 생각이 들었던 것이다. 게다가 남들 보기엔 허황하기 짝이 없는 그런 일에 나와 동행해줄 동무가 있을 것 같지도 않았다.

그 무렵 나는 찬석이의 환생에 온 정신이 팔려서, 나 자신이 이승과 저승의 갈림길을 오가고 있었던 것 같다. 내가 사는 이곳이 이승인지 저승인지 분간할 수 없을 만큼 머릿속이 혼란스러웠다. 그런 속에서도 찬석이가 꼭 환생하여 돌아올 것이라는 믿음만은 더욱 또렷해졌다. 그 믿음과 희망을 접기엔 그 아이에 대한 그리움이 너무도 사무치고 간절하였다.

나는 탱자나무집 앞에서 몇 번이나 허탕을 치고 나서, 환생還生에 대한 회의懷疑가 일려고 하면, 그런 나약한 정신상태를 엄하게 꾸짖었다.

≪찬석이는 반드시 돌아온다.≫

그리하여 날마다 우리 마을로 접어드는 기나긴 골목길을 단숨에 내달아, 탱자나무집 앞에서 간절히 기도하는 마음으로 우리 집 언저리를 바라보건만 내 조카는 돌아와 주지 않았다.

「아! 찬석아, 이 아재비를 벌써 잊어버렸니?」

2009년 10월 15일

달빛아래 북어껍질을 벗기다

열 살 전후.

버스가 지나다니는 시골 면사무소 소재지에서도 25 리를 더 걸어 들어가야 하는, 두메산골 면소재지 벽지학교에서 도청소재지의 이름난 큰 학교로 막 전학 왔을 무렵. 그 도시의 외곽지역에서도 변두리 중 변두리 외딴 동네에, 우리 집과 골목 하나를 사이에 두고, 두 집 대문이 약간 엇갈리게 마주보고 있는 이웃이 있었다. 〈장전〉인가 〈한재〉인가 하는 양녕대군 후손들의 집성촌에서 올라와 살고 있는 그 집에, 이병조李丙朝라는 내 또래친구가 있었다. 나의 대처학교 전학이 먼저였는지 병조가 먼저였는지는 기억에 없으나, 하여간 그도 두메학교에서 갓 올라온 아이인 것만은 확실하였다. 그것이 서로의 마음을 끌어당겼을까? 우리는 금방 절친한 친구 사이가 되었다.

하도 오래전 일이라 부친의 함자는 잊어먹었지만, 크고 부리부리한 눈매가 유난히 인상적인 어른이었다. 글 잘하는 선비인데다 글씨와 그림 또한 능하다고 원근에 잘 알려져 있었다. 때문에 그 어른에게 글씨나 그림을 받으러 오는 사람들이 놓고 가는 폐백(사례금)이 적지 않아서, 병조네 집은 가족들이 모두 판판이 놀고 지내면서도 생활은 항상 유족하였다. 덕분에 나는 그 집을 드나들며 이따금 맛있는 것을 얻어먹기도 하고, 당시엔 소학생들도 반드시 저고리 왼쪽 가슴께에 붙이고 다녀야 했던 명찰名札의 글씨를, 이 이름난 서예가에게서 받아 달고 다니며 으스대곤 하였다.

지금 생각해보면 병조아버님은 글과 글씨와 그림의 달인이기도 했지만, 무엇보다도 세상을 멋으로 살아가는 풍류인이었다고 기억된다. 학교에서 받아오는 통신표 성적이 제 친구인 나에 비하여 떨어져도 한참 떨어지는 아들아이를 꾸짖기는커녕, 그만하면 잘 했다고 머리를 쓰다듬어 주시던 병조 아버지. 그것은 도인의 풍모였다.

가을철 어느 달밤이었다. 저녁은 먹었겠다! 공부는 하기 싫겠다! 병조가 뭐하고 있는지 좀이 쑤셔서, 밤이 꽤 이슥했는데도 체면불고 병조네 집 대문을 밀치고 들어섰다. 순간 나는 멈칫하며 그 자리에 서고 말았다. 다른 때 같았으면 마당에서 큰 소리로 『병조야 나 왔다!』하며 불러냈겠지만, 그날은 그럴 필요가 없었던 것이다.

집안 가득히 내려앉은 달빛을 받으며, 병조네 부자가 툇마루에 나앉아서 연출하고 있는, 한 폭의 신선도 같은 풍경이 눈앞에 벌어지고 있었기 때문이다. 툇마루엔 나지막한 둥근 소반 위에 백자술병 하나와, 북어 한 마리를 놓았을법한 접시가 놓여있었다. 막 술잔에 술을 채우고 있는 아버지 곁에서 병조는 옆에 놓인 다듬잇돌에 북어를 올려놓고, 방망이로 두들기고 있는 참이었다. 아버지가 술잔을 기울이신 뒤에 안주로 드실 북어의 껍질을 벗기기 쉽게 하려는 것이리라. 교교한 상현上弦달빛이 마당을 가득 메우고도 남아, 그들 부자가 앉아있는 툇마루 위쪽 벽에까지 기어 올라와 있었다. 나는 한동안 대문간에 서서 조용히 그 그림 같은 광경을 바라보고 있다가, 이윽고 기침소리를 내며 섬돌 위에 올라섰다.

『너 왔구나!』

아버지와 아들이 소리를 맞추어 반색을 했다. 이윽고 병조가 방망이로 두들겨 부드럽게 만든 북어를 조각내어, 접시에 담아 소반위에 올려놓자, 병조아버지는 술잔을 기울이신 다음, 북어 한 조각을 집어 껍질을 벗기시며 .

『옛사람의 시에 이런 것이 있었느니라.』하고는 한시 한 수를 외우셨다.

여름밤 툇마루에 나앉아
향기로운 술, 잔 가득 부어 놓고
희미한 달빛 아래
북어껍질을 벗긴다.

이렇듯 한시를 음미하시며 병조아버지는 점점 그 시의 경지에 몰입하시는 것 같았다.

『내가 오늘 저 달빛을 받으며 어린 너희들과 함께 옛 명인의 자취를 더듬고 있구나. 이런 나를 두고 아마도 뒷사람들은 내가 풍류를 아주 모르지는 않았다고 할 테지?』

하시며 우리를 번갈아 바라보고는, 또 한 모금 기울이고 나서 북어껍질을 벗기곤 하셨다. 병조 아버님 말씀은 아마도 풍류에 노소가 따로 있겠느냐는 뜻이었을 것이다.

그때 병조아버님이 우리 꼬마들에게 시의 구절구절은 말할 나위 없고, 시인의 이름하며 시대와 사회적 배경까지도 소상히 풀어주시던 일까지는 기억 속에 확실한데, 깜냥엔 한눈 팔 겨를 없이 한세상 열심히 살아오느라, 그런 건 다 까먹어 버리고, 지금 머릿속에 남아있는 내용이라곤 위에 적은 기억의 부스러기가 전부다.

다만 그때 병조아버님이 풀어주신 시가 넉 줄이었다는 기억만은 생생한 것으로 보아, 아마도 당시唐詩의 오언절구五言絕句 중 어느 하나가 아니었을까 생각해 보았다. 즉시 서가에서 두툼한 당시선唐詩選을 꺼내놓고 오언五言이건 칠언七言이건 무턱대고 그 시詩의 내용에 상응할 만한 제목을 찾아 내용을 훑었으나 하나같이 아니었다. 책을 덮으려는 찰나, 오언고시五言古詩 중 이백李白의 [월하독작=月下獨酌]이 얼핏 눈에 뜨이기에 「옳거니!」하고 열어보니 그것도 14행이나 되는 배율排律이었다. 나는 크게 실망하였다.

여름밤에 툇마루에 나앉아서 달을 바라보며, 술 한 잔 기울이고 희미한 달빛 아래 북어껍질을 벗기던 옛 시인은 과연 누구였으며, 가을밤 달빛을 마주하고 부자가 툇마루에 나앉아, 옛 시인의 풍류를 고대로 연출하고 있었던 병조아버님과 병조는 과연 누구였으며 지금 어디 있는가?

어쩌면 그들 부자는 뒷날 나의 이 회상기에만 실존하는 신선들이 아니었을까? 달밤에 아버지 곁에서 조용히 아버지의 술시중을 들던 그 동자童子가 어떻게 열 살짜리 코흘리개 나의 친구였더란 말인가!

8 · 15 해방의 날이 채 찾아오기 전에, 병조네 가족들은 미 공군기 B29의 폭격을 피하여 양녕대군 후손들의 집성촌으로 다시 돌아갔다. 그 얼마 뒤에 나도 가족들을 따라 그 마을을 떠난 뒤, 천방지축 70년의 세월을 죽이고 난 어느 날 밤, 아내가 막내딸이 보내왔다며 쏘맥 안주로 북어를

내놓기에 무심코 그 껍질을 벗기다가, 아버지의 술시중으로 달빛 아래서 다듬잇돌 위에 북어를 올려놓고 두들기던 신선 같은 옛 친구를 떠올렸다. 그리움이 바닷물처럼 밀려왔다.

병조야, 너와 내가 헤어질 그 무렵에 새로 개발한 B29인가 하는 대형 폭격기로, 일본의 〈히로시마〉와 〈나가사끼〉에 원폭을 투하하여, 하필 그 시점에 전쟁을 끝내버린 미국이라는 나라가, 나는 참으로 얄밉고 원망스럽다. 그것은 한반도를 이 지경으로 만들어놓은 최대의 악재惡材였기 때문이다.

전쟁을 좀 더 일찍 끝낼 수 없었다면, 아예 한 1~2년쯤 늦게 끝냈어야, 그동안 연합군에 편입한 우리 광복군의 힘으로, 국토분단과 민족상잔의 비극을 막아낼 수 있었을 텐데 말이다.

나는 1년에 네 번 국기를 게양한다. [3 · 1절] [광복절] [개천절] [한글날]이 내가 국기를 내거는 날인데, 그중 광복절엔 꼭 너를 생각하면서 기쁨과 아쉬움이 교차하는 마음으로 내걸고 있다. 우스갯소리지만 너희 선친께서 눈이 그렇게 크지만 않았어도, 한반도 상공에 B29 두어 번 나타난 걸 가지고, 지레 겁을 내어 줄행랑치지는 않았을 텐데 말이다. 너와 내가 함께 광복을 맞이했더라면 지금까지 절친한 친구로 남았을 텐데 ----.

병조야, 아직 어딘가에 살아있기는 하니? 그저 무상한 게 인간사로구나!

2009년 9월 3일

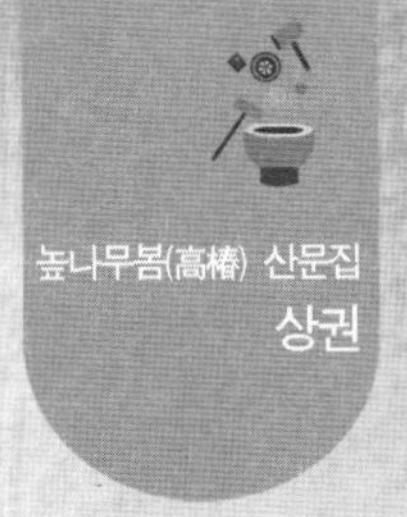

제2부

부부여래夫婦如來

부부여래夫婦如來

얼마 전 나는 우리 아파트 같은 라인 아래층에 사는 젊은 부부로부터 실로 종교적 대각大覺에 버금가는 깨우침을 받았다. 내 일생에 한두 번 있었을까 말까한 정신적 변혁이 또 한 번 내게 일어난 것이다. 나같은 평범한 사람에게도 어쩌다 찾아오는 이같은 깨달음은, 성현들의 그것처럼 깊은 사색과 통찰을 거쳐서가 아니라, 어떤 계제에 마치 섬광처럼 머릿속에 파고들어 차고앉은 일종의 영감이었다.

며칠 전 아내와 함께 승용차로 외출했다가 돌아오는데, 집 앞에 이르니 마침 주차공간이 하나 비어 있었다. 주차난이 이만저만 아닌 터에 이게 웬 떡이냐 싶어, 서둘러 그곳에 차를 세우려다 그만 오른쪽의 SUV차 옆구리를 긁고 말았다. 느낌에 살짝 닿았다 싶었으나, 내려와 보니 보이는 둥 마는 둥 우그러들었는데, 긁힌 자국만은 선연히 눈에 띄었다. 나이 들며 감각이 예전 같지 않아서, 잊을만하면 한 번씩 이런 일이 생겨 우울했었는데, 또 일이 벌어지고 만 것이다. 더없이 참담한 심정이었으나 이미 벌어져버린 일을 어쩌랴! 자수하고 수리비를 물어주는 수밖에.

그 차에 붙어있는 우리 아파트전용 주차티켓을 보고 바로 우리 집과 같은 라인의 405호 차인 것을 알았다. 그 집 딸아이가 내 외손자 녀석과 한 반이었던 적이 있어서, 그 집 주인이 젊은 판사라는 걸 알고는 있었지만, 내 딸아이에게 들어서 그런 줄 알고 있을 뿐, 실제 그 사람들과 우리 내외와는 서로 간에 면식이 없는 사이였다.

우리는 지체 없이 경비실로 들어가 405호에 인터폰을 걸었으나 받지 않았다. 경비원에게 그 집 전화번호를 물어 전화를 걸어도 감감 무응답이었다. 이왕 맞을 매라면 빨리 맞는 것이 좋은데…. 차 주인 눈에 띄기 전에 우리가 먼저 자수하는 게 예의이기도 할 터. 우리 부부는 마음이 초조하였다.

아내와 나는 께적지근한 일을 두곤 못 참는 성미다. 부부는 성격이 달라야 원만하게 산다는데, 우리 부부는 성깔조차 붕어빵처럼 닮아서 걸핏하면 다툰다. 그래도 그런 성깔 덕에 이런 일을 두고 서로 간에 의견이 엇갈리지 않고, 어서 차 주인을 만나야 한다는 일념에 아내가 아예 405호 현관문 밖에서 주인이 돌아오기를 기다리는 걸 보면, 부부가 꼭 성벽이 달라야만 좋은 건 아닌 모양이다.

두어 식경쯤 지났을까? 아내가 집에 돌아왔다. 405호 안주인을 만나고 왔다는 것이다. 우리 차가 댁의 차 옆구리에 흠집을 냈다고 말했더니, 자기네 차가 많이 망가졌느냐고 묻기에, 그렇진 않지만 일단 함께 나가서 보자니까, 많이 망가지지 않았으면 그걸로 됐다고 하면서, 그것은 자기 남편 차고 자기는 다른 사람 차에 편승하여 외출했다가 돌아오는 길이라며, 자기 남편도 그런 사소한 일에 마음 쓰는 사람이 아니니 잊어버리시라고 하더란다. 그런 일 때문에 마음고생을 시켜드려 오히려 미안하다고 하더라나.

『그것으로 그만이야?』

『두 번 세 번, 함께 내려가서 일단 흠집 난 곳을 살펴본 뒤에 수리비 견적이 나오면 물어드리겠다고 말했지만, 괜찮으니 어서 올라 가시라고만 하니 낸들 어쩌겠어요?』

『참, 이 영악한 세상에 요즘 사람들은 아니네!』

제법 대범한 체 그렇게 말하면서도 그 순간 나는 지난날의 내 행적에 대한 부끄러움으로, 앞에 있는 아내에게조차 얼굴 들기가 민망하였다. 20년 가까운 세월 저쪽으로 내 기억이 빠르게 시간여행을 하고 있었다.

아들아이가 일본 교도통신사에서 주관한 [아시아 보도 경연대회]에 참가하여 타온 상금으로 내게 스텔라(Stellar) 승용차를 사주던 해였다. 스텔라는 현대자동차가 초창기에 야심차게 내놓아, 단기간에 최고 판매고를 기록한, 인기절정의 중형차였다. 디자인도 당시로는 더없이 잘 빠진 멋진 차였다. 아들 덕에 내가 갑자기 궁상에서 벗어나 자가용 출퇴근의 호사를 누리게 됐으니, 그 으쓱한 기분을 무엇에 견주랴! 그때의 기고만장한 내 꼬락서니를 남들이 눈여겨보았다면, 틀림없이 벨이 뒤틀렸을 것이다.

옛날 자동차가 없었던 시절, 말(馬)이 나들이 수단으로 요긴하게 쓰였을 때 사람들은 자신을 도와주는 고마운 말에게 얼마나 호사를 시켰던가! 나도 꼭 그런 심정으로 나의 애마愛馬격인 이 스텔라 승용차를 애지중지하였다.

하루는 출근하려고 차 앞에 다가간 내 눈앞에 옆구리가 흉하게 찌그러진 스텔라가 서있었다. 뜻하지 않은 광경에 나는 어안이 벙벙하였다. 출근시간이 늦건 말건 경비원을 불러 도대체 경비를 어떻게 서기에 이런 걸 모르고 있느냐고 따졌다. 경비원이 마음에 짚이는 구석이 있었던지, 얼른 경비실로 들어가 인터폰을 걸어보고 와서, 11층의 몇 호에 사는 사람이 그랬는데, 지금 내려오겠다고 한다는 것이다. 장본인이 누군지를 안 것만으로도 일단 안심이 되어, 나는 놀랐던 가슴을 쓸어내렸다. 그런데 장본인이라고 나타난 중년여인은 고분고분하지가 않았다.

『찌그러진 곳에 빠데(Putty) 바르고, 그 자리에 후끼(噴霧=Spray)만 하면 되겠네요. 얼마 드릴까요?』

나는 또 한 번 어안이 벙벙하였다.

『저렇게 한 뼘이나 들어간 곳을 어떻게 빠데로 메웁니까? 뜯어서 정식으로 판금을 해야 합니다. 그리고 저렇게 넓은 면을 후끼로 부분처리하면 이색진 곳이 한눈에 띄어 보기 흉하지요.』

나는 젊은 시절 한때 운수업에 종사하며, 큰 버스회사 임원으로 재직한 일도 있어서 나의 이 말은 결코 틀린 말이 아니었다.

『이만 것을 가지고 까다롭게 그러세요?』

『아무튼 카센터에 가서 견적이 나오면 그대로 수리해 주세요.』

이리하여 나는 내가 아는 카센터의 견적대로 수리를 받은 일이 있었다. 판금은 반드시 해야 하는 상황이었지만, 칠만은 좀 보기 흉하더라도 스프레이로 부분처리하면, 수리비가 훨씬 적게 나온다는 걸 나는 잘 알고 있었다. 하지만 상대방의 얄미운 태도에다 카센터 주인의 권유도 있고 하여 한쪽 면 전체를 새로 도색하였다. 아니 카센터 주인의 권유가 없었더라도 나는 꼭 그렇게 하였을 것이다. 애지중지하는 애마의 탐스러운 갈기를 내 잘못도 아니고 남의 잘못으로 이색지게 할 수는 없지 않은가!

어쨌거나 그랬으면 그걸로 마음이 편해야 할 터였다. 웬 걸! 그 뒤 그 일이 두고두고 마음에 걸려, 내 인격에 흠집을 내고 가슴 한구석에 어두운 그림자를 드리웠던 것이다.

돈이나 명예는 사람에게 무엇인가? 마음의 평화와 맞바꿀 만큼 가치 있는 것인가? 누구나 입으로는 그렇지 않다고 쉽게 말하리라. 그러나 진심으로 그걸 부정하며 과감하게 실천으로 옮기기란 말처럼 그렇게 쉬운 일이 아닐 것이다. 그 쉽지 않은 일을 아래층 405호의 안주인은 마치 쉬운 일처럼 아무렇지도 않게 실천하고 있었던 것이다.

나는 아래층 여인이 내 아내에게 건넸다는 대화를 되짚어 보았다. 차가 많이 망가졌느냐고 묻고는, 그러지 않았다면 그것으로 됐다고 말하는 그녀의 탈세속적 면모를 떠올리는 순간, 갑자기 내 입에서 탄성이 터져 나왔다.

『바로 그것이다! 그 쉬운 이차를 나는 왜 아직껏 모르고 살았단 말인가!』

참으로 오랜만에 내게 찾아온 깨달음이었다. [죽고 사는 문제라거나 당장 천지가 뒤집히는 일이 아니라면, 세상에 무슨 그리 큰일 날 일이 있으랴!]

이것이 바로 그녀와 그녀 남편의 성숙한 인격이었던 것이다.

나는 오늘부터 아래층 젊은 부부를 마음속 스승으로 섬기리라. 올가을 시골에서 햇곡식이 올라오면, 아래층 멘토 부부에게 가장 먼저 한 포대 드리련다.

2008년 6월 28일

〈2008년 계간지 겨울호에 발표〉

고춘 변설高椿 辨說

–〈높나무봄〉이라는 ID

내 사주가 오죽 안 좋으면 그 액막이와 살풀이를 한답시고, 전래의 금령禁令까지 어겨가면서 무엄하게도 어휘御諱를 끌어다가 이름자로 썼겠는가! 그 사실 하나만으로도 나의 고달픈 인생행로는 일찌감치 점쳐졌던 것이다.

멀찍이서 우리 마을 동구 밖을 바라보면, 초승달 같은 다랑이 논배미들을 사이에 두고 우리 마을 뒷등성이와 나란히 뻗어 내려온 또 하나의 산줄기가 보인다. 그 산줄기가 우리 마을 뒷등성이와 서로 등을 보이며 휘감아 만들어낸 아늑한 터전에 들어앉은 30여 호의 작은 동네. 내동內洞마을이다. 아버지의 친구가 그곳에 살고 있었다. 윤尹생원이었다. 사서삼경을 다 섭렵한 분으로, 학문은 무론 주역의 점괘와 사주를 뽑아내는 일에도 통달한 분이라고 하였다.

우리 마을을 포함하여 인근 촌락들이 대부분 한촌寒村이다 보니, 글줄이나 읽은 이가 많지 않았다. 그러니 드문드문 있는 글깨나 한다는 선비끼리는 원근을 가리지 않고 서로 간에 내왕이 잦았다. 내동마을과 우리 마을은 담배 한두 대참 발품이면 오가는 거리라, 윤 생원은 하루나 한

나절이 멀다고 우리 집 사랑엘 드나드셨고 한다. 바로 그 윤생원이 내 이름을 작명하였다는 것이다.

윤 생원이 엊그제 태어난 친구아들 사주를 짚어보고는 깜짝 놀라며 『이 아이의 사주가 너무도 안 좋으니, 부득불 금령을 범해야만 그것으로 살煞을 막아내겠다.』 하고는 조선왕조를 개국한 태조의 조부인 이춘李椿의 휘자를 따서 이름을 재춘在椿이라 지어주었다는 것이다.

위로 형들 넷이 모두 항렬자 밑에 두 획의 글자를 이름으로 썼는데, 오직 나만이 그런 연유로 자그마치 열세 획의 椿이라는 글자를 이름으로 갖게 되었단다.

뒷날 철들고 나서 그 이야기를 전해 들었을 때, 그 사연이라는 게 너무도 맹랑하여 나는 실소를 터뜨리고 말았다. 그때가 조선왕조 때라면 모른다. 내가 태어난 1930년대 전반에는 ≪어휘를 신하나 백성의 이름자로 쓰지 말라≫는 금령 자체가 이미 옛 세상 신화가 되어버린 마당인데, 새삼 왕명을 거슬러서 '살'을 막아보겠다는 발상부터가 애시에 씨도 안 먹히는 생각이었던 것이다. 설사 윤생원의 〈액막이론〉이 형식논리상 맞는 것이라 쳐도, 인식론적으로 보면 그때는 사실상 액막이방패가 없어져 버렸는데, 무슨 수로 나를 겨냥해오는 사주四柱의 창을 막을 수 있겠는가!

새로 태어난 어린것의 불운을 어떻게든 막아주겠다는 윤생원의 긍휼지심矜恤之心은 지금까지도 고맙게 여긴다. 그러나 고마운 것과 실제 도움을 받았다는 건 별개문제다. 비록 시대적으로 한물 간 유학儒學일망정 학문의 내공內攻을 쌓았다는 어른이 아니 그래, 남의 이름을 짓는다면서 음상音相에 대한 고려가 전혀 없이 육효六爻 팔괘八卦 등의 주술적 효력만을 생각하여 글자를 고르다니! 그것을 생각하면 그 이름이 창피하리만큼 마음에 안 드는 나는 윤생원의 그 생뚱맞은 발상이 뇌리에 박혀서, 한평생 서운한 마음을 지워버리지 못하고 있는 것 또한 사실이다. 이름은 누가 뭐래도 [음상音相]인데 말이다.

춘椿이라는 글자야 모양으로나 뜻으로나 흠잡을 곳이 없다. 하지만 그것이 재在라는 우리집안 항렬자 밑에 붙으면 풍기는 뉘앙스가 아무래도 촌스럽다. 어차피 금령을 범할 터이면 왕조 5백 년 임금들의 이름 가운데 나의 항렬자 밑에 붙어서 고상한 맛을 낼 수 있는 글자도 많았으련만….

이름에 대한 불만은 자연 그 모체라 할 사주에 대한 궁금증으로 이어졌다. 대관절 사주가 얼마나 나쁘기에 그 푸닥거리 짓을 해가며 마음에도 들지 않은 이 글자를 골라냈더란 말인가!

매양 심기가 불편하던 터에, 때마침 나와 스스럼없는 친구 한 사람이 요즘 한창 동양철학에 몰두하고 있는 중임을 생각해냈다. 그에게 나의 불만과 궁금증을 털어놓으며 사주를 한 번 풀어달라고 청하였다. 사주 중 생시生時는 사시巳時가 확실하지만 출생당시의 시간관념에 믿음성이 없으니, 에멜무지로 오시午時로도 한 번 풀어달라고 부탁하였다.

친구가 사시와 오시 두 가지로 사주를 풀어보고, 그중 「오시」로 잡고 푼 것을 자그마치 50쪽에 이르는 이메일로 보내왔다. 10점 만점에 5점쯤에 해당한다고 결론짓고는 덧붙이기를, 생시를 「사시」로 잡고 풀면 음양陰陽의 대비가 좋지 못하여 「오시」로 잡고 풀이한 것보다 더 안 좋게 나온다는 것이었다.

그러면 그렇지, 왜 아니랴! 보나마나 나의 실 생시인 「사시」로 풀어보니 77년 전 〈내동 윤생원〉이 풀어본 사주와 똑같이 험악하기 이를 데 없었겠지. 친구는 적으나마 내 상심을 덜어주기 위하여 '오시'로 푼 것을 보낸 것임에 틀림없었다.

한세상 다 살고 난 이 마당에 사주의 길흉은 따져서 무엇에 쓰랴!

사실 사주와 내 이름자 간의 함수와 그 변수는 애시에 윤 생원과 우리 아버지의 전근대적 사유가 빚어낸 정체불명의 허상일 것이기에, 애초부터 내 관심사는 아니었다. 다만 내 이름이 음성학적으로 촌스럽다는 것과, 그 촌스러운 이름을 이제라도 바꿀 것인가 말 것인가가 나의 관심사라면 관심사였다.

그러던 중 지난해 어느 날, 뜻밖에도 그 촌스러운 이름에 대한 인식의 변화를 가져다준 신문과 텔레비전 광고 하나를 접하게 됐다. 10월 중에 SK에서 몇 차례 내보낸 광고였다.

재춘이네 조개구이

재춘이엄마가 이 바닷가에
조개구이 집을 낼 때
생각이 모자라서,
그보다 더 멋진 이름이 없어서
그냥 '재춘이네'라는
간판을 단 것은 아니다.

자식의 이름으로 사는 게
그게 엄마의 행복인 게다.

이땅의 재춘이들을 키워주신
수많은 어머니
당신이 우리의 행복입니다.

-S K-

광고를 보는 순간 나는 어안이 벙벙하였다. 촌스럽다고 한평생 남의 앞에서 떳떳이 입에 올리지도 못했던 이름이 이 땅의 아들들을 대표하는 이름이라니!

이 대목에서 〈재춘〉이라는 이름에 대한 나의 열등감이 조금씩 여려지기 시작했다면 나라는 인간이 너무 유치한가?

사실 오래전부터 그옛날 윤생원이 골라주신 내 이름 [椿]이라는 글자는 「장자-莊子」에도 나오는 특별한 나무이름으로 아주 고귀한 단어에 쓰인다는 걸 알고는 있었다. 지금처럼 항렬자 밑에 붙지 않고, 나의 성자인 〈고高〉에 직접 붙어 외자이름으로 〈고춘高椿〉이라 쓰이면, 개성 있는 이름으로 두드러져 보인다는 생각을 했었다. 그래서 책을 내거나 잡지사에 글을 보낼 때면 〈고춘〉이라는 필명筆名을 써왔고, [高椿]이라는 한문글자를 우리말로 [높나무봄]이라 풀어서

[nopnamoobom@]를 ID로 쓰고 있다.

높은 곳에 있는 나무에는 봄이 늦게 찾아오지만 오기는 반드시 온다. 그리하여 세상의 봄꽃들이 다 이울고 난 뒤에야, 보는 눈이 있건 말건 혼자서 화사한 꽃을 피워내며 뒤늦게 봄을 구가한다. 아, 얼마나 고고한 이름인가! 〈高椿-높나무봄〉

2010년 3월 5일

불출不出이의 변辯

[자식자랑 팔불출八不出]이라고 남들이 조롱하는 줄 알면서도, 너나없이 좀처럼 안 하고는 못 배기는 게 자식자랑 아닐까? 나도 물론 둘째가라면 섭섭해 할 팔불출이니 하는 말이다. 이 글의 제목도 처음엔 다짜고짜 ≪자식 자랑≫으로 붙였다가 아무래도 남들 이목이 간지러워 ≪불출이의 변≫이라고 깜냥엔 점잔을 빼본 것이다.

그래봤자 결국 자식자랑이고 보니 이 글 또한 필시 남들의 빈축을 사기 십상일 것이다. 하지만 내가 다 늘그막에, 모처럼 지나온 한평생을 되돌아보며, 세상살이의 편린들을 글 속에 담아내고 있는 이 마당에서조차도, 남들 눈치가 보여 내 아들에 대한 이야기만을 깡그리 빼놓는달순 없는 일 아닌가! 사실 지금껏 그 아이에 대한 이야기는 다른 글 속에서 슬쩍슬쩍 내비치기는 했어도, 그 아이를 주제로 본격적인 글을 쓰는 작업은 아마도 이것이 처음이자 마지막이 될 것이다. 제 아비가 서투른 글 솜씨로, 그나마 과녁에서도 한참 빗나간 제 이야기를 흘리고 다니는 걸, 장본인이 질색한다는 말을 들었기 때문이다.

그러니 그 아이에 대하여 마지막으로 쓰는 오늘 이 글에서만은 자식이건 남이건 누구 눈치 볼 것 없이 [불출이]를 자처하며 하고 싶은 말은 모두 털어놓을 것이다.

내 아들은 소설가이자 언어학자이며 다른 한편으로는 비평가이자 논객이다. 영어와 프랑스어 독일어 스페인어에 능통하며 라틴어와 그리스어 일본어까지를 읽고 쓰는 언어의 귀재다.(이 말은 내가 하는 말이 아니다. 이름만 대면 누구나 알 만한 우리나라의 대표적 비평가중 한 분이, 내 아들이 펴낸 소설집의 발문을 쓰면서 그 속에서 한 말이다.)

아닌 게 아니라 나도 일찍부터 내 아들이 천재라고 생각해 왔으며, 지금도 그 생각엔 변함이 없다.

그 아이는 고등학교를 평준화하던 해에 서울 변두리 어느 사립 고등학교에 배정받아 들어갔다. 입학한 지 채 한 달이 못 됐을 무렵. 교과서에 다 있는 학습내용을 칠판 가득 써놓고, 그대로 베껴 쓰라는 지리 선생의 지시에 따르지 않았다 하여, 교무실로 불려가서 도에 넘치는 체벌을 이틀씩이나 받게 되자, 두말없이 책가방을 싸들고 집으로 돌아와서는 그 길로 고등학교 생활을 마감해 버린 아이다.

그러지 말고 학교에 나가라는 부모의 애원을 뒤로한 채, 말도 없이 전주全州 제 외가에 내려가서 1주일 남짓 쉬고 오더니, 다음날부터 학교 대신 나가는 곳이 종로 2가에 있는 〈종로서적〉이었다. 그곳은 당시로는 서울에서 으뜸가는 대형서점이다.

서가에서 필요한 책을 뽑아서 그 자리에 선 채로 대강 읽어치우고는 또 다른 책을 뽑아서 선 채로 읽고 —. 한 학기 내내 아침에 나가서 거의 종일토록 그 짓을 되풀이하고는, 늦은 저녁나절 배가 고파야 집에 돌아오곤 하였다. 그 아이의 그런 모습을 한 학기 동안이나 지켜보며 마음이 울적해진 가족들이 어찌어찌 짬을 내서, 며칠 동안 동해의 바닷바람을 쐬고 귀가하던 날, 우리 집엔 꿈에도 생각지 못했던 [대입자격 검정고시 합격통지서]가 배달돼 있었다. 그 한 학기 동안 종로서적 책시렁에서 자료를 뽑아 그 자리에서 익힌 공부로, 가족들도 모르게 대입자격 검정고시를 치러냈던 것이다. 해맑은 아침햇살이 우리 집을 비추기 시작하는 순간이었다.

바로 그해에, 그러니까 고등학교를 한 달 만에 그만두어 버린 그해 가을에 외국어대학교에 들어가고, 이태 뒤에 성대 법대와 연세대 철학과의 편입시험에 연이어 합격하고, Korea Times의 기자가 되고, 서울대학교 대학원에서 석사과정을 밟고, 파리 사회과학고등연구원에서 박사과정을 밟고, 서울의 비교적 양심적인 유력일간지의 논설위원이 되고, 그러는 가운데서도 소설집과 수상집과 학술서 등 14권의 저서를 집필 간행하고----.[참고: 현재는 30권]

나는 요즘 명망 높은 많은 비평가들이 우리나라의 독보적 문장가라고 칭송하는 내 아들의 글이 신문과 잡지에 나올 때마다, 이 주옥같은 글들을 정말로 내 아들이 쓰고 있다는 사실에 새삼 놀라고 감격하면서, 그 명민한 판단과 정연한 논조와 빈틈없는 어휘구사에 한없는 공감을 표시하는 뜻으로 밑줄을 그어가며 몇 번씩 되풀이 읽는 재미를 만끽하고 있다.

일간지의 칼럼은 정성스레 오려서 사절지四折紙 넓은 종이에 붙여 차곡차곡 상자에 보관한다. 월간지와 계간지는 그것대로 책장의 정해진 칸에 꽂고, 단행본은 또 단행본 칸에 따로 꽂아둔다. 이렇게 내 아들이 펴낸 단행본과 내 아들의 글이 실린 잡지가 이미 큰 책장 하나에 가득 차고 넘치니, 그 나이에 이만하면 내 아들은 가히 용龍에 견줄만한 인재가 아니겠는가!

이제야 실토하는 말이지만 사실 내 아들의 태몽은 용이다. 경복궁 경회루 북쪽담장 안쪽 중간지점 물 위에 날아갈듯 날렵하게 들어선 정자가 있다. [하향정荷香亭]이다. 물위에 뜬 연꽃같이 우아한 수상정자 하향정 밑 웅숭깊은 못물 속에 서려있는 거대한 흑룡黑龍을 내가 꿈속에서 보았던 그 무렵 내 아내가 아들을 잉태한 것이다. 그런 걸 알 리 없는 세인世人들은 뒷날 혹 내 아들이 큰사람이 되면 개천에서 용 났다며 나를 두고 이기죽거리거나 삐죽거리기 십상이리라. 하지만 아들아, 내 그런 수모를 천백번을 겪어도 좋으니 하루속히 용비어천龍飛御天하여 네 이상을 펴 나가려무나.

한편, 그렇다고 내가 내 집안이나 아들아이의 외가를 개천에 비유하여 비하하고 싶은 마음은 추호도 없다. 어디에 견주어도 꿀릴 것 없는 문벌이요 도저한 지체다. 그런데 문제는 나다. 개천은 바로 나 자신인 것이다. 나의 형제들만 해도 모두 뛰어난 두뇌와 당당한 인품으로 원근에 화제가 된 인물들인데, 유독 막내인 나만이 심신 공히 한심한 미출微出인 것이다. 스스로 생각해도 마음씀씀이나 몸가짐 어느 것 하나 취할 것이 없는 하느님의 태작駄作임이 분명한 나 같은 개천에서 내 아들 같은 용이 올랐으니, 이 불출이 개천이 세상을 향하여 저것 보라고 얼마나 소리쳐 자랑하고 싶으랴!

하여, 나는 계제가 있을 때마다 여러 가지 방법으로 은근히 아들자랑을 빼놓지 않는다. 요즘도 내 아들이 일간지에 격주로 내는 명名칼럼(이 말도 비평가들의 말을 인용한 것이다) [이런 생각]이 나오면 몇 장씩 복사하여 친한 지인들에게 돌리곤 한다. 그리고 그 칼럼이 나오는 날 나와 만나는 사람들은 그 신문 한 부씩을 내게서 공짜로 얻어 읽게 마련이다.

엊그제 한번은 그 칼럼을 또 침이 마르게 칭송한 어느 독자의 글까지 오려서, 그것도 함께 읽어보라고 친구들의 코앞에 디밀었는데, 아뿔싸! 그게 큰 실수였던 것이다. 대번에 한 친구의 표정이 굳어지며 냉소적 반응을 보이는 게 아닌가! 순간 나는 자식자랑 하는 못난 내 속마음을 친구들에게 알몸으로 드러내 보인 것 같아 얼굴이 화끈거렸다. [인생칠십人生七十이면 종심소욕從心所欲이라도 불유구不踰矩－나이 칠십이 되면 마음에 하고 싶은 대로 좇아서 행하여도 법도를 벗어나지 않는다.]라 하였는데 나는 나잇값을 못한다는 생각이 들었다. 역시 나는 하릴없는 불출不出이로구나! 며칠 동안 부끄러움으로 쥐구멍을 찾고 싶은 심정을 달래며 대오각성大悟覺醒, 앞으로는 어떤 경우에도 자식에 대한 이야기만은 하지 않기로 거듭거듭 다짐하고 나서 사흘째 되어서야 마음이 조금 가라앉았다.

그날 밤, 그러니까 정확하게 말하면 그저께-2003년 11월 30일 일요일 밤 여덟시가 조금 지났을까? 나는 거실에서 KBS-일요스페셜을 보고, 아내는 안방에서 자신이 늘 보던 드라마를 즐기고 있었는데 갑자기 현관 초인종이 울렸다. 내 떨거지들이라면 비밀숫자 버튼을 눌러 몸소 열고 들어올 텐데 초인종을 누르다니 누굴까? 의아해하며 문을 빠끔히 젖히고 내다보니 뜻밖에도 내 아들 종석이었다.

『아버지, 강康○○장관이 제 집에 놀러 왔다가 저하고 술을 마시던 중에 아버지가 이웃에 사신다니까 인사드린다고 지금 여기 함께 와있으니 얼른 옷을 입으세요.』이러는 게 아닌가!

강금실康錦實장관－요즘 인기절정에 있는 젊은 여성 법무장관이다. 내 아들아이와는 서로 말을 놓고 지내는 친한 친구인데, 그날 아들 집에 놀러온다는 말은 들었지만, 설마 내게 인사 오리라고는 꿈에도 생각지 못했다. 그러기에 러닝셔츠 바람으로 TV 앞에 앉아 있다가 갑자기 이게 무슨 날벼락이란 말인가. 허둥지둥 와이셔츠만 대강 걸치고 손님을 맞아 수인사를 끝내고 보니, 강장관은 과연 보고 듣던 그대로였다. 저 작달막한 체구의 어디에 그런 당당함이 배어 있고, 이런저런 경륜은 또 어디에서 우러나는 것일까? 참으로 놀라운 일이었다. 나와 10여 분간 대화하는 동안에도 끝까지 무릎을 꿇고 앉아서 아무리 말려도 다리를 풀지 않았다.

『어쩌면 그렇게 당당하고 야멸치게 일을 치러내셔요 그래?』했더니

『다 종석이한테 배워가면서 해나가고 있어요.』하였다.

이럴 수가! 농담인지 진담인지, 이러니 내가 그만 말문이 막혀버리더라.

한참 만에

『뜻밖에 우리 집에 오셨으니 기념으로 뭘 하나 드리고 싶은데 ---. 술을 한 병 드릴까요?』했더니, 술이 가득한 거실의 진열장을 한번 눈으로 훑고는

『정말 술이 많으시네요.』하였다.

『예, 내가 취미로 세계 각국의 술을 수집하고 있거든요. 위스키보다는 꼬냑쪽으로 드릴까요?』했더니

『그냥 저기 보이는 「시바스 리갈」이나 한 병 주시죠.』하기에

『그렇게 흔한 걸 드릴 순 없고 이걸 드릴게요.』하며 [Remy Martin XO Special] 한 병을 주었더니 잘 먹겠다고 하면서

『앞으로 제가 자주 술을 보내 드려야겠네요,』하더라.

그 바쁜 사람이 정말로 내 술까지 챙겨 보낼 일이야 없겠지만, 비록

한 순간이나마 그런 마음을 써준 것만으로도 고맙고 황공하였다.

강장관이 아들과 함께 다시 내 아들집으로 건너가고 난 뒤, 아직도 놀람이 채 가라앉지 않은 가슴을 쓸어내리며 나는 습관적으로 전화의 송수화기를 들고 친구 집 전화번호를 눌러댔다.

『어이 박 관수, 너 지금 뭐 하니?』

『KBS-일요스페셜 보는 중인데.』

『너도 그거 보고 있었니? 그런데, 너 방금 전에 우리 집에 무슨 일이 있었는지 알아?』

『왜, 무슨 좋은 일 있었어?』

『너, 놀라지 마! 글쎄, 강 금실 장관이 방금 전에 내게 인사차 다녀갔어. 종석이집에 놀러 왔다가 ------- 어쩌고저쩌고』

아뿔싸! 또 시작이구나. 아까까지도 친구들에게 두 번 다시 자식 이야기는 안 하기로 재삼재사 다짐해 놓고서, 이게 또 무슨 주책바가지람! 자식자랑 팔불출이라는데, 쯧쯧.

2003년 12월 2일 밤에

말의 덤과 덤터기

나는 고등학교 교사생활 중 근무하는 학교형편 따라, 때론 국어도 가르치고 때론 영어도 가르치곤 했지만, 그중 영어는 선생이라 불리기 부끄러울 만큼 서툴렀다는 걸, 내 글 곳곳에서 고해성사하듯 실토하였다. 말하는 입은 그런대로 열려있지만 듣는 귀는 거의 귀머거리 수준이니, 영어방송을 들으면 마치 새가 지저귀는 소리를 듣는 것이나, 별반 다르지 않았다는 게 솔직한 고백이다.

원어민들 같은 빠른 템포의 스피치가 아니고, 또박또박 오가는 일상적 대화라면 소통이 가능한데도, 애초부터 히어링에 자신이 없다 보니 영어 사용자들과 마주칠 때면, 그들이 말을 걸어 올까봐 지레 겁부터 집어먹곤 하였다. 어쩌다 그들이 상대가 외국인이라는 걸 의식하고, 정확한 발음으로 무엇인가를 또박또박 물어올 때면 내가 아는 내용일 경우 깍듯한 격식영어로 대답해 준다. 하지만 제 나라에서 저희끼리 지껄이는 버릇으로 내 귀가 미처 소화해내지 못할 만큼 빠른 템포로 지저귀듯 물어오면, 우선 내가 알아듣지를 못하니 "나는 영어를 아예 할 줄 모른다."고 손사래까지 쳐가며 잡아뗀다. 상대방은 눈이 휘둥그레지며 그렇게 정확한 영어를 구사하면서 영어를 모른다고 하느냐며 천천히 묻고 싶은 내용을 다시 묻는다. 나는 또 깍듯한 격식영어로 대답해준다.

나는 격식영어를 구사하여 뜻밖의 보너스를 받은 경우가 여러 번 있었지만, 가끔은 그 반대의 경우도 있었다.

시카고 공항에서였다. 오하이오 주도인 콜럼버스로 가는 국내선 비행기로 갈아타려는데 게이트마다 행선지 표지판이 붙어있지 않았다. 출구번호가 적힌 티켓은 아내의 핸드백 속에 들어있고, 그녀가 면세점에 들러오는 동안 내가 출구를 찾아놓기로 한 것인데 낭패였다. 티켓에 찍혀있었던 출구번호가 15번이었던 것 같아 무작정 그곳으로 가서 『여기가 콜럼버스 행 출구입니까?』하고 물었다. 데스크에 앉아있던 40대의 남자 직원이 벌떡 일어나서 "예스 서" 하고는 묻지도 않았는데 "탑승시간이 20분 남았으니 저 자리에 앉아서 잠시 기다리십시오." 하고 맞은쪽 승객대기석까지 가리켜 주고서야 도로 자리에 앉는 게 아닌가! 너무도 공손한 그의 응대에 당황한 건 내 쪽이었다. 얼떨결에 지정해준 자리에 앉아서 그가 왜 그렇게 공손하고 친절했을까를 곰곰 생각해보았다. 그의 사람됨이 본시부터 싹수가 있는 것이거나, 아니면 내가 그에게 말을 걸기 전에 먼저 깍듯이 "엑스큐즈 미"를 붙인 것에 그도 덩달아 예의를 갖춘 것이거나 둘 중 하나일 것 같았다. 나는 그 해답이 두 번째라는 걸 이내 알게 되었다. 그가 안내해준 의자에 앉아서 별 뜻 없이 그 직원과 그곳으로 찾아오는 탑승객들 간에 오가는 수작을 바라보고 있었는데, 내게 보여주었던 그 깍듯한 제스처를 그 이후론 한 번도 볼 수 없었기 때문이다. 그때 나는 거기서 격식언어의 가치와 놀라운 사교적 효능을 알게 되었다. 실인즉 나는 영어가 세련되지 못하여 학교에서 가르치고 배우는 영어를 문법처럼 구사하고 있을 뿐이었는데, 그 직원은 격식영어를 쓴다는 사실만으로 나를 교양인이라 여겨, 자신이 할 수 있는 최선의 서비스를 내게 베풀어준 것임에 틀림없었다.

나는 이렇듯 영어사용자와의 대화에서 서(Sir)로 존대 받았던 경험이 여러 번 있었는데, 그것은 순전히 나의 격식언어 구사 덕분에 받은 덤이라고 생각한다. 그것은 그 반대의 경우와 비교해보면 쉽게 알 수 있는 일이다.

엠파이어스테이트 빌딩에서였다. 이 빌딩에는 86층과 102층에 전망대가 있어서, 관광객들이 두 전망대와 지층을 오가느라 86층 전망대의 엘리베이터 앞에는 오르내리는 승객들이 항상 장사진을 이루고 있었다. 그러니 줄의 꽁무니에 서있는 사람은 그것이 스카이라운지로 올라가는 줄인지 지층으로 내려가는 줄인지 알기가 어렵게 되어 있었다. 나는 관광회사가 지정해준 시간에 맞추어 버스로 돌아가야 할 처지였다. 그 때문에 마음이 바빠져서 무턱대고 아무 줄에나 대고 "이거 올라가는 거요, 내려가는 거요?" 하고 소리쳤더니 모두들 들은 척도 하지 않는 중에, 어떤 사람이 마지못해 무뚝뚝하게 "다운!(내려가요.)"하였다. 그 말투가 꼭 "너는 눈이 없어서 그런 것도 못 보고 그렇게 예의 없이 구느냐?" 하고 나무라는 힐난 투였다. 나는 무안하고 머쓱하여 뒤통수를 긁적거렸다.

그 빌딩에선 별나게도 물어볼 일이 자꾸만 생겼다. 아까의 무안함이 못내 마음에 걸려서, 그 다음부턴 말을 걸기 전에 "파어든(Pardon=실례지만~)"이라고 예의를 갖추었더니, 아니나 다를까 또 그 예의 서(Sir)라는 보너스가 돌아왔다. 말로 천 냥 빚을 갚는다는 속담이 실감으로 마음속을 파고들었다.

말이란 단순히 소리라는 물리적 현상이 아니고, 그 소리가 어떤 특정한 생각과 얽혀 만들어내는 얼개다. 때문에 교양인의 말이 되기 위해선 그 목소리와 제스처에 사람의 진정성과 사람만이 구사할 수 있는 예의

규범이 결여되어선 안 된다. 나는 이 대목에서 나의 이중인격이 부끄러워진다. 차마 고개를 들기 어려울 만큼. 참담한 심정으로 또 하나의 고해성사를 해야겠다.

영어는 서툴다 보니, 스스로 주눅이 들어, 어쩔 수 없이 격식영어를 사용하게 되므로 대개는 원만하게 대화가 종결된다. 반대로 우리말의 경우엔 딴에 국어선생이었답시고, 국어의 핵심에 통달했다고 자부하는 것인지, 타인과의 대화 중에 중간자를 결코 용납하지 않는다. 기면 확실하게 기고 아니면 확실하게 아니라는 배중논법이 언제부턴가 내 대화의 습성이 돼버렸다. 도무지 타인과의 타협이라는 걸 모르는 오만방자한 행태인 것이다. 그러니 내국인과의 대화는 대개 대립과 갈등을 빚게 마련이고, 대인관계는 껄끄러운 뒷맛을 남기기 일쑤다.

외부 일정이 잡혀있지 않은 날이면, 나는 집에서 점심을 먹고 거의 예외 없이 양재천변이나 탄천변으로 산책을 나선다. 점심 직후에 산책을 나가는 건, 점심때 먹은 반주로 머릿속이 몽롱하여, 독서나 글쓰기 같은 정신노동은 하기 어려운데다, 어차피 날마다 일정량의 운동은 필요한 것이니, 술도 깨고 건강도 돌보는 일석이조의 기막힌 발상인 것이다.

그날도 나는 언제나 그랬던 것처럼 트레이닝복 차림에 가벼운 운동화를 신고 맨손바람으로 구름처럼 홀가분히 산책로를 걷고 있었다. 그런데 누구네 애완견 한 마리가 내 발뒤꿈치에 엉겨 붙고 있었다. 고개를 돌려 아래를 굽어보니 개는 한 마리가 아니고 두 마리였으며, 10여m 저쪽 벤치에 서너 명의 부녀자들이 앉아서 이쪽을 바라보고 있었다.

『이 개들 좀 묶으세요!』 나는 그들을 향하여 소리를 질렀다.

『그 개 우리 꺼 아닌데요.』하고 여인들이 억울하다는 듯 항변하고 있

는데 갑자기 등 뒤에서

『그 개가 뭐 당신에게 해코지한 게 있어요?』 하는 소리가 들렸다. 돌아다보니 내 또래거나 나보다 오히려 몇 살 위로 보이는 노인이었다. 개 두 마리를 끈으로 묶지도 않고 몰고 가던 중에, 그중 한 마리가 내 발뒤꿈치에 엉겨 붙으려 했던 것이다.

『개를 데리고 다니려면 끈으로 묶게 돼있지 않나요?』 내가 일단 점잖게 말했는데도

『그러니까 그 개가 당신에게 무슨 해코지를 한 게 있느냔 말이요!』

하며 오히려 따지듯 덤벼드는 게 아닌가! 이쯤 되면 또 나의 배중논법이 등장할 차례다.

『개를 두세 마리씩 끌고 다니는 걸 보아하니 틀림없이 개장수 같은데, 시골 5일장에 가서 개를 팔아야지 여긴 왜 왔어?』

『--------.』

『--------.』

한동안 두 사람이 험하게 노려보다가 궐자는 제가 불리할 것이라는 걸 알아차렸나보다. 손을 부들부들 떨며 들고 있던 두 가닥 끈으로 개를 묶어가지고는, 무어라고 분을 못 사기는 소리를 내뱉으면서, 제 거처로 보이는 아파트 담장의 협문 안으로 사라져가고 있었다. 만약 그 영감이 아까 거기서 한 마디만 더 뭐라고 뇌까렸더라면, 내 입에서는 즉각 "이 개새끼야!" 소리가 터져 나왔을 터인데, 궐자가 먼저 꼬리를 사리고 물러가니, 다행스러운 일방 그 꼴을 보고 있는 내 마음인들 편할 리가 없었다.

『아, 도루아미타불이로구나!』

나는 매양 이렇듯 저질러놓고 후회한다. 사실 지금껏 내가 잘못 해서

벌어지는 승강이질은 별반 없었다. 내 명색 먹물 먹은 위인인데 객관적 판별력이 없겠는가! 누가 보아도 상대방의 잘못으로 사단이 벌어진다. 문제는 그럴 때마다 내가 처음엔 잘 나가다 종국엔 격식언어를 버리고, 비속한 욕질을 해대고 만다는 것이다.

『이 개새끼야 그게 사람이 할 짓이냐?』

『이 깡패새끼야 우리나라가 무법천지냐?』 하며 앞뒤를 재보지도 않고 무작정 욕설을 내뱉는다. 그래놓고는 상대방이 왜 욕을 하느냐며 덤벼드는 서슬에, 애시발단은 어디로 가버리고 욕을 했다는 그 사실 한 가지만으로 나는 도리어 궁지에 몰려서 내가 잘못한 것이라는 덤터기를 쓰기 일쑤였다. 그런 손해 보는 장사는 두 번 다시 하지 말아야 한다고 수없이 다짐하건만, 누군가의 몰상식한 행태에 직면하면 그 다짐은 까맣게 잊어버린 채, 또다시 비루한 욕질을 해댔다가 결국엔 판정패하고 마는, 나라는 인간은 아무래도 [경계선 인격 장애자]가 아닐까?

2009년 11월 7일

〈2012년 계간지 여름 호에 발표〉

인간사 이제人間事 二題

– 하례와 문상

〈一〉 하례賀禮

이달 초순 나는 참으로 뜻밖에 반가운 결혼청첩 한 통을 받았다. 발신인은 지금으로부터 35년 전 교사극단 [상황狀況]에서 나와 함께 활동했던 음악선생 변규백 씨였다. 당시 30대 초반의 젊은 교사였던 그가 어느새 며느리를 맞게 된다는 희소식이었다. 순간 텁수룩한 수염이 감싸고 있는 통통하고 둥글넓적한 그의 얼굴이 눈앞에 떠올랐다. 어느새 내 입에선 그가 작곡한 가곡 〈빼앗긴 봄〉이 흘러나오고 있었다.

나는 온몸에 햇살을 받고
푸른 하늘 푸른 들이 맞붙은 곳으로
가르마 같은 논길 따라 꿈속을 가듯
정처 없이 걸어가네, 걸어만 간다.
그러나 지금은 들을 빼앗겨
봄조차 빼앗네, 빼앗기겠네.

가곡 〈빼앗긴 봄〉은 극단 [상황]의 창단기념 공연작 ≪빼앗긴 들에도 봄은 오는가≫의 주제가다. 잘 알려진 대로 이 시는 침략주의 일본에 대한 이상화의 저항문학이다. 이상화가 이 시를 발표한 일제강점기의 시대적 배경과 1970년대 우리나라 군사독재하의 엄혹한 정치 사회적 상황은 크게 다르지 않았다. 그 상황에 저항해보고자, 서울의 깨어있는 교사 10여명이 모여 [극단 상황]을 창단하였다. 교단에선 직설적으로 토해내기 어려운 부조리한 현실을, 연극 대사를 통하여 간접고발 하기로 뜻을 모은 것이다. 때마침 3 · 1절을 앞두고 시의적절한 시점에, 이인석 극본 [빼앗긴 들에도 봄은 오는가!]를 입수하여, 이것을 제1회 공연작으로 선정하고, 그 주제가 작곡을 당시 대성고등학교 음악선생인 변규백 씨가 맡은 것이다. 단원 모두가 교사라서 연출도 교사가 맡고, 배우도 교사요 스텝진도 모두 교사였다. 촉박한 공연날짜에 쫓기며 허둥지둥 작곡한 이 가곡은 그러나 극단 멤버들은 말할 나위 없고, 의식이 아직 살아있는 주변인들의 큰 호응을 불러일으켰다. 공연이 끝난 뒤에도 운동권을 비롯한 사회저변에 큰 센세이션을 일으키더니, 급기야 시대적 상황변화와 함께 중 · 고등학교 음악교과서에 수록되기에 이르렀다.

지금의 세종문화회관 자리에 있었던 서울시민회관에서 3일 동안 공연한 제1차 발표회가 성공리에 끝나자 단원들의 사기는 충천하였다. 시국의 부조리한 상황에 저항하고자 모인 우리 반골교사들의 의기투합은 남녀와 연령을 초월하여 거의 가족적 분위기가 되었다. 〈빼앗긴 봄〉이라는 주제곡은 극단 상황의 심벌처럼 되어, 단원들 상호간의 공식 또는 비공식 모임이 있을 때면, 으레 이 노래부터 부르고 행사를 시작하였다.

제2회 [소작의 땅], 제3회 [아벨만 이야기], 제4회 [뻐꾹 뻐 뻐꾹]을 5년에 걸쳐 연이어 공연하는 동안, 30여명으로 늘어난 단원들의 의기와 동지애는 지금 생각해도 뿌듯한 긍지였다.

그러다가 유신정권 말기, 민주세력에 대한 탄압이 극에 달하면서, 단원 중 일부가 이러저런 사건에 연루돼 투옥되는 바람에 극단은 와해되고, 단원들 개개인의 신상변동에 따라 상호간의 연락이 뜸해진 채로, 30여 년의 세월이 흘러 오늘에 이르렀다.

그동안 숭문고 교사였던 방덕영과 고려고 교사였던 소설가 윤강은 저승으로 갔고, 배화여고 교사였던 김명곤은 국립극장장을 거쳐 문화관광부장관에까지 올랐으며, 5년 동안 줄곧 연출을 맡았던 사실상의 극단대표 이재오는 정치적으로 전향하여 한나라당의 3선 국회의원을 지내고, 지금은 국민권익위원장이 되어 대통령 이명박의 최측근 인사로 활약하고 있다. 그 밖에도 명성여고 교사였던 이금림은 KBS를 비롯한 방송3사에 두루 드라마를 쓰는 이름 있는 방송작가가 되었으며, 당시엔 중등학교 교사였던 단원들이 대부분 대학으로 진출하여 각 분야에서 이보란 듯 명성을 떨치고 있다.

나는 변규백교수의 며느님 맞는 날에 함께 갈 사람을 몇 사람 물색해 보았다. 하나같이 사정이 있어 참석할 수 없다는 대답이었다. 들어보니 다 그럴만한 사정들이었다. 나는 30여 년 전 그때의 〈상황멤버〉가 아니면 아는 사람이 없을 것 같아 혼자 갈 일이 난감했으나, 막상 나가보면 그때의 멤버들 중 누구라도 만나려니 생각하고, 혼자서 결혼식장에 들어섰다.

변교수가 벌떡 일어나 두 손을 맞잡으며 반겨줄 뿐 아는 얼굴이 보이지 않았다. 먼저들 식장에 들어갔나 보다 여기고 안으로 들어가서 사방을 두리번거렸는데도, 누구 하나 나를 향하여 알은체하는 사람이 없었다.

『아니, 이럴 수가!』

나는 정신이 번쩍 들었다. 김명곤 장관의 초대회식 자리나, 이재오의원의 선거유세장 또는 출판기념회장에선 흔히 보던 그 얼굴들이 하나도 보이질 않다니! 30년 전 상황멤버들의 동지애는 그 어디에도 없었다. 문득 엊그제 들은 한 후배의 말이 생각났다. 『결혼식장에 가는 것도 다 품앗이거든요! 그동안 왕래가 없었다면 자연 안 가게 되죠.』

그래 맞다. 품앗이라는 그 이악스러운 계산을 나는 몰랐던 것이다. 하는 수 없이 피로연장의 낯모르는 사람들 틈에 끼어 혼자서 대충 식사를 마치고, 집에 돌아오는 차안에서 나는 〈빼앗긴 봄〉의 제3절을 읊조리고 있었다.

나비 제비야 깝치지 마라
맨드라미 들마꽃에도 인사를 해야지
아주까리-기름 바른 이가 지심 매던
그 들이라도 보고 싶네, 보고만 싶네.
그러나 지금은 들을 빼앗겨
봄조차 빼앗네, 빼앗기겠네.

〈二〉 문상問喪

그런지 채 한 달이 못 되어, 나는 또 한 번 사람살이의 이악스러움에 쓴웃음을 지어야만 했다. 사연인즉 이러하다.

정오쯤에 모바일의 문자메시지 신호음이 울리기에 열어보았더니, 고등학교 동창생의 부음이었다. ≪박 ○님, 5월 29일 소천. 빈소=아산병원

201호실. 발인=5월 31일 오전7시≫

한동안 모임에 모습을 드러내는 일이 뜸하다 했더니, 그동안 병원엘 들락거렸나보다. 내 주변에서 또 한 사람이 스러져간 것이다. 이런 경우 언제나 그랬듯 나는 또 한 번 인생무상을 곱씹으며 문상할 차비를 차렸다. 함께 문상 갈 친구를 찾느라 몇몇 사람에게 전화를 걸어서, 부고 받았느냐고 물었는데 하나같이 못 받았다는 것이다. 동기회장 [한 B.Y]에게 물어도 그 역시 못 받았다는 대답이었다. 그 친구는 자기 모바일 번호가 최근에 바뀌어서 그렇게 된 것 같다며, 아무튼 부음을 들었으니 문상을 가야겠는데, 자기가 사정상 오늘 밤 안으로 다녀와야 하니, 나더러 같이 가줄 수 없겠느냐고 제의하였다. 나 또한 친구가 죽고 없는 마당에 그 부인과 아들들을 하나도 모르는 터라, 누구에게 묻어서 다녀와야겠다고 생각하던 차에 잘된 일이었다. 한회장과 한 시간 뒤, 밤 아홉시 반에 빈소에서 만나자는 약속을 하고, 우중에 우산을 받고 집을 나섰다. 아산병원은 내가 3개월에 한 번씩 채혈하여 건강체크를 받기도 하고, 몸에 이상증후를 감지할 때마다 무시로 드나드는 곳인데, 대중교통을 이용하기가 불편한 자리에 위치하고 있어서, 나는 항상 승용차로 내왕하였다. 그런데 그날은 사정이 맹랑했다. 밤늦은 상가에서 술 한 잔도 안 마시고 맨송맨송 앉아 있다가 일어설 수는 없는 노릇, 불편을 무릅쓰고 전철을 이용하였다. 약속한 시간에 한 회장은 동부인으로 나왔다. 그들 또한 전철을 타고 왔다고 했다. 나하고 똑같은 생각이었을 것이다. 셋이서 고인의 영정에 배례를 마친 다음 상주에게

“아버지의 동창회원들에게 빠짐없이 부고메시지를 보냈느냐”고 물어보았다. 아버지가 가지고 계시던 명부에 올라있는 분에게는 다 보냈다는 것이다. 우리는 고개를 갸우뚱하며 「그런데 왜들 하나같이 못 받았다

고 했을까?」 의아한 생각이 들었으나, 요즘 대부분의 모바일 번호가 010국으로 바뀌고 있는 중임을 생각해 내고, 아마도 그래서 그러는가보다고 고개를 주억거렸다. 둘이서 소주 한 병을 나눠 마시고 일어서면서 한회장이 내게 부탁하였다. 총무는 입원중이고 자기는 내일과 모레 양일간에 다른 일에 매달려야 할 형편이니 『미안하지만 자네가 친구들의 바뀐 번호를 알아내서 부고메시지를 전달해 달라』는 것이었다. 나는 그러마고 흔쾌히 약속하고 집에 오자마자 내가 낮에 받은 그 모바일부고를 전달형식으로 친구들의 바뀐 번호를 찾아 전송하였다.

그러자 한 친구가 전화를 걸어왔다. 그리고는 내가 다녀와 버렸다면 자기 혼자 갈 수는 없다고 하였다. 때마침 또 한 친구에게서 전화가 걸려왔다. 그 친구 또한 내가 다녀와 버렸다면 함께 갈 사람이 없어서 난처하다는 것이다. 그래서 조금 전에 통화했던 한 친구도 함께 갈 사람을 찾고 있으니, 그 친구에게 전화를 걸어 함께 가라고 일러주었다.

그러고는 그뿐이었다. 30명 가까웠던 재경 동기회원 중 이미 타계한 열 명 가량을 빼고도, 아직 20여명 동창생이 건재한데, 그 누구에게서도 친구의 부음에 대하여 물어오는 전화가 없었다. 내게 전화를 걸어왔던 두 사람조차도 함께 만나서 다녀왔는지 말았는지, 그때 그 전화를 끊고 나서는 감감무소식이었다. 전전으로 들으니 변호사친구 한 사람이 꽃바구니 하나 보내고는 아무도 문상한 사람이 없었다는 것이다. 내 입에서는 또 한 번 탄식이 터져 나왔다.

『참, 대감 말죽은 데는 가도, 대감 죽은 데는 안 간다더니만. 인심이란 게 이리도 영악스러워서야 원!』

하례와 문상은 사람이면 누구나 행하며 살아가야 하는 인간사의 큰 도리다. 그 상서로운 하례의식과 숙연한 장례의식의 한가운데에 있어야 할 인간의 성심誠心은 안 보이고, 그 자리를 이악스러운 인간의 계산기가 차지하고 있다 생각하니, 머잖아 내가 죽었을 때의 초라한 나의 장례도葬禮圖가 눈앞에 떠올라, 도무지 그렇게밖에는 안 돌아가는 인간사가 너무도 가소로워, 나도 모르게 쓰디쓴 한숨을 토하게 되었다는 그 말씀이올시다.

2010년 6월 19일

학여울의 어제오늘

양재천이 청계산 기슭에서 송파 쪽으로 동류하다가, 남쪽에서 한강 본류를 바라보고 북류하는 탄천(炭川=숯내)과 T자형으로 합류하는 그 일대가 [학여울]이다. 양재천이나 탄천이나 이 부근에 이르러 갑자기 물살이 빨라지며 여울을 이루니, 예전에 그 여울에 쌔고 쌘 물고기를 먹으러 학이 무시로 드나들던 곳이라서 붙여진 이름인 것이 틀림없어 보인다.

1980년대 후반 우리 가족이 이런저런 곡절 끝에 이곳 강남구 일원동 대청마을 아파트촌에 정착한 뒤로, 내가 틈만 나면 다리운동 삼아 거니는 곳이 바로 이곳이다. 이곳 이름이 〈학여울〉이라는 것을 알게 된 건, 그 밑으로 지하철 3호선이 지나게 되면서 역 이름도 오랜 옛적부터 불려온 지명을 따서 지었다는 말을 듣고서였다. 얼마 뒤 이 지역 토박이들에게서 들으니 내가 짐작했던 그대로였다. 이곳에 여울이 많아서 학이나 백로 같은 진귀한 새들이 시도 때도 없이 찾아드는 곳이라, 옛날 고릿적부터 그리 불리고 있지만, 냇물이 오염되고부터는 학이나 백로는커녕 오리새끼 한 마리 구경하기 어렵다는 것이다.

그래도 나는 내가 사는 대청마을 인근의 지하철 역명이 「학여울」인 것이 참으로 대견하고 자랑스럽다. 번잡한 도시의 지하철 역명으로 「학여울」 같은 우아한 이름이 세상 또 어디 있겠는가! 우리나라가 차츰 커나가는 국력에 맞춰 이제는 환경에도 눈을 돌리고 있으니, 언젠가 이곳이 두루미나 해오라기가 드나드는 옛 모습을 되찾게 될 날이 올 것이라 믿으며, 내 마음은 그저 흐뭇하기만 하였다.

내 생각은 적중하였다. 20세기가 채 저물기 전에 이 나라에 드디어 지방자치시대가 열리더니, 각 지자체마다 자기 지역의 문화와 역사와 환경의 복원에 전력을 기울이는 것 같았다.

강남 서초 지역에선 가장 먼저 이곳 양재천의 호안정비와 수질개선에 착수하였다. 악취까지 내뿜고 있는 오염된 물을 정화하는 일이 급선무였던 것이다. 재정자립도가 전국에서 으뜸가는 두 지자체에서 중점사업으로 밀어붙이니, 이윽고 눈부시게 깨끗하고 아름다운 천변풍경이 거짓말같이 눈앞에 전개되었다. 양재천이 이렇듯 묵은 허물을 벗어버리고 말쑥하게 새 단장을 하게 되자 『우리라고 어찌 너희에게 뒤질까보냐!』 인근 지자체들의 탄천 정비가 뒤따르니, 불과 2~3년 사이에 이 부근은 『언제 우리 꼴이 거지 같은 적 있었더냐!』는 듯, 환골탈태하여 놀라운 신천지新天地가 돼버렸다.

강폭이 비교적 큰 탄천엔 쇠오리 청둥오리 비오리 왜가리 등이 철따라 찾아와, 자맥질도 하고 저마다의 특이한 몸짓을 선보이며 천변의 운치를 한껏 거든다. 강폭이나 물줄기가 그보다 좁은 양재천엔, 크기가 메추라기만한 논병아리 가족이 네댓 마리씩 떼로 찾아와 원근 사방에서 일렬로 물을 가르며 노닐고, 멀찌감치 외로운 해오라기 한 마리가 긴 부리를 쳐든 채 미동도 없이 명상에 잠겨있는 모습이 예사로 눈에 뜨인다. 실로 격세지감을 주는 변화였다.

1998년 여름이었을 것이다. 저녁을 먹고 산책의 발걸음이 습관적으로 학여울에 닿았다. 해거름이라 인적이 거의 끊긴 천변을 혼자서 거닐고 있는 동안 이내 해는 넘어가고 땅거미가 지기 시작하였다. 그때, 집을 향하여 강둑을 오르고 있는 내 머리 위를 커다란 새 한 마리가 빙 한 바퀴 원을 그리며 날고 있는 게 아닌가! 깜짝 놀라 올려다보니 원, 세상에! 배와 다리와 날개 안쪽은 검디검은 먹빛이고 머리와 목덜미와 날개 바깥쪽은 눈부시게 새하얀, 저게 적실한 두루미가 아니고 무엇이랴! 나는 분명 이곳 학여울에서 호의현상縞衣玄裳을 목격하게 된 것이다. 순간 내 입에선 [관동별곡] 한 구절이 튀어나왔다.

> 금강ᄃᆡ(金剛臺) ᄆᆡᆫ 우층의 션학(仙鶴)이 삿기 치니, 츈풍옥뎍셩(春風玉笛聲)의 첫ᄌᆞᆷ을 ᄭᆡ돗던디,
>
> 호의현상(縞衣玄裳)이 반공(半空)의 소소 ᄯᅳ니, 셔호(西湖) 녯 주인을 반겨서 넘노ᄂᆞᆫ 듯

그리고 중국 절강성浙江省의 서호西湖에 숨어 매처학자梅妻鶴子[5])로 일생을 마친 임포[林逋]의 고사까지 떠올리며 학의 발견에 온몸으로 전율하였다. 드디어 이곳은 명실 공히 [학여울]이 된 것이다. 그 새는 내 머리 위를 또한 바퀴 빙 돌고는 저만치 하류 쪽으로 한 50m 떨어진 물가에 내려앉았다.

---

5) (宋나라 사람 임포林逋가 폐결핵에 걸려 서호西湖 가에서 매화를 아내로, 학을 아들로 삼고 살았다는 고사故事)

내가 가장 먼저 학여울에서 학을 발견했다는 기적 같은 사실과, 그 학이 내 머리 위를 두 바퀴나 돌았다는 희한한 사실이, 어쩐지 내 앞날의 상서로운 조짐인 것 같아, 마음속에선 가벼운 흥분마저 일고 있었다.

그 뒤로 나는 저녁마다 그 시간이 되면 학을 맞이하러 학여울에 나갔고, 학은 그 시간에 내 기대를 저버리지 않고 나타나 주었다. 더욱 놀라운 건 흑백 두루미 대신 어떤 때는 [재두루미]까지 날아들기도 한다는 사실이다. 그 귀하디귀한 새들이 말이다.

내가 친지들에게 그런 이야기를 하면 어떤 이들은 나와 똑같은 감동으로 내 이야기를 들으며 신기해하고, 어떤 이들은 그것이 백로거나 왜가리겠지 설마 鶴일까 보냐고 잘 믿으려 들지 않았다. 그런 친구들 중 몇 사람은 내가 그 시간에 그곳에 데리고 가서 직접 보여주기도 했지만, 남들이야 믿거나 말거나 이제 학여울은 내게 신화와도 같은 환상과 꿈의 여울이 되었다.

오늘저녁엔 오랜만에 학을 맞이하러 학여울에 가야겠다.

2002년 8월 28일

〈계간지 여름 호에 발표〉

그들만의 잔치

우리나라에 고령인구가 급격히 늘어나는 추세에 맞춰, 약골인 나도 어느덧 고희를 훌쩍 넘기고, 예전 같으면 상늙은이라 불릴 나이가 되었다. 이 나이 되도록 아직 들어본 일이 없는 기찬 말들이, 올봄 들어 부쩍 사람들 입에 오르내리고 있었다. 올 같이 한 해에 입춘이 두 번 들어있는 해를 쌍춘년雙春年이라 한대나 뭐래나.

해의 앞뒤를 봄이 에워싸고 있으니 그야말로 대길大吉한 운세라, 이런 해에 혼인을 하면 한평생 운수 대통할 것이라며, 당혼한 남녀와 그 부모들이 서둘러 혼인날을 잡는다는 것이다.

그래 그러는 것일까? 올봄엔 결혼청첩을 보내오는 사람이 여느 해보다 배로 늘었다. 새천년으로 접어든 지도 벌써 여섯 해가 지났건만, 아직도 구태의연히 역서曆書를 들추거나, 팔괘로 점을 쳐서 혼인날을 잡는 사람이 이리도 많은가싶어, 절로 쓴웃음이 나왔다.

물리적 시간의 고정적 흐름을 비웃으며 인간두뇌의 발달은 가속도가 붙어, 자고나면 눈부신 새 세상이 열리는 게 요즘 추세다. 엊그제 발표한 신학설이나 마술과도 같았던 IT-신제품이 변변히 세인들의 주목 한번 받아보지도 못하고, 어느덧 [구 학설]이나 [구형]이라고 낙인찍혀 버리는 게 오늘의 냉엄한 현실이라는 뜻이다. 그런데도 무지몽매한 것인지 영악한 것인지 알 수 없는 염량세태는, 혼인 날짜 하나 잡는 데도 그 실체조차 모호한 길흉화복을 들먹이고 있었다. 명망 높은 인격자로, 또는 독실한 종교인으로 알려진 사람들도 예외는 아니었다. 청첩을 받고 나서 축하 전화를 걸면 대개는 그런 연유로 혼인날을 서둘러 잡았다는 설명들이었으니 말이다.

지난달 내가 참가한 예식 중 기독교 예식이 두 건 있었다. 그 두 결혼식 날짜도 그런 배경에서 잡혔다는 것이다. 그것이야 다른 어느 누구와도 이해가 상충되지 않는, 그들의 자유의사이니 내가 굳이 타박할 일이 아니다. 하지만 사실 나는 그 두 결혼식에서 있었던 이야기를 푸념삼아 늘어놓지 않고는, 뒤틀린 심기가 쉽사리 풀릴 것 같지 않아서 오늘 이 글을 쓰고 있다.

흔히 그러는 것처럼, 두 곳 다 신랑신부가 다니는 양쪽 교회의 담임목사 중 한 사람이 집전하고, 다른 한 사람이 보조 집전하여 예식을 진행하였다. 끊임없이 이어지는 기도와 찬송, 그리고 「아멘」을 연발하는 속에서, 교감신경이 유난히도 무딘 내가 거의 한 시간을 버텨내는 일은, 혼주의 체면이나 그와 나와의 인간관계를 생각하지 않는다면, 정말이지 참아내기 어려운 고역이었다.

신자와 비신자가 다 함께 모여 한 마음으로 새로이 탄생하는 가정을 축복하는 자리다. 그러니 꼭 신자들 중심으로 주일예배 보듯 집전할 일이 아니라 비신자 하객들도 배려하여 좀 더 사회통념에 합당한 보편적 의식이 되게 할 순 없는 것인가? 예수를 믿는 남녀가 하느님의 뜻으로 하나가 되는 자리이니 마땅히 하느님께 드리는 기도와 찬송에 역점이 주어져야겠으나, 그렇더라도 그것은 한 번씩으로 족한 것이 아닐까? 주님께 드리는 감사기도와 찬송이면 됐지, 신랑신부를 비롯한 양가 가정이 앞으로 어찌어찌 되게 해달라는 기복의 기도와 찬송을 두세 번씩 되풀이하는 건 참으로 딱하고 보기 민망한 정경이었다.

그 지루한 의식이 끝난 뒤 신랑신부를 가운데 세워놓고 사진을 찍을 때조차도 철저히 교인들 중심으로 진행하였다. 신랑신부 둘이서만 먼저 찍고 다음으로 주례자를 뒷줄 가운데에 모시어 찍고, 그 다음으로 양가 부모들을 양옆에 세우고 찍기까지는 여느 예식과 마찬가지였다. 그런데 그 다음으로 아까 축가를 불렀던 교회 성가대원 몇몇이 신랑신부를 에워싸고 다른 사람보다 먼저 찍는다 했더니, 또 그 다음으로도 아까 축하연주를 한 교회소속 미니-하아프 어머니연주단원들이 찍었다. 그러고 나서야 양가친척들 차례가 돌아오고, 친지와 친구들은 맨 뒤로 밀리고 있었다. 그 사람들은 남의 결혼기념사진 속에 얼굴 한번 디밀기 위하여 예식이 끝나고서도 자그마치 20분 이상을 더 기다려야 했던 것이다. 교회에 소속된 교인만의 잔치요 일반 하객은 그들의 잔치에 들러리로 초대된 격이었다.

기독교인들의 이러한 자기중심적 사고는 언제나 맨 나중의 피로연에서 두드러지게 드러난다. 교회 안에서 피로연을 베푸는 경우는 경건한 교회 안이니까 그렇다 쳐도, 교회 밖의 식당을 이용하는 경우에도 피로연장에 술을 내놓는 경우를 나는 아직 한 번도 보지 못하였다. 아니, 술이라는 단어조차도 입에 올리기 어려운 경직된 분위기인 것이다. 술 없는 잔치! 그것도 잔치라고 할 수 있을까?

술이 없는 축제가 우리나라 기독교 예식의 피로연 말고 동서고금에 또 어디 있단 말인가? 피로연披露宴이란 문자 그대로 그날의 기쁜 일을 세상에 널리 알리려고 사람들을 초대하여 크게 베푸는 잔치다. 손님을 초대해 놓고 「우리 집은 술을 안 마시는 집이니 손님께서도 술은 드시지 마세요.」 하는 게 예의란 말인가? 그럴작시면 애초 기독교인에게만 청첩을 보낼 일이지, 그들이 비신자라 하여 일정한 거리를 두고 지내는 일반인에게까지도 왜 청첩을 보냈단 말인가?

내 학식이 얕고 견문이 좁은 탓이겠으나, 나는 기독교 성전聖典의 어디에도 술을 금기하는 구절이 있다는 말을 들어보지 못했다. 금기는커녕 술을 마시되 절도 있게 마셔야 한다는 가르침이 있다고 들었다.

〈시편. 잠언. 전도서. 고린도전서.〉

다른 것은 성경을 앞세워 배타적 근본주의로까지 치닫는 사람들이 성경과는 다른 교리를 자기들 좋을 대로 만들어내서, 기독교와 무관한 사람들에게까지 강요하는 이율배반을 그들은 어떻게 변명할 것인가?

감히 직언하거니와 ≪나 이외에 다른 신을 섬기지 말며, 우상을 만들거나 절하지 말라≫는 성서의 구절 하나로, 야훼 하느님을 믿는 것 이외에 이 세상에 다른 진리는 없다고 단정하면서, 우주 삼라만상의 다양성을 송두리째 부정해 버리는 기독교인들의 생각은 참으로 위험천만한 것이다.

진리는 기독교 하나뿐이라고 생각하기 때문에 그 외의 모든 종교를 적으로 돌리는 배타적 근본주의가 생성되어, 중세 유럽의 기독교인들이 무려 여덟 차례에 걸친 십자군전쟁을 일으켜 예루살렘 탈환에 나섰다가,

오늘날까지 천년에 가까운 이슬람과의 분쟁으로 중동을 세계의 화약고가 되게 한, 이 엄연한 현실을 그들은 못 보는가?

기독교는 기독교적 가치에 위배되는 모든 것을 악으로 규정하여, 다른 가치가 비집고 들어설 여지를 봉쇄함으로써, 결국 세계평화와 인류행복의 요체인 관용과 화합을 가로막는 종교적 파시즘으로 성장해온 것이다.

사리를 좇아 이야기를 풀어가다 보니 내가 너무했나? 하지만 이러는 나를 두고 또 사탄이라 지탄하며 물러가라고 호통을 친다면, 바로 그러는 것이 종교적 파시즘에 다름 아닌 것이다. 기독교인들은 이 대목에서 관용의 정신으로 해량하는 금도를 발휘하여, 기독교를 평화 지향적 종교로 승화시켜나가는 노력을 게을리 하지 말아야 할 것이다. 야훼하느님이나 예수님의 뜻도 그러하리라고 나는 확신한다.

2006년 4월 15일

〈계간지 봄 호에 발표〉

소주밀식少株密植과 우수토실雨水吐室

지하철 3호선 대청역 주변 대청마을은 양재천 학여울과 한강 지류인 탄천이 T자형으로 합류하는 지점에 인접해 있다. 그곳에서 20년 넘게 살아오는 동안, 나는 틈만 나면 건강도 돌보고 모처럼 혼자만의 사유思惟도 즐길 겸 양재천이나 탄천변으로 산책을 나선다. 아파트 후문을 빠져나가면서 갑자기 마음이 변덕을 부려 숲 향기가 그리워질 때도 있다. 그러면 냇물과는 반대쪽으로 길을 잡아 대모산기슭을 누비고 오는 일도 가끔은 있지만, 이 나이에 산을 타는 일은 아무래도 몸이 고분고분하지 않아서, 열에 일고여덟 번은 양재천이나 탄천 쪽으로 길을 잡는다.

양재천변 산책로는 양안兩岸 모두 세 갈래로 뻗어있다. 하나는 둑 위로 난 산책로요, 또 하나는 냇물 양쪽 둔치의 다목적 길이요. 최근 그 윗길과 아랫길 중간에 새로 낸 또 하나의 산책로, 그렇게 셋이다.

둑 윗길은 도보로 산책하는 사람들이 이용하게 되어 있지만, 가끔은 조깅을 하는 사람들이 가쁜 숨을 몰아쉬며 곁을 스쳐가기도 하여, 차분한 분위기가 덜하다. 아래쪽 둔치의 다목적 길도 맨손으로 산책하는 사람보다 자전거 타는 사람과 조깅하는 사람들이 더 많아서 꽤 번거롭다.

강둑 허리에 새로 낸 가운뎃길은 아직 익숙하지 않은 탓인지, 이용하는 사람이 적어 나는 자연 그 가운뎃길을 택하여 걷는다.

그 길을 걷다 보면 몇 백m 간격으로 설치해둔 치수사업용 시설물과 만나게 된다. 위 아랫길에는 없는 것들이다. 재미있는 것은 그 시설물 팻말에 쓰인 [우수토실]이라는 토목공학 용어가, 나에게 생각지도 않은 이 작문의 동기를 부여해 주었다는 사실이다.

『우수토실?』

처음에 그 팻말을 보고 나는 잠시 고개를 갸우뚱하였으나, 이내 그것이 한자어 〈雨水吐室〉의 한글표기임을 짐작하였다. 내 머릿속엔 한자먹물이 웬만큼 배어있기 때문에, 그 시설물 속에서 들려오는 물 토해내는 소리와 결부시켜 쉽게 그 뜻을 알아챈 것이다. 아마도 홍수를 예방하기 위하여 빗물을 일단 한 곳에 가두었다가, 하수도나 개천으로 조금씩 흘려보내는 시설물일 것이다.

집에 돌아와 습관적으로 사전을 들춰보았는데, 큰 사전을 두 권이나 훑어도 그런 말이 나와 있지 않았다. 인터넷을 검색해보니 예상대로 [雨水吐室]이라는 한자어가 나오긴 나오는데, 〈토구吐口〉나 〈하수도〉와 같은 배제시설排除施設이라고만 쓰여 있고, 자세한 해설은 나와 있지 않았다. 커다란 국어사전에도 올라있지 않은 그런 생경한 전문용어를 한자로 만들어 쓰면서 한자를 배제하고 한글표기만으로 팻말을 만들어 붙인 것이다. 그렇다면 저건 과연 누구를 위한 팻말일까? 처음부터 시민은 안중에도 없는 전시행정의 표본이라는 생각이 들었다.

내가 일찍이 삼사십 대 청~장년기에 보았던 이런 얼빠진 행정이 칠십 대 노년기에 접어든 오늘까지 조금도 달라지지 않은 채 그대로 이어지고 있으니, 이런 것이 바로 공무원들의 만성적 무사안일주의와 매너리즘의 실상이라 할 것이다.

삼사십 대 청~장년기에도 나는 물론 서울에 살고 있었다. 그때 고향에는 중부仲父님(나의 양부님) 내외분과 숙부모님이 두루 구존해 계셔서, 내게는 고향의 흙을 밟을 기회가 잦았다. 한번은 읍내 버스정류장에서 고향마을까지 20 리 신작로 길을 걸어 들어가고 있었다.

연변의 넓은 들판 논둑에 키가 두 길이나 되는 네 개의 말뚝이 멀찍멀찍이 박혀있고, 그 말뚝 위쪽에 받쳐진 큼직한 흰 네모 판에 글자 한 자씩이 적혀 있었다. 무슨 말인가 하고 그 네 글자를 가로 연결해보니 왈曰 ≪소주밀식≫이었다.

『소주밀식?』 한자로 된 사자성어인 것이 분명한데 도무지 무슨 말인지 감이 잡히지 않았다. 「소주를 먹으려면 몰래 먹어라!」 가당찮은 말 아닌가!

궁금한 걸 두고는 좀이 쑤셔 못 견디는 성미로도 그날 그 벽촌에선 어찌할 도리가 없었던가 보다.

『왜 어른들께 여쭤보지 못했을까? 사랑방에는 비록 노끈으로 동여맨 고서古書일망정 자전字典까지도 다 갖춰 있었는데…』

하도 오래전 일이라 지금은 그것조차 까마득히 기억에 없으나, 아무튼 항상 그러했듯 고향집에서 하루 밤을 묵으며 어른들 문안만 살피고 일에 쫓겨 이튿날 서울로 돌아왔는데 뜻밖에도 서울에서 그 해답을 찾게 됐다.

아마도 숭실대학교 철학 교수 안병욱安秉煜님의 글에 그 해답이 있었던 것 같다. 신문 칼럼이었는지 잡지에 실린 에세이였는지 조차도 기억에 희미하지만, 내용만은 「역사의 우등생이 되기 위해서는 영어와 함께 꼭 한자를 배워야 한다.」는 것이었다.

그분도 그 무렵 농촌 들녘에서 [소주밀식]에 접하고 도무지 감이 잡히질 않아, 근처 면사무소 곁에 있는 농촌지도소에 찾아가 직원에게 물어보고서야 뜻을 알았다는 것이다.

[적을 소少][그루 주株][빽빽할 밀密][심을 식植] 자라 하더라나.

≪그루는 적게, 심기는 배게!≫ 즉 ≪모포기를 적게 잡아 배게 심어라≫라는 말인데, 한자로 만들어진 말에 그 어머니 격인 한자를 배제하여 그 지경으로 만들어 놓고, 글을 아는 식자들조차도 혼란스럽게 만들었다고 개탄한 글이었다. 나 또한 안교수의 언어사관에 일정부분 의견을 같이하는 사람이다. 나는 한술 더 떠서 우리도 이웃 일본과 같이 한자를 새김으로 읽고 쓴다면 한자만을 따로 배우는 수고를 덜어 우리의 언어생활을 한 단계 승화시킬 수 있다는 소신을 내 나름대로 역설해온 위인이다. 하지만 그 화두는 너무 거창하므로 여기선 접겠다.

아무튼 당시만 해도 농촌엔 극소수의 소졸小卒(소학교 졸업생)을 빼고는 기본한자도 모르는 농민이 태반이었는데, 그들에게 농사법을 지도한답시고 탁상에서 그런 짓이나 하며 나라의 녹을 축내고 있었던 한심한 봉급쟁이들을 생각하면 지금도 울화가 치밀어 오른다.

처음부터 ≪포기를 적게 잡아 배게 심어라≫ 하거나 ≪빗물을 모았다가 흘려보내는 곳≫이라고 적었으면, 도농을 막론 사람과 사람끼리 일체감 속에서 아름다운 우리말을 구사하며 얼마나 행복하게 살았을 것인가! 굳이 전문용어를 그대로 쓰고 싶다면 당연히 그 옆에 [少株密植] [雨水吐室]이라고 한자를 달아주었어야 했다.

이렇게 공무원과 시민이 겉돌고, 농촌지도사와 농민이 겉돌고, 문화와 행정이 사사건건 겉도는 현실에 혁명적 변화를 불어넣지 못한다면, 우리가 궁극적으로 이룩해야 하는 [온 겨레가 하나 되는 세상–역사의 우등생들이 사는 세상]은 언제까지나 요원한 이상에 머물고 말겠다는 생각이 들어, 나는 혼자서 젠체하며 한숨을 토해내고 있었다.

2008년 7월 5일

〈계간지 여름 호에 발표〉

눈물

눈물은 눈물이되 유아들이 욕구불만의 떼거리와 함께 쏟아내는 눈물은 미분화한 동물적 본능일 따름이며, 노인들의 경우도 [퇴행성 누선기능저하]로 날씨가 추울 때 저절로 흘러내리는 것이니 노화에 연유한 생리현상일 따름이다. 인간의 진짜 눈물은 인간 개체의 구체적 여건에 따라 각각 정서적으로 분화한 뒤에 흘리는, 그 사람의 인정이나 분노에 값하는 눈물일 것이다.

나는 신체의 어느 한 부위도 튼실한 곳이나, 알맞게 구색을 갖춘 곳이 없지만, 그중에서도 특히 외분비선인 누선淚腺(눈물샘)을 잘못 타고난 것 같다. 그러기에 소시少時 이래 노년에 이른 오늘까지 걸핏하면 눈물을 주룩주룩 쏟아내는 것이겠지.

내가 최초로 흘린 정서적 눈물은 1945년 일본군이 연합군에게 백기를 들었던 다음날, 어른들 속에 섞여 얼결에 흘린 눈물이다.

그동안 유무의식 간에 일본에 동화하여, 영혼 없는 [반도인]으로 살아왔던 족속들 말고, 나름대로 민족혼을 가슴에 묻고 서럽게 살아왔던 보통사람들이, 해방을 실감하고 거리로 뛰쳐나와 [조선독립만세!]를 목이 터져라 외치던 광경을 바라보며, 나도 모르게 쏟아낸 폭포 같은 눈물이었다.

눈물을 폭포에 비유한 것은 심한 과장이다. 하지만 그 비유는 일본인 훈도는 물론, 일본에 100% 동화하여, 하는 짓거리가 일본인 훈도 뺨치는 [조선인 훈도]라는 작자들의 패악悖惡질에 대한 나의 분노가 그만큼 컸다는 뜻을 내포하고 있다. 겨우 열세 살 소년의 눈물이 그랬었다.

〈참고: 본서 1-8. 대체 당신은 누구십니까!〉

물론 그보다 한 해 전 가을에, 여섯 살짜리 내 장조카가 디프테리아에 걸렸다가, 태평양전쟁의 와중에 약을 구하지 못해 세상을 뜨고 말았을 때, 그 허무한 상실감을 이겨내지 못하고 몸부림치며 쏟아냈던 폭포 같은 눈물이 있긴 있었다. 하지만 지금 생각해보면 그것은 다만 육친간의 소박한 1차원적 본능이 무의식적으로 쏟아낸 묽은 H_2O에 지나지 않았고, 시공간이 복합적으로 얽혀서 빚어낸 4차원의 정서적 눈물은 아무래도 민족해방의 그날에 흘린 감격적 눈물이었을 것이다.

어쨌거나 그때 한번 열린 나의 눈물샘은 한평생 거의 닫힌 일이 없이, 때와 장소를 안 가리고 눈시울을 적셔댔다. 무엇인가가 심금을 바람처럼 스치기만 해도 주변에 누가 있건 말건, 또 그 사람과 내가 스스러운 사이건 무람없는 사이건 상관없이, 눈물은 제 멋대로 솟아나와 나를 당황하게 만들었다. 그것은 참으로 한평생 귀찮은 손님이었다.

나는 민족주의자가 아닌데도 올림픽경기에 출전한 내 동포가 우승하여, 시상대의 한가운데에서 태극기가 올라가며 애국가가 울려 퍼질 때, 나의 눈물샘은 한 번도 요동치지 않은 일이 없었다. 정권의 입맛에 따라 어쩌다 남북의 화해분위기가 무르익어, 양쪽 선수들이 푸른 한반도기를 흔들어대며 올림픽 개회식장에 공동입장 할 때도 내 눈시울엔 항상 눈물이 방울져 있었다. 더 나아가 남이나 북의 어느 한 팀이 다른 나라 팀과 경기를 벌일 때, 남북의 관중이 한마음으로 공동응원을 하는 걸 보면, 마치 통일조국에 살고나 있는 걸로 착각하여, 감격의 눈물을 주룩주룩 쏟아낸다.

나는 인도주의자가 아닌데도 소설이나 평전 같은 데서, 주인공의 사익私益을 떠난 헌신적 봉사활동을 접하게 되면, 읽는 책의 페이지마다 눈물로 얼룩을 내고야 만다. 중학생 시절에 읽었던 이태준의 「제2의 운명」이나 심훈의 「상록수」 같은 책은 장장이 눈물로 얼룩지지 않은 곳이 없었다. 혹시 친구들이 그 책을 빌려가기라도 하면 내 나약한 속마음이 들통날까봐, 책꽂이에 꽂을 때 표제글자가 안 보이게 거꾸로 꽂아놓곤 했었다.

1960년대에서 최근에 이르도록 마포구 합정동 [홀트아동복지회]의 주선으로, 낯선 사람의 손에 이끌려 어리둥절 어디론가 딸려가고 있는 어린 입양아들의 모습을 볼 때도, 내 누선은 한 번도 조용할 때가 없었다.

어디 또 그뿐인가? 나는 감상주의자感傷主義者가 아닌데도 센티한 노래는 눈물이 앞서 끝까지 부르지를 못한다.

우리 집에서 멀지 않은 대모산에는, 거의 나 혼자서만 다니는 한적한 오솔길이 있다. 그 오솔길 중간쯤에 바위 하나가 버티고 서있는 나지막한 고갯마루가 있다. 그곳을 지날 때면 나도 모르게 입 밖으로 이흥렬의 [바위고개]가 흘러나온다. 그 노래를 부르다가는 결국 목이 메어 끝을 못 맺기도 하고, 온 얼굴에 눈물범벅이 된 채 마지막까지 부르기도 한다.

제1절 [바위고개 언덕을 혼자 넘자니, 옛 임이 그리워 눈물 납니다.]에서 이미 센티해지기 시작한다. [고개 위에 숨어서 기다리던 임, 그리워-그리워 눈물 납니다]에 이르면 어느덧 목소리가 떨린다. 그리고 제2절 [바위고개 핀 꽃 진달래꽃은, 우리임이 즐겨-즐겨 꺾어주던 꽃]까지는 그래도 아직 바이브레이션만 요동치다가, [임은 가고 없어도 잘도 피었네, 임은 가고 없어도 잘도 피었네.]에 이르면 아예 울음소리에 묻혀서 정작 가사는 잘 들리지도 않는다. 제2절까지가 이러니 제3절의 [옛 임이 그리워 하도 그리워] 또는 [십여 년간 머슴살이 하도 서러워]를 부르다가는, 도대체 눈물밖엔 아무것도 못 타고난 내 인생이 한심스러워서 이젠 또 그것 때문에 운다. 결국엔 내 인생이 가여워서 운다는 뜻이다.

눈물이 흔한 사주가 어디 복 받은 인생이겠는가? 유년기에 어머니를 여읜 이래 인간의 정이라는 걸 모르고 자란 소년에게는, 삶의 마디마디에 서리고 맺힌 것이 한恨이었다. 그 恨이라는 것이 눈물샘을 통하여 한평생 숫하게도 쏟아져 내렸건만, 아직도 못다 쏟은 눈물이 남아 있었던가보다.

나이 70을 넘기면서부터 청장년기의 정서적 눈물에 더하여 물리적 눈물까지 시도 때도 없이 쏟아져 내리니 말이다. 동네 안과의원의 진단은 눈물샘이 막혀서 그러는 것이니 뚫으면 된다는 것이다. 사실을 확인하고 싶어 종합병원을 찾았는데 안과 과장이 직접 검사해보고 나서, 눈물샘이 막힌 게 아니고 반대로 〈퇴행성 누선기능저하〉 가 원인이라 현재의 의술로는 눈물을 멈추게 할 방도가 없다는 것이다. 노인에게 찾아오는 종신병이니 그냥 참고 살라는 말일 것이다. 늙으면 다 그렇게 되느냐고 물었더니 아니란다. 그렇지 않은 사람들도 많은데 소수의 노인들이 봄가을 겨울에 기온이 내려가면 그런다는 것이다. 그러니 나는 또 재수 없게 그 소수의 노인에 끼는 것이다.

처음엔 한겨울 빼곤 나머지 세 철은 견딜 만했었다. 그러다가 근년에 와선 겨울은 물론 봄가을에도 왼쪽 누선이 닫히지를 않더니, 그것이 오른쪽 눈으로까지 번지고, 이제는 여름철에도 바람 부는 날이면 등에선 땀을 쏘아내고 눈에선 눈물을 쏟아낸다.

나라는 인간은 유아기의 떼쓰기 눈물과, 청장년기의 남달리 흔해빠진 정서적 눈물과, 노년기의 〈누선기능저하〉가 쏟아내는 눈물 등등 한평생 눈물로 얼룩진 눈물인생임을 알겠다.

귀가 절벽이 돼버린 참담한 운명의 나락에 떨어지고 나서도. 그 운명을 향하여 절규하는 세계적 교향곡을 작곡한 사람도 있다는데, 그런 재주조차 타고나지 못한 나라는 인생은, 내가 보기에도 참 안됐다.

2010년 5월 16일

낙엽 불심落葉 佛心

시월상달은 그해에 거둔 햇곡식을 가지고 자기 조상이나 천지신명은 물론, 숭배의 대상이 되는 여러 물신들에게 공양을 드리기 알맞은 철이다.

때가 입동立冬 소설小雪 절기라서 나뭇잎은 대부분 떨어지고 없으나, 소춘小春이라는 이름이 무색하지 않게 청명한 하늘에서 나뭇가지 위에 내리쬐는 햇볕은 아직도 따사롭다. 이때를 택하여 여기저기서 재앙을 물리치고 복을 불러들이는 인간살이의 소박한 의식儀式이 치러지는 것이다.

집의 터줏대감에게 지내는 [성주제]나 마소의 무병을 비는 [마구간고사], 또는 단군을 섬기며 가무를 행하는 [농공제農功祭] 같은 무속의식은 각기 형편 따라 행하기도 하고 말기도 하는 것이지만, 대개 이달을 넘기지 않고 길일吉日을 잡아 조상 산소에 모여서 1년에 한 번 지내는 세사歲祀는 문중마다 빠뜨려서는 안 되는 정통유학의 실천철학이다.

고조할아버지 신주의 체천遞遷[6]이 끝나면, 6세손 이하의 자손들이 5대조 이상의 조상들 묘에 모여서 지내는 제사를 시사時祀 또는 시향時享

이라 한다. 주로 시월상달에 행하는 이 행사는 우리의 전통문화 중에서도 주자학이 만들어낸 컨벤션 미학의 한 정점이라 할 만하다.

고향에 사는 일가붙이들은 물론이요, 경향각지의 근본 있는 자손들이 정해진 날 정해진 시간에 그곳에 모여든다. 누가 시키는 것도 아닌데 자신의 뿌리를 생각하며 솔선해서 산소주변을 정하게 치우고, 정해진 법도에 따라 경건하게 제사를 올린다. 그런 다음 묘역의 이곳저곳에 삼삼오오 자리 잡고 앉아 음복飮福을 하면서 혈족으로서의 정담을 나눈다. 음복이 끝난 뒤에는 그날 제사에 오지 못한 친척집으로 남은 음식을 싸서 봉송封送한다. 이런 풍습은 아마도 다른 민족들은 흉내 내기도 어려운 우리만의 아름다운 세시풍속도歲時風俗圖가 아닐까?

이야기를 해가다 보니 [낙엽 어쩌고-]하는 제목을 붙여놓고 느닷없는 시월상달 시제 이야기를 늘어놓고 있는 게 어딘지 너무 돌아가고 있다는 느낌이 들긴 한다. 하지만 사실은 내가 이 시제를 통해서 낙엽의 미덕을 알게 됐다는 걸 말하고 싶은 것이니, 낙엽과 시제가 반드시 겉도는 이야기만은 아니다.

나이 들어 정년퇴임을 하고부터 나도 우리 문중의 일원으로 시제時祭에 참여하게 되면서, 나는 참으로 우연히 낙엽이라는 것의 숭고한 실체를 접하게 되었다. 아마도 시월상달의 시제는 낙엽 속에서 치러지는 행사여서 그럴 것이다. 나는 지금도 시제에 참여할 때마다 나의 조상들과 낙엽을 한 몸으로 생각하면서 몸이 부르르 떨릴 만큼 진한 감동에 사로

---

6) 종가의 현손(4대손)이 죽으면 같은 항렬의 가장 나이 많은 자손의 집으로 신주를 모셔다가 계속 방안제사를 지내게 하는 제도. 현손이 다 죽고 난 뒤에는 신주를 땅에 묻고 산소에 가서 5대조의 시제를 지냄

잡히곤 한다.

분향焚香 강신(降神-생략) 참신參神 등의 절차를 거쳐, 헌관獻官이 초헌初獻을 하고 나면 목청 좋은 축관祝官이 크고 낭랑한 목소리로 세사축歲祀祝을 읽는다. 그때 산소 주변의 활엽수 잎사귀들은 모두 낙엽으로 떨어져 땅위에 뒹굴고 있다. 청명한 하늘을 향하여 쭉쭉 뻗어 오른 교목喬木들이 잎을 다 벗어버린 앙상한 가지들만 옆구리에 거느리고, 새봄에 피워낼 초록을 남모르게 예비하고 있을 때, 그 사이사이로 산울림처럼 울려 퍼지는 축 읽는 소리.

나는 한 번도 그 거룩한 음향音響을 감동 없이 들어본 적이 없다.

축문이 담고 있는 뜻을 모르는 사람이 들어도 그 숙연한 분위기에 저도 모르게 마음이 추연해지거늘, 나는 명색 어중이 먹물이라서 그 뜻을 생각하고 낭송의 음률音律까지를 음미하면서 예사로운 감동을 넘어 내 나름의 깊은 철학적 사색에 빨려든다.

"금이~~~초목귀근지시~~~추유보본~~~예불감망~~~첨소봉영~~~불승감모~~~(今以 草木歸根之時 追惟報本 禮不敢忘 瞻掃封塋 不勝感慕)" 하는 처연한 울림이 산골짜기의 나목裸木들 사이를 지나, 온 산에 길게 울려 퍼질 때, 나는 해마다 그랬던 것처럼 또 한 번 [자연의 이법]을 깨닫고 법열法悅에 젖어들게 된다.

이 말은 [이제 초목이 다 그 뿌리로 돌아가는 때에, 나도 내가 생겨나게 된 아득한 근본을 깨닫고, 예부터 할아버지들이 그랬던 것처럼 나 또한 할아버지들의 무덤을 돌보며 결국은 자연으로 돌아가야 하는 존재임을 알게 되었다]는 속뜻을 담고 있는 말이다.

≪초목이 그 뿌리로 돌아가는 것을 보며 나의 근본을 생각한다!≫

초목이란 무엇인가? 나뭇잎이나 풀잎이다. 모든 식물은 여름에 그 잎의 증식활동을 통해서 성장하기 때문에 나뭇잎이나 풀잎은 곧 그 나무나 그 풀 자체인 것이다. 따라서 가을이 되어 나무라는 본체를 위한 증식활동이 끝나면 나뭇잎은 스스로 떨어져서 뿌리로 돌아가 새로이 그 나무를 키워내는 자양분이 되고, 풀잎은 시들어서 뿌리로 돌아가 새로이 그 풀을 키워내는 자양분이 된다. 가을이면 지천으로 떨어져 굴러다니다가 가을비 속에서 땅속으로 파묻혀 들어가는 낙엽이나, 시들고 말라서 땅위에 드러누워 눈비를 맞거나 무수한 발길에 짓밟히는 풀잎들을 그저 무심히 보아 넘길 수 없는 이유가 거기 있다. 실로 거룩한 자연의 이법 ─차면 기울고 이지러졌다간 제 모습을 다시 찾는 놀라운 이치─그 한 중간에 낙엽이 있다.

기온이 섭씨 5도 이하가 되면 식물의 생장을 가능하게 한 잎의 증식작용은 더 이상 일어나지 않는다. 기온이 0℃ 이하로 떨어지면 가장 먼저 동상을 입게 되는 것이 연약한 나뭇잎이다. 감각으로 그것을 아는 나뭇잎은 자신의 본체를 보호하기 위하여 잎자루(꼭지)에 스스로 차단막을 만들어 자신을 본체와 분리시킨다. 그러면 자신의 엽록소는 파괴되어 자가분해가 진행되는 과정에서 노랗고 붉은 단풍으로 변했다가, 단절된 줄기로부터 더 이상 수분을 공급받지 못하게 되면 불어오는 바람을 이기지 못하고, 떨어져서 땅 위에 뒹군다. 그리하여 가는 곳은 결국 자신의 밑동, 그 밑에 묻히는 것이다.

낙엽은 곧 어머니인 것이다. 자신의 혈육인 나무의 성장을 1년 내내 돕다가 그 나무에 위기가 닥쳤음을 예감하고, 혈육을 보호하기 위하여

과감히 자신을 내던지는 해탈解脫의 어머니!(◉일부 자가 표절이 있음)

바람에 날리며 뿌리를 향하여 줄지어 밀려가는 저 낙엽들의 모양새를 보라. 늙은 어머니의 앙상한 손가락마디, 얼굴에 거미줄같이 널려있는 갈색 주름살. 바로 그 모습이 아닌가. 아, 서럽도록 아름다운 낙엽의 이 법理法이여!

2008년 12월 16일

어떤 시제時祭날 풍경

못생긴 나무들이 산을 지키듯, 못난 자손들이 선영을 지킵니다. 풀어 말하면 이렇지요.

줄기와 가지가 훌륭한 조화를 이루어 생김새가 정연하거나, 반대로 기괴하게 생겨먹어 사람들의 눈길을 끄는 나무는, 관상수로 쓰기 위하여 캐가 버립니다. 또 반듯하게 자란 아름드리 소나무나 전나무 같은 교목들도 목재로 쓰기 위하여 모조리 베어가 버리지요. 그러다 보니 이도저도 아닌 쓸모없는 나무들만 남아서 산을 지키게 되는 것 아니겠습니까?

똑같은 이치로 한 집안의 이렇다는 자손들은 훌륭한 조상의 내림을 이어받은 사람들입니다. 풍채가 번듯하기도 하고, 물려받은 재화가 넉넉하기도 하고, 아니면 재주가 탁월하여 입신출세한 사람들이지요. 그런 자손들은 굳이 조상의 성화聲華에 기대지 않아도 누구에게서나 우러름을 받게 마련 아닙니까! 따라서 부지중 선영의 존재 따위는 잊어버리고 살아갑니다. 반대로 곤궁한 자손들은 한동네 타성바지들은 물론, 집성촌 일가붙이들에게서도 반반한 대접을 받지 못하니, 자연 훌륭한 조상들의 차양 밑으로 파고들려 할 것입니다. 자신도 그 차양 안에 들어와 의지할 자격이 있음을 내외에 과시하고 싶은 게지요. 그래서 이름난 조상의 불천위 제향이나 문중의 봄가을 시제에는 빠짐없이 얼굴을 내밀게 된다는 그런 말입니다.

내가 해마다 시월상달 선영의 시향 때가 되면, 만만찮은 비용을 감내해가며 그 먼 곳까지 꼬박꼬박 5박6일로 다녀오는 것은, 나 또한 못생긴 자손의 열등감에서 한발작도 벗어나지 못하고 있다는 증거일 것입니다.

이유야 어떻든, 내가 노경에 접어들어 문중 시향에 그렇듯 깍듯이 얼굴을 내미는 동안, 나는 뜻하지 않게 문중 일가붙이들이 살아가는 방식이 꼭 그 두 가지 등식만으로 굴러가는 게 아님을 발견하게 되었습니다. 그 등식에 대승적 미지수가 더해져서 훌륭한 함수방정식이 성립하고 있음을 보았다는 뜻입니다.

사연인즉 이렇지요.

비록 지방대학일망정 세상이 알아주는 국립대학의 이름난 교수요, 문리대 학장까지 지낸 변변한 일가붙이 한 분이 계십니다. 그분은 시향날이 되면 공사 불문 웬만한 일은 제쳐두고, 꼭 못난 일가붙이들과 못생긴 나무들에 둘러싸인 선영을 찾아옵니다. 일가붙이들 속에 섞여 자신의 뿌리를 향하여 공손히 제사를 올린 다음, 음복하는 자리에서는 시쳇말로 별 볼일 없는 친척들과 얼려서 가문의 이런저런 유서를 들먹이며, 같은 혈족으로서의 연대감을 은근하게 건네곤 하시더라고요.

까마득한 옛날에 나는 두 학기 동안이나 그분의 「국문학 강독」을 청강한 일이 있는 터라, 그분의 교수로서의 탁월한 위상은 잘 알고 있었지만, 그분이 사생활에서 이런 일면을 가지고 있는 줄은 참 뜻밖이었습니다. 내가 고향을 등지고 떠돈 세월이 반백년을 넘겼으니 그런 사실을 알 턱이 없었던 게지요.

나는 학생시절에 나의 엉성한 습작소설 한 편을 들고 그분에게 「보아주십사」 청한 일이 있었습니다. 며칠 후 강의시간에 그분은 많은 학생들 앞에 나의 습작품을 꺼내놓더니 구조를 낱낱이 분석하고 난 뒤, 몇 군데만 이리이리 손질하면 문예전문지에 발표해도 손색이 없겠다고 나를 격려해 주었습니다. 나는 내 귀를 의심하였고, 같은 과 친구들은 유망한 신진작가 한 사람을 드디어 우리 과에서 배출하게 되었다고 시새움을 곁들여 놀려댔습니다.

나는 그때나 그 뒤에나 매사를 잘 해보려고 부단히 시도는 하되 결과에 집착하지는 않았습니다. 그것은 지금도 마찬가지입니다. 애당초 내 사주팔자가 한 가지 일에 정진하여 뭔가 성취하게끔 돼먹지를 않았다는 걸 스스로 잘 알기 때문입니다. 내게 주어진 여건들과 그 여건들이 빚어낼 전도는 그냥 암산만으로도 넉넉히 짚어낼 수 있었거든요. 그것은 도저히 거역할 수 없는 나의 운명이었던 것입니다. 귀태鬼胎라는 어려운 말로 설명할 수도 있겠지요. 나는 바람 부는 대로 이리저리 나부끼고 물결치는 대로 정처 없이 떠밀리며 살았습니다. 그러다가 나이 이순을 넘기고서야 여우가 죽을 때 그러는 것처럼 본향으로 고개를 돌리어 문중시제에 참섭하게 되면서, 자그마치 반백년 만에 그분을 만나게 되었던 것입니다.

그분은 나를 격려해 줌으로써 한때나마 나에게 작가라는 부푼 꿈을 지니게 한 분이라서 내가 그분을 잊어버리는 일은 있을 수 없지만, 그분으로서야 하고많은 제자 중의 하나인 나와의 사이에 있었던 그 아득한 옛일을 어찌 기억할 수 있었겠습니까. 그리하여 나는 그분에게 내가 그분과 같은 항렬의 아우이며 옛 제자였음을 상기시키고 해마다 시제 날이면 조상들의 묘역에서 그분을 만나 뵙곤 하였습니다. 비록 내가 그분의 기대에 부응하여 작가로 입신하지는 못했지만, 나는 두 학기 동안 그분에게서 들었던 강의내용을 특별히 마음속에 간직하고 살아왔습니다. 그리고 묻혀있는 나의 작가적 기질을 최초로 알아보아준 그분의 비범한 안목과, 성심껏 학생을 지도하는 그분의 인격을 존경하며 한시도 그분을 잊어본 적이 없었습니다.

한 번 스승은 영원한 스승이라지요? 다시 만났을 때에 이미 고희를 바라보는 나에게 그분은 또 한 번 참스승의 모습을 보여주었습니다. 그 모습은 이러했습니다.

대개 시제가 끝나면 묘역에 자리를 깔고 친척들끼리 둘러앉아 음복자리를 벌이게 마련이지요. 그 자리에서 그분은 음복술 한 잔을 마시고는, 일가붙이들에게도 한 잔씩 권하면서 항상 이렇게 말하곤 하였습니다.

『여러 종친들이 아시다시피 나는 대학에서 교수노릇도 해보고 학장노릇도 해보고 했는데, 그것이 다 내가 잘나서 그리된 줄로만 알고 있었어요. 내 동료들 가운데는 나보다 더 능력 있고 인물도 출중한 사람들이 있었는데, 언제나 내가 그 사람들보다 한발 앞서서 높은 자리에 오르곤 했거든요. 당연히 나는 내가 그 사람들과 어디가 달라도 달라서 그리된 것으로 알았지요. 세상을 거의 다 살고 난 요즘에 와서 문득문득 지난 일을 돌이켜보면, 아닌 게 아니라 내가 다른 사람들과 다르긴 좀 달랐습디다. 무엇이 달랐느냐? 내가 남보다 더 잘난 것으로 남들과 다른 것이 아니라, 내가 우리 할아버지들의 자손이라는 것과 우리 집성촌 출신이라는 것이 남과 다른 점이었더라고요. 누대에 걸친 우리 할아버지들의 명성이 워낙 잘 알려진데다, 그 자손인 우리 집성촌 사람들의 부끄럽지 않은 처신을 너나없이 인정하고 있지 않습니까? 그러다보니 무슨 일에나 나는 출발부터 점수를 따고 들어가는 거예요. 어떤 자리의 후보로 거론되는 사람들의 무게가 나와 엇비슷한 경우는 물론이고, 내가 그 사람들보다 좀 모자라더라도 윗사람들은 이왕이면 믿음성이 가는 나를 택했던 것입니다. 그때 나는 그런 것도 모르고 내가 똑똑하고 잘나서 항상 남보다 앞서가는 줄로만 알았었으니, 이런 게 무슨 남의 스승이겠습니까!---』

순간 나는 보았습니다. 듣고 있던 일가붙이들의 얼굴에 자존감이 충만해지며 눈빛에 생기가 돌고 있는 것을! 아, 그는 남들보다 못나서 항상 열등감에 젖어있는 일가붙이들 앞에서 그런 식으로 자신을 낮추며 똑같은 할아버지들의 자손인 상대방의 자존감을 불러일으키고 있었던 것입니다. 그 자존감은 언젠가 삶의 활력으로 승화하여 그들을 짓눌러왔던 열등감을 벗어던지게 할 것입니다.

이제야 나는 그분이 시향 날이면 만사 제치고, 못 생긴 나무들에 둘러싸여 있는 선영을 찾아, 못난 일가붙이들과 얼려 하루를 보내는 이유를 알게 되었습니다. 아, 그분은 나의 영원한 스승이었습니다.

2009년 6월 8일

가지 않은 길

– 개포동의 가을

단풍! 하면 누구나 붉게 물든 설악산과 내장산, 무주구천동이나 지리산 피아골 등의 가을을 떠올리며 마음 설레게 마련이다. 나 또한 갖가지 물감으로 채색한 수채화 같은 그 산들이 문득 머릿속에 떠오르면, 하던 일을 당장 내동댕이치고 달려가서, 2~3일쯤 단풍의 바다에 푹 잠겼다가 돌아오고 싶은 충동을 느낄 때가 한두 번이 아니다.

지난 월초에도 네댓 사람이 얼려 3박4일로 설악산과 소백산엘 다녀오기까지 했건만, 그러고서도 아직 가을 산의 갈증이 덜 풀렸던지 연신 궁둥이를 궁싯거리다가, 홀연 귀에 익은 속담 하나를 떠올렸다.

아 참, 「등잔 밑이 어둡다」더니! 내가 왜 그 생각을 못했나? 개포동의 가을을 저버리고 또 어딜 다녀온단 말인가! 꼭 울긋불긋한 나뭇잎만 단풍은 아니다. 개포동을 비롯한 온 강남땅을 순황純黃 일색으로 물들이고 있는 은행나무 잎이야말로 단풍의 〈왕중왕〉이 아니랴!

해마다 가을한철 개포동의 은행나무 터널 속을 거닐며, 「서울찬가」를 부르곤 했었는데, 건망증 수치가 가히 치매 수준에 이른 것인지, 올해 그만 그걸 또 깜박했던 것이다. 한평생 들이마신 공기를 의리 없이 고마운 줄 모르듯.

요즘 강남이라고 싸잡아 일컫는 서초구 강남구 송파구의 가로수는 열에 일고여덟 그루가 은행나무다. 가을이 되어 그 은행나무 잎에 노랑물이 들면 강남땅의 길이라는 길은 그대로 고스란히 황금빛 은행나무 터널이다. 그중에서도 2차로나 4차로 같은 골목길은 온통 은행나무 가로수 가지들로 뒤덮여, 하늘조차 보기 어려운 진짜 터널이 되고 만다.

지금부터 불과 40년 전인 1970년대까지도 서울에서 은행나무는 그리 흔하게 볼 수 있는 나무가 아니었다. 광화문 앞 옛 육조거리-세종로의 널찍한 중앙분리대에, 기껏 열대여섯 그루의 커다란 은행나무가 도열해 서서, 서울의 가을운치를 살려주던 게 그나마였다. 그러던 서울이 요즘엔 가히 은행나무 천국이 돼버렸다.

내 기억이 맞다면 이곳 강남땅을 개발하기 시작할 무렵은 [수출입국]을 마치 국시처럼 부르짖던 시절이다. 때마침 스웨덴의 어떤 제약회사가 은행나무 잎 추출물로 〈징코민〉인가 하는 성인병 약을 만든다며, 한국산 은행나무 잎을 몽땅 수입해 간 일이 있었다. 이것이 강남의 가로수로 은행나무를 간택한 계기가 되고, 그 추세가 강북으로까지 번져간 것이다.

강남의 숨통이라 할 양재천은 서초구와 강남구의 남쪽지역을 가로질러 동쪽으로 흐르다가 송파구와의 경계를 이루는 탄천과 마주친다. 그 양재천과 탄천 위에 걸린 10여 개의 다리(대교)를 관통하여 남북으로 또는 동서로 쭉쭉 뻗어나간 대로들. 그 대로들을 열십자로 가로지르며 운치 있는 가로망을 그려내고 있는 좁은 골목길. 그 크고 작은 길 위에 가을이 오면, 천지사방에 널린 노란 은행나무 잎들은 해맑은 가을햇살을 받고 마치 꿈속과도 같은 가을풍경화를 그려낸다. 그러면 나는 그 풍경화의 한 은밀한 구석에서 들려오는 가을동화를 듣기 위해 가벼운 옷차림으로 마을산책을 나선다.

아파트 정문을 나와 서쪽으로 길을 잡고 드넓은 영동대로에 이르러 보행자신호가 터지기를 기다린다. 신호가 열리는 대로 건너가서 우체국과 주민센터가 있는 2차선 좁은 골목길로 접어든다. 개포초등학교를 비스듬히 감고 돌아 개포도서관 언덕으로 뻗어나가는 길을 따라 걷는다. 그 언저리가 사람의 왕래도 적은데다 개를 끌고 다니는 사람이 거의 없어서, 한적한 산책을 즐기기엔 안성맞춤이다. 그렇게 얼마쯤 걷다가 이윽고 경기여고와 일본인소학교가 있는 대로를 반환점으로 하여 돌아오곤 한다. 올 때는 양재천 남쪽 기나긴 제방 위에 가꿔놓은 [학여울 근린공원]과 양전초등학교를 왼쪽에 끼고 걷는다. 그러다가 육교를 타고 오른쪽으로 길을 건너서 개포6단지와 7단지를 좌우로 갈라놓는 언덕길에 접어든다. 내 가을 산책 클라이맥스는 대개 이 고갯길에서 이루어진다. 언제부턴가 내 마음속 깊은 곳을 울려주는 가을동화도 이 고갯길에서 듣게 된다.

가을날 가로수 길을 걷다 보면, 뜻밖에도 전엔 전혀 몰랐던 희한한 생물학 지식을 얻게 된다.

같은 바운더리 안에 있는 나무들도 저마다 단풍들고 낙엽 지는 시기가 다르고, 종류가 같은 나무의 단풍잎도 그 색상이 조금씩 다르다는 것을 보게 되는데 나는 그 이유를 나와 같은 학교에 근무했던 생물선생이며 숲 해설가인 P씨에게서 들었다.

가을이 저물어 기온이 뚝 떨어지면 갈잎나무 잎들은 나무의 본체를 보호하기 위하여 본능적으로 잎자루에 차단막을 만들어 본체와 자신을 분리시킨다는 것이다. 그때 그 분리된 잎들이 머금고 있던 엽록소가 파괴되어 자가분해가 진행되는 과정에서 생성되는 〈안토시안〉이라는 색소가 조화를 부려 만들어내는 현상이 곧 단풍이라는 것이다. 나무에 따라 〈안토시안〉의 생성 및 엽록소의 파괴시기와 그 양상이 제각각 다르다 보니, 한쪽에선 낙엽이 지고 다른 한쪽에선 새로이 물들기 시작하는 풍경화를 가을 내내 우리 앞에 선보인다는 것이다. 아, 얼마나 신비로운 자연의 조화인가!

나를 더욱 놀라게 한 건, 내 가을산책의 클라이맥스를 장식하는 이 고갯길 양옆에 몇 겹으로 늘어선 은행나무 잎들은, 가을이 오면 가장 먼저 노랗게 물들어가지고는 가으내 한결같은 순황색으로 살랑거리다가, 만추가 되어 다른 잎들이 다 떨어지고 나면, 마지못해 저도 한 잎 두 잎 떨어져 내린다는 경이로운 사실이다. 그냥 무심코 지나칠 수도 있었는데 그것은 내게 참으로 대견한 발견이었다.

P씨의 설명대로라면 잎자루의 차단막 때문에 본체와 분리된 나뭇잎의 엽록소파괴와 자가분해를 가장 일찍 시작하여 가장 더디게 진행하는 조건을 가진 곳이 바로 내게 가을동화를 들려주는 이 언덕길임을 알았으니 말이다. 그러니 나의 산책의 발길은 언제나 이 언덕길에서 피크를 이루는 것이다.

언덕길에 접어들어 조금만 오르면 나지막한 고개다. 그곳에서 앞을 바라본다. 멀리서 길이 두 갈래로 갈리어 끝이 안 보이는 지점까지, 양옆에 겹겹이 늘어선 은행나무의 샛노란 단풍이 만들어내는 금빛터널이 열린다. 그 단풍의 터널 길을 걷다 보면 길옆에 세워둔 승용차들의 지붕 위엔 성미 급한 나무들이 철 이르게 떨어뜨린 은행나무 낙엽이 수북이 쌓여있는 걸 보게 된다. 자연과 인공이 하나로 어우러져 진한 감동으로 삶을 공감하게 하는 풍경이다.

가을햇살처럼 곱고 해맑은 것이 또 있을까? 그 햇살을 받고 노랗게 무르녹아 미풍에 살랑대는 저 은행나무 단풍잎들! 강남땅 골목길마다 널린 은행나무의 무수한 가지 끝에 지천으로 매달려 가벼운 살랑거림으로 이 가을날 오후를 동화의 세계로 바꿔놓는 저 맑고 고운 자태!

아, 나는 지금 나의 초라한 한국어실력을 눈물겹도록 슬퍼한다. 한평생 한국어로 말하고, 몇 십 년 동안 한국어를 가르치며 살았으면서도, 나의 눈앞에 펼쳐진 이 진한 감동의 테마를 한국어로 치환하는 재주가 이리도 빈약하더란 말인가!

나는 이 순간 미국의 시인 「로버트 프로스트」가 한없이 부럽다. 이 길은 그의 시 ≪가지 않은 길≫의 배경과 흡사한 공간이다. 그런데도 그 공간을 바라보는 관조의 눈과 정서적 감수성이 그에게 한참 못 미치는 내가 나는 한없이 초라해 보인다. 그렇더라도 나는 가을날 이 길에 들어서면 내가 아이들을 가르치며 수백 수천 번도 더 외었을 그 시를 또 한 번 암송하곤 한다. 그리고 지금까지 내가 읊조렸던 그 어떤 시보다도 더 진한 감동으로 다가오는 이 시 속에서 나의 정체성을 발견하게 된다.

노란 숲속에 길이 두 갈래로 났었습니다.
나는 두 길을 다 가지 못하는 것을 안타깝게 생각하면서,
오랫동안 서서 한 길이 굽어 꺾여 내려간 데까지
바라다볼 수 있는 데까지 멀리 바라다보았습니다.

그리고 똑같이 아름다운 다른 길을 택하였습니다.
그 길에는 풀이 더 있고 사람이 걸은 자취가 적어,
아마 더 걸어야 될 길이라고 나는 생각했던 게지요.
그 길을 걸음으로, 그 길도 거의 같아질 것이지만.

그날 아침 두 길에는
낙엽을 밟은 자취는 없었습니다.
아, 나는 다음날을 위하여 한 길은 남겨두었습니다.
길은 길에 연하여 끝이 없으므로
내가 다시 돌아오게 될까를 의심하면서.

훗날에-훗날에 나는 어디선가
한숨을 쉬며 이야기할 것입니다.
숲속에 두 갈래 길이 있었다고
나는 사람이 적게 간 길을 택하였다고
그리고 그것 때문에 모든 것이 달라졌다고.

운명 앞에 나타난 두 갈래 인생행로. 망설임 끝에 사람이 적게 지나간 길을 택하면서, 다른 한 길은 훗날을 위하여 남겨두었다. 남겨둔 그 길은 끝내 가보지도 못한 채, 처음 선택한 그 길 때문에 모든 것이 달라졌다고 회상하면서, 자신이 지난날 선택하지 않은 그 길(The road not taken)을 걸었더라면 지금과는 무언가 달라져 있을 가능성에 대한 아쉬움을 통해 인생의 고뇌와 한계를 담담히 술회하고 있는 시다.

나도 만일 나의 유년기나 청소년기에 내가 남겨두고 온 그 길을 갔었더라면 나는 지금의 내가 아니었을까? 나는 어떤 학문과 직업에 종사하게 되었을까? 나는 어떤 여인의 배우자가 되어 있을까? 그리고 그 배우자와의 사이엔 어떤 자녀와 손자녀들이 태어나서 어떤 가족관계를 이루며 살고 있을까? 아니, 지금처럼 미흡하나마 안정을 누리며 살고나 있을까?

역사에서 가설을 말하는 것은 부질없는 짓이다. 하지만 내 앞에 놓였던 두 갈래 길 중, 내가 지금과 다른 한 길을 걸었더라면 지금의 나와는 확연히 달라져 있을 또 다른 나를 한번쯤 떠올리며, 그 실현되지 않은 자아를 동경하고 아쉬워하는 마음을 송두리째 부정한다면 그것은 정직하지 못한 일이다.

하지만 개인사도 역사다. 그러니 이쯤에서 부질없는 가설은 접자. 나는 지금의 내가 최선이라고 생각한다. 나는 어미를 잃고 외톨이가 되어버린 유년기부터 내가 할 수 있는 최선을 다하여 살아왔다고 생각한다. 물론 더 잘할 수도 있었겠으나 내가 처한 그 상황에서 나는 그렇게밖에는 할 수가 없었다고 생각한다. 그것이 비록 운명일지라도 그것은 나의 최선이었다.

한동안 사색에 잠겨 있었던가보다. 땅만 보고 한걸음 한 걸음 걷다보니 어느덧 3호선 대청역 5번 출구 내 집 앞에 이르러있었다. 그제야 눈을 들어 앞을 바라보았다. [삼성서울병원] 정문 앞을 지나 멀리 대모산 자락까지 양옆으로 아스라이 도열해 있는 은행나무 가로수들이 불어오는 가을바람 속으로 샛노란 잎들을 우수수 떨어내고 있었다. 바람에 흩날리는 그 낙엽들의 군무 속에서 개포동의 가을이 저물어가고 있었다.

2008년 11월 18일

한밤에 홀로 술잔을 기울이는 남자
– 深夜獨酌

나는 고혈압, 고지혈증, 당뇨, 협심증, 전립선비대증 등등 이른바 성인병이라는 병증은 다 지니고 살아가는 위인이다. 아침저녁 규칙적으로 먹는 약만도 아침에 다섯 알 저녁에 네 알, 도합 하루에 아홉 알이다. 거기에 걸핏하면 허리 아프고 어깨 결리고 눈 귀 코가 어쩌고저쩌고하는 각종 퇴행성 노인병에 먹는 단방 약까지 치면, 그 종류와 수량이 두 자리 수 중반에 이른다. 이제 약 없이는 하루도 버틸 수 없을 것 같아 더럭 겁이 날 때도 있다. 삶에 대한 애착 때문이 아니다. 단언하거니와 추호라도 일찍 죽을까봐 두려워하는 겁이 아니다. 사는 동안 중병에 걸려 가족들의 짐이 된 채, 죽지도 않고 천덕구니로 연명하게 될까봐 그것을 두려워하는 겁이다. 결코 그냥 해보는 소리가 아니다. 나는 나의 인생살이와 나의 명줄에 추호의 미련도 없다. 작년 여름에 작성하여 이미 법원의 공증절차까지 밟아두고, 언제든 때가 되면 내 아이들과 의료기관에 넘길 요량으로 지니고 있는 [의료 및 장의 지시서]를 보면 알 일이다.

하여간 늘그막에 병들어 남의 짐이 안 되려면 약은 나의 생명 줄이다. 아침저녁으로 먹으라고 병원에서 처방해준 약은 세상없어도 반드시 제때에 챙겨먹어야 하는 나의 주치의主治醫 맞잡이다.

공교롭게도 어제는 아침약 먹을 시간을 알리는 모바일알람이 하필이면 내가 욕조에 들어앉아 있던 시간에 울어버린 모양이다. 내 참! 다라워라. 그 시간에 생뚱맞은 목욕은 다 무엇이며, 그랬으면 나오자마자 약부터 챙겨먹었어야 했다. 하건만, 명줄이 달린 그 짓을 깜박하고 아침약을 거르고 만 것이다. 잊어먹는 일은 세월이 노인들 가슴에 달아준 장수훈장이니 미욱하게 그걸 탓할 일은 아니다. 하여간에, 어제 밤 저녁약을 먹으려고 챙기다 보니, 어이없게도 아침약이 안 먹은 채로 남아있는 게 아닌가!

모바일알람 덕분인지 나는 이제까지 약 먹는 일을 거르거나, 약의 오남용으로 혼나거나 하는 일이 거의 없었다. 뿐만 아니라 석 달마다 돌아오는 병원의 정기검진 날, 식전채혈 때문에 아침약을 걸렀다가 저녁약과 한꺼번에 먹는 일이 가끔 있었어도, 탈 없이 그냥 넘어가곤 했다.

어제도 별 생각 없이 아침에 먹지 못한 약을 저녁약과 함께 삼켰는데, 어제는 그게 그만 큰 실수였던 것이다.

여느 때 같았으면 별 탈 없이 넘어갔을 것이다. 그런데 어제는 달랐다. 내일 아침 일어나는 족족, 차를 몰고 집에서 먼 거리에 있는 정부기관에 들어가, 꼭 해결해야 할 중대사를 앞두고 있었던 것이다. 그런 부담스러운 밤은 안 그래도 민감하여 쉽사리 잠을 못 이룬 법인데, 나는 약까지 정량의 두 배로 먹었것다! 머릿속이 어수선한가 하면 말똥말똥하기도 하여 녹녹하게 잠이 들 것 같지가 않았다. 그렇다고 졸릴 때까지 무작정 기다릴 수만은 없는 일. 하릴없이 자리에 드러누워 눈을 감으니, 그래도 하루 종일 부산하게 싸다닌 피곤이 있는지라, 머릿속이 몽롱해지며 잠이 들 듯 들 듯 하였다. 그러면서도 잠 속으로 빨려들지 못하고, 불현듯 가위눌린 사람같이 비몽사몽간을 헤매다가, 이내 머릿속이 초롱초롱 살아나는 게 아닌가! 그러기를 몇 번 되풀이하고 나니, 이래가지고는 도저히 잠이 들지 않는다는 걸 나는 경험칙으로 잘 알고 있다. 벌떡 일어나서 거실에 나와 시계를 보니, 자그마치 새벽 세 시가 가까워지고 있었다.

『단 몇 시간이건 자두어야만 할 텐데-』

마음이 초조해왔다. 특단의 조치가 필요한 시점이다. 거실 진열장에 제각기 제 나름의 명성을 뽐내며 도열해 있는 각종 술병들이 눈에 들어왔다. 이럴 때 양주 향은 역할 것 같아 내쳐두고, 어린아이 팔뚝만한 인삼이 대여섯 뿌리나 우러나고 있는 커다란 담금주병을 꺼내들었다. 식탁에 와서 불을 밝히고, 그릇장에서 평소 내가 아끼는 중간크기의 백자 술잔을 꺼내왔다. 그곳에 한가득 술을 부어 단숨에 반 컵을 들이켰다. 입과 코와 목안에서 45°짜리 독한 소주와 강한 인삼 향이 뒤범벅되어 취기를 뿜어내기 시작하였다. 내친걸음이다. 빨리 잠을 청해야 한다. 남은 반 컵을 마저 들이켰다. 이윽고 만만찮은 취기가 돌기 시작하였다. 아, 이게 얼마만의 일탈逸脫인가! 젊어서부터 호주객인 나는 심야에 홀로 술잔을 앞에 놓고 고독과 마주하는 일이 자주 있었다. 나이 들어 당뇨와 협심증 같은 성인병을 앓으면서부터는 식이요법으로 몸 관리를 하느라 술도 일정량 이상은 마시지 않았는데, 실로 오랜만에 이 같은 돌발사를 겪게 되는가보다. 갑자기 젊은 날의 그 일탈의 밤들이 그리워지며 감회가 새로웠다. 고독에 대한 향수일까?

이런 밤이면 항상 그랬듯 오늘밤에도 내리 두 컵을 들이키니 그제야 입과 코와 목만이 아니라 강한 취기가 온몸을 감싸고돌았다. 그동안 까맣게 잊고 지냈던 새로운 세상이 눈앞에 열리고 있는 것이다. 불빛의 빛깔부터 달라진다. 어두컴컴하던 전등불빛이 갑자기 두세 갑절 환해진다. 완연한 새로운 세상이다. 실로 오랜만에 접하는 눈부신 새 세상! 젊은 시절 심야에 홀로 술을 마시며 자신과 마주하였던 밤은 언제나 이렇듯 불빛이 밝았다. 나의 실체와 은밀한 대화를 주고받는 시간은 언제나 바로 이런 분위기였다. 평소엔 잘 보이지 않던 집안의 구석구석이 어쩌면 이다지도 환하게 한눈에 들어온단 말인가! 술과 술 속에 숨어있는 신비의 세계를 모르는 사람이나, 엄격한 규칙만을 신조로 삼아 살아가는 사람은 상상조차 하기 어려운 이 한밤의 희열. 이것은 어쩌면 세상에서 환대받지 못하는 못난이들에게 신불神佛이 따로 베풀어주는 밤의 은총일 것이다.

석 잔째 술을 따랐다. 또 반 컵을 들이켰다. 아, 더더욱 눈부시게 환한 이 불빛! 온통 빛으로 가득한 이곳은 어쩌면 하느님의 천국이거나 부처님의 극락일 것이다. 나는 그런 걸 도통 안 믿는 위인이지만 이런 경우 이곳을 그 아닌 다른 어디에 견주랴? 맞다! 나는 지금 천당이나 극락에 와서 오직 그 세계에만 존재하는 신비를 체험하고 있는 것이다. 아침이 되면 봄날의 신기루같이 눈앞에서 사라지고 말 허상이라 할지라도 아, 술기운을 빌지 않고는 도달할 수 없는 심야의 이 환희! 나는 이 순간이 벅찬 체험을 도저히 여기서 멈출 수 없다. 밝은 날, 정부청사에 들어가 해결해야 할 일을 술 때문에 그르치는 한이 있다 해도 나는 이 한밤, 이 소중한 시간을 유감없이 누려야 한다. 어차피 나는 돌연변이의 인생이다. 통속적 상식으로부터 따돌림 받는 이단아異端兒. 어쩌다 한 번씩 이런 [일탈의 밤이 주는 카타르시스가 없다면, 세상의 속물들이 하나같이 기염을 토하며 내뿜는 요설饒舌의 블랙홀에 빨려들고 말 것이다.

새벽 세시 반의 서울 거리가 조용하다. 이따금 급한 일에 쫓기듯 달리는 요란한 자동차소리가 잠깐씩 창밖을 스칠 뿐, 술기운을 빌어 어렵사리 찾아든 이 환희의 세계는 나의 고독을 감싸 안으며 고요한 새벽을 구가하고 있다. 정부청사에서 해결해야 할 일은 저 혼자 잠이 들었는지 말이 없다.

2010년 4월 9일

나이 이야기

– ≪태령胎齡과 생령生齡≫

20세기 전반부 일본이 한반도를 식민통치할 때까지도, 이 땅의 농어촌은 도시와 마찬가지로 아직 사회적 주류의 위치를 잃지 않고 있었다. 그때는 도시라 해도 개명한 사람들 아니고는 거개 그랬었지만, 특히 농어촌에선 아이가 태어나면 보통 2~3년이나 3~4년씩 지나고서야, 마을 이장의 성화에 못 이겨 마지못해 면사무소를 찾아 호적에 이름을 올리곤 했다. 그러니 실제론 여남은 살씩 먹은 아이들이 일곱 살 학령에 맞춰 소학교에 입학한 사례가 허다하였다. 그런 연유로 상당수 아이들의 학령은 실제나이가 아니었던 것이다.

그렇게 모든 것이 어정쩡한 상태에서 8 · 15해방이 찾아왔다. 36년 일제통치 때와는 비교도 안 될 만큼 급격하게 서양문물이 유입되었다. 국민의 개화의식 또한 비약적으로 향상하면서 호적법도 철저하게 지켰다. 오늘날엔 신생아들의 호적령과 실제령이 다른 경우는 거의 찾아볼 수 없게 됐다. 문화적 대혁신이 이루어진 것이다. 늦은 감은 있으나 후진국의 오명을 벗게 되었다.

한편, 이젠 나이를 그와는 다른 차원에서 짚어봐야 할 새 과제가 생겼다.

≪?≫

지금도 우리나라엔 나이를 〈한국나이〉와 〈서양나이〉로 구분하여 묻고 대답하는 습성이 있다. 누가 몇 살이냐고 물으면 으레 한국나이로는 몇 살이고 만으로는 몇 살이라고 구분해서 대답한다. 번거롭기도 하거니와 어딘지 우리의 고유문화가 서양문화를 등에 업고 엉거주춤 서있는 꼴이어서 볼썽사납다.

서양나이인 〈만 나이〉는 생년월일生年月日이 나이의 기준이고, 한국나이는 태년월일胎年月日이 나이의 기준이다. 태어나서 1년이 지나야 한 살로 치는 셈법과, 태어나는 순간 한 살로 치는 셈법의 차이다.

한 지구상에서 미상불 번거로운 산술이 아닐 수 없다. 이제는 둘 중 어느 것이 더 합리적인 셈법인가를 따져보고 그중 하나를 가려 쓸 때가 됐다고 생각한다. 고유문화인 한국나이를 버리고 다른 분야에서처럼 서양문화의 우월성을 인정하여 만滿나이를 우리나이로 확실하게 받아들여 버리든가, 아니면 별 볼일 없는 서양나이를 가차 없이 패대기쳐 버리고, 당당하게 우리나이를 내세우든가 하자는 말이다.

나는 어느 쪽이냐? 물론 후자다. 왜? 태어나는 순간 한 살로 치는 태령이 진짜 나이니까.

서양문화를 대표하는 것이 기독교문화이고 동양문화를 대표하는 것이 유교문화라는 건 보편적 상식이다. 동양에는 이슬람이나 불교 같은 여타의 큰 종교가 있지만 통념상 그것들이 동양을 대표한다고 보기는 어렵다.

동양에선 자고로 천불생무록지인天不生無祿之人이라 하여 사람은 저마다 저 먹을 것은 가지고 태어나는 것이니, 먹여 살릴 걱정 말고 아이가 생기는 족족 낳으라고 가르쳤다. 인간은 잉태하는 순간 누구나 [유전인자] 즉 개개인의 소질과 적성을 점지 받는 것이므로, 태어나면 그것을 계발하여 살아가게 마련인 것이니 점지된 생명을 귀히 여기라는 가르침이다.

기독교의 본산인 가톨릭의 가르침도 근본적으로 동양의 그것과 다르지 않다. 생명의 잉태는 하느님이 주는 은혜로운 선물이므로 잉태하는 순간 그곳엔 이미 하느님의 영혼이 깃들어 있는 것이다. 이를 인위적으로 제거코자 한다면 그것은 하느님을 거역하는 짓이다.

이렇게 보면 동서양이 다 함께 인간은 잉태하는 순간부터 이미 생명체라는 것을 인정하고 있는 셈이다. 종교나 철학에서 뿐이겠는가! 현대의 생명과학자들도 그것을 이로정연하게 뒷받침하고 있으니 그들의 말을 한번 들어보자.

여자의 자궁 안에 일단 수정란이 형성되면 그 수정란의 염색체 구조는 그때부터 죽음에 이르기까지 일생동안 그대로 유지되어 간다. 즉 상과桑果(동물발생의 첫 단계)에서부터 노인老人(동물생존의 마지막 단계)에 이르도록 그동안 일고여덟 단계의 변화과정을 거치면서도 염색체 구조만은 수정란 때의 그것이 일관되게 이어진 채로 죽음을 맞이하게 된다. 즉 수정란은 곧 생명이요 인간인 것이다. 이것은 여러 과학자의 실험과 검사를 통해 누구도 부정할 수 없는 사실로 판명되었다.

자, 그렇다면 어미의 보호를 받으며 뱃속에서 안전하게 자라고 있었던 1년 가까운 그 기간을 생명체의 나이에서 뺀다는 논리가 과연 당당하게 성립되는가?

아무리 서양문화가 시대적 대세라 할지라도 아닌 것은 아닌 것이다. 나이는 아무래도 태년월일을 기준 삼아, 태어나는 순간 한 살로 치는 동양의 셈법이 단연코 합리적인 것이다. 이제부터는 남에게 나이를 일러주면서 한국나이로는 몇 살이요 만으로는 몇 살이라는 식의 덜떨어진 표현은 쓰지 말자. 태어나는 순간 한 살인 태령胎齡을 당당하게 일러주면 된다. 장담하거니와 서양에서도 머잖아 그리되고 말 테니까. 과학적 근거를 그들이라고 어떻게 못 본체 하겠는가!

한국나이는 괜스레 애먼 나이 한 살을 불리는 미개한 셈법이라는 생각은 털어버려야 한다. 그런 생각이야말로 몽매한 생각이며 사대적事大的 열등의식이니까.

2009년 9월 12일

〈월간지 2014년 3월호에 발표〉

[객설]

본고와 다음 글 「거짓말과 안거짓말」은 잡지사에서 원고청탁 시 하도 『짧은 글로 보내달라』며 몇 번씩 성화를 대기에, 배심이 생겨 아무거나 짧은 걸 써가지고 거의 수정 없이 그대로 보낸 것이다.

잡지사 주간 왈 「이게 바로 글입니다」 하고 좋아하였다. 내 참!

– 필자

거짓말과 안거짓말

세상에 떠도는 거짓말 중 가장 확실한 것으로 사람들은 흔히 두 가지를 입에 올린다. 그 하나는 장사치의 밑지고 판다는 헛소리요, 다른 하나는 [살 만큼 살았으니 어서 죽으면 좋으련만, 안 죽고 모질게 산다]는 노인들의 푸념이라는 것이다. 일견 둘 다 세태와 인정의 기미를 꿰뚫어보는 탁견인 것 같지만, 기실 그중 하나는 과녁에서 한참 빗나간 오발이다.

장사치의 본전도 못 건지고 판다는 말은 너무도 낯 두꺼운 거짓말이다. 설사 떨이를 본전보다 싸게 파는 경우라도, 그 물건으로 진즉 이문을 남길 만큼 남겼으니, 판을 걷어치우고 싶어 그러는 것인데, 그것이 왜 밑지고 파는 짓이겠는가? 또 때로는 안 팔고 더 두었다간 자칫 변질 우려가 있으니 본전 밑 값으로 파는 경우도 있긴 있겠으나, 그 또한 그 물건에 그 값은 결코 밑지는 장사가 아닌 것이다. 그런 속내는 누구보다도 상인들 스스로가 잘 알고 있다. 웬만한 사람은 다 알고 있는 그런 거짓말을 상인들은 눈썹 하나 까딱하지 않고 고객을 빤히 응시하며 [안 살 테면 관두라]고 성깔까지 부려가며 내뱉는다. 뻔뻔스러움의 극치다. 인간이 동물과 구별하기 위하여 스스로 걸치는 염치라는 옷을 송두리째 벗어던지고, 알몸을 그대로 드러내 보이는 낯 뜨거운 몰골이다. 이것이 예로부터 백성들의 계급관념에서 장사치가 꼴찌를 차지하게 된 소이일 것이다.

그런데 [사람이고 짐승이고 숨탄것들은 늙으면 다 죽게 마련이니, 나도 더 추한 몰골 보이기 전에 어서 죽고 싶다]는 노인들의 푸념도 장사치의 그것처럼 과연 백주에 터무니없는 헛소리일까?

세상살이에 아무런 희망이 안 보이는 상황에서 병으로 죽을 것 같은 통증에 시달리는 경우. 회생 가망은 전혀 안 보이는데 하루하루 값비싼 의료비만 축내고 있는 경우. 그런 사람들의 입에서 나오는 "죽고 싶다"는 말이 과연 그냥 해보는 거짓말이냔 말이다.

사람이 늙으면 신체기능이 저하하여 죽음을 예고하는 이상증후가 삭신의 구석구석을 파고들어, 거동할 때마다 "아구구"소리가 절로 나오게 마련이다. 그럴 때 주변의 일들이 그다지 소망스럽지는 않더라도, 최소한 평범한 생활여건이 자신을 에워싸고 삶의 미련을 부추긴다면 또 모른다. 그런데 돌아다보는 구석마다 어두운 그림자가 드리워져, 더 살아보아야 좋은 일보다는 더 많은 나쁜 일들이 자신을 기다리고 있음을 예견하는 사람의 입에서 나오는 "죽고 싶다"는 말이 과연 그냥 입버릇으로 해보는 헛소리냔 말이다.

설혹 자신의 처지가 건강상으로나 경제적 수준에서 아직 견딜 만은 하더라도, 팔팔한 젊은 생령들이 약동하는 삶을 구가하는 속에 끼어, 이미 추한 몰골로 변해버린 육신과 쇠잔한 기운으로 근근이 명줄을 이어가는 사람의 입에서 입버릇처럼 새나오는 "죽고 싶다"는 말이 과연 마음에도 없는 표리부동한 위장일까? 그런 말들이 진실로 거짓말일 만큼 삶 속에는 어떻게든 이승에 남고 싶은 매력이 숨어있는 것일까?

[개똥밭에 굴러도 이승이 낫다]는 격언이 담고 있는 〈이승〉의 그 매력이란 과연 무엇일까?

사람이 죽음에 임하여 주변을 돌아보고 자신의 삶을 더 연장하고 싶다는 동인動因을 발견하기란 쉽지 않을 것이다. 아니 단연코 그런 인자因子는 없을 것이다. 그것은 빈부귀천 없이 거의 모든 사람이 접하는 인간 본연의 마지막모습이며, [호모사피엔스]이기에 더더욱 겪어야 하는 소위 고등동물의 운명적 종말일 것이다.

인간실존이 이렇건만 의미 없는 명줄을 하루하루 이어가고 있는 늙은이조차도 삶의 미련과 유혹 때문에 죽고 싶어 하지 않는다고 말하는 젊은이가 있다면, 그의 눈이 삶을 관조하지 못한 것이었음을 언젠가 세월이 그에게 속삭여 줄 것이다.

비록 늙고 병들지 않았다 하더라도, [사는 게 이게 아니다] 싶으면 진실로 죽고 싶은 생각이 들어야 마땅하다. 그것은 가치 지향적 삶이 아니기 때문이다. 그리고 그럴 때 미련 없이 스스로 생을 마감하는 것이 한세상 의연히 살다 가는 모습이라는 생각을 나는 아무래도 떨칠 수가 없다.

쇼펜하우어가 만년에 도달한 [능동적 니힐리즘]에 크게 공감하는 소이다.

2009년 5월 15일

〈월간지 2013년 11월호에 발표〉

퇴고창범推敲刱範

73수叟 늙은이가 돼서야 문득 지나온 세월을 되돌아보니, 사람의 한평생이 참으로 덧없다는 생각이 실감으로 머릿속을 파고들었다. 한때나마 세상에 머물고 갔다는 흔적 하나 새겨두지 못한 채, 어느덧 내일 당장 어찌될지 알 수 없는 나이가 돼버린 것이다. 동면에서 깨어난 개구리가 깜짝 놀라 주위를 두리번거리며 꼼지락거리기 시작하듯, 나도 다 늙은 나이를 개의치 않고 내 인생의 흔적 만들기에 착수하였다.

남 보기에 비록 하찮고 가소로운 발자취일망정 그것은 엄연한 나의 인생이다. 아직 기억 속에 남아있는 삶의 편린들은 수필형식을 빌려 되살려 놓기도 하고, 지나간 세월 속에서 그때그때 필요에 따라 쓴 글들은 실용문 그대로 파일을 만들어 보관하기도 하였다.

을유년(2005년) 한 해를 거의 그 작업에 매달려 지내면서 나는 내가 갈데없는 아둔패기임을 절감하였다. 스스로 자신이 최소한 둔재는 아니라고 흰소리 치며 살아왔던 내 콧대가 그 작업을 진행하는 동안 납작하게 꺾여버렸다.

애시에 글을 쓴다는 것 자체가 겁 없이 덤빌 일이 아닐뿐더러, 하물며 남에게 읽힐 만한 글을 써내는 일은 참으로 피를 말리는 작업이라는 걸

까맣게 몰랐던 것이다. 남 보기엔 그냥 그렇고 그런 글일망정, 그 한 편 한 편을 마무리 지을 때마다 고치고 고쳐도 또 고치고 고쳐도 또 고칠 곳이 나오는 게 글이라는 영물靈物임을 뒤늦게 알게 됐다. 한평생 글과 더불어 살며 그 속에서 밥을 얻어먹고 살아온 내가 상늙은이가 되어서야 그 같은 이치를 깨닫게 되다니! 둔패기 아니면 무엇이랴!

완벽한 문장의 끝은 도대체 어디일까?

고치고 또 고친 글이라도 다음에 다시 읽어보면 하고 싶은 말을 제대로 토해내지 못했음은 말할 나위 없고, 심지어 어법조차도 제대로 지켜내지 못한 곳이 적잖이 발견되곤 하니 말이다. 내 머릿속에 들어있는 어휘와 통사구조는 그렇게 한심한 것이다. 그것은 나의 빈약한 독서량과 정비례할 테지.

각설하고, 대관절 이 고치고 또 고치는 노릇을 얼마나 더 되풀이해야 남이 보고 고개를 끄덕여줄 글이 된다는 말인가?

문범文範이라는 말이 있는 걸 보면 완벽한 문장이 있긴 있을 것이다. 아마도 [고문진보] 같은 책에 수록돼 있는 글 같은 것을 두고 하는 말일 것이다. 과연 문재文才가 없는 나도 성심을 다하여 쓰고, 쓴 것을 또한 성심을 다하여 고치고 또 고쳐나간다면, 문범이라 할 만한 글을 한 편이라도 세상에 남길 수 있을까?

이런 주제넘은 생각에 빠져있는데, 고등학교 작문시간에 배운 퇴고推敲 이야기가 언뜻 떠올랐다. 당시기사唐詩紀事에 나오는 이야기라고 배웠다.

옛날 당나라 시인 가도賈島가 날이 저물녘에 나귀를 타고가다 시詩 한

수를 떠올렸다.

鳥宿池邊樹하고(새는 연못가 나무에 자러 들어가고)
僧推月下門이라(중은 달빛 아래 지그시 대문을 밀친다)

라는 시구詩句였다. 그런데 밀칠 推(퇴)자 대신에 두드릴 敲(고)자를 쓸 것인가를 놓고, 나귀 위에서 두 글자를 수없이 바꾸어가며 골똘히 생각하다 그만 경조윤京兆尹(서울시장) 한퇴지韓退之의 행차를 침범하고 말았다. 한유韓愈 앞에 끌려온 그가 경위를 사실 대로 말하자, [한유]는 역시 큰 문인답게 그를 책망하기는커녕, 자기도 두 글자를 놓고 한참을 생각하다가 「민다는 것(推)보다는 두드린다는 것(敲)이 낫다」고 조언해준 데서 글을 손질하는 일을 퇴고推敲라 하게 되었다는 것이다. 이 고사는 교과서에 나와 있는 이야기라서 모르는 사람이 거의 없다. [한퇴지]는 그때부터 현대시의 공감각共感覺이론을 생각해냈던 것이다.

그러고 보니 퇴고와 관련하여 또 소동파蘇東坡의 적벽부도 생각난다. [壬戌之秋 七月旣望에 蘇子는 與客泛舟하야 遊於赤壁之下할새 淸風은 徐來하고 水波는 不興이라. 擧酒屬客으로 誦明月之詩하고 歌窈窕之章에 小焉 月出於東山하야 徘徊於斗牛之間하니 白露는 橫江하고 水光은 接天이라.(임술년 가을 칠월 보름께, 소식蘇軾이 손과 함께 배를 띄우고 적벽 아래서 노니는데, 맑은 강바람 솔솔 불어오고 물결은 잔잔하다. 잔 들어 손에게 권한 뒤 명월의 시를 읊조리고 시경 한 대목을 노래하자, 이윽고 동산에 달이 떠올라 북두성과 견우성 사이를 배회하니, 흰 이슬은 강을 가로지르고 물빛은 하늘과 닿아있다.)]

글줄이나 읽었다는 사람들이 모인 술자리에서 취흥에 겨워 누군가가 여기까지만 암송해도, 대번에 그 취흥 위에 문흥(시흥)이 어우러지며 금방 소동파의 문재文才에 빨려들어 「조오타!」하며 무릎을 탁 치는 것을 나는 여러 번 보았다. 술을 마시지 못하는 사람들도 이 대목을 들으며 흥겨워하긴 마찬가지였다. 소동파가 비록 고려인들을 「상종할 수 없는 오랑캐들」이라 폄하하고 혐오하긴 했지만, 그의 [적벽부]는 이처럼 풍류의 문사文辭로서 더하고 뺄 곳이 없는 완벽한 글이다. 그런데 이 글이 수십 수백 번의 퇴고를 거쳐 완성됐다는 이야기를 나는 까마득한 옛날 이은상李殷相의 「노산문선鷺山文選」에서 읽은 기억이 난다.

「적벽부」를 읽고서 소동파를 사사師事한 어느 선비가 때마침 「후적벽부」를 쓰기에 여념이 없는 동파를 찾아가서 [작문의 훈수]를 청하며 동파의 적벽부를 예찬하자, 기고만장한 동파 왈曰

『정신을 가다듬어 일필휘지로 써버렸네』 하였다.

마침 동파가 볼일이 있어 잠시 자리를 비운 사이, 무료하게 앉아있던 그 서생이 우연히 동파가 깔고 앉았던 방석 밑에서 삐죽이 얼굴을 내밀고 있는 종이를 발견하였다. 호기심이 동하여 방석을 걷어보니 [후적벽부]를 쓰며 지우고 고치고 지우고 고친 퇴고지推敲紙가 방석 밑에 수북이 쌓여 있더라는 것이다. 이 이야기를 소개한 [노산]의 글은 「글을 쓰는 자가 퇴고를 하는 것은 결코 부끄러운 일이 아니며 끝없는 퇴고 끝에 명문장이 태어난다.」는 요지였다고 기억한다.

퇴고 없이 일필휘지一筆揮之로 단번에 써내는 명문名文이 세상 어디에 있겠는가! 동파東坡같은 문호文豪도 그러하였거늘 하물며 나 같이 아둔한

서생이 어찌 글의 퇴고를 귀찮아하고 한술 더 떠서 뜻대로 안 씌어 진다고 짜증낼 일이랴! 내가 문단에 모야某也하는 이름을 올린 위인도 못되니 동파 같이는 마음을 안 쓴다 해도 글 한 편에 최소한 서너 번이나 네댓 번의 퇴고는 거쳐야만 비문非文을 썼다는 구설이라도 면할 것이다.

2005년 1월 26일

【添言】

다시 말하거니와 나는 다 늙어서야 지나간 내 삶의 편린들을 글로 엮어내기 시작하였다. 그때 장차 내 작문의 좌우명으로 삼고자 이 글을 썼다. 그러나 그 마음은 작심삼일이 되고, 그 뒤부터는 글이 써지는 족족 한곳에 쌓아두기만 하였다. 다음에 퇴고할 요량으로.

그러다가 원고분량이 두툼한 책 한 권을 엮어낼 만큼 되자, 이 좌우명은 까맣게 잊어버린 채 망설임 없이 딱 한 번의 자기퇴고와 출판사교열 끝에 [고춘산고高椿散稿]라는 책으로 묶어내고 말았다. 명예욕이 눈을 가리고 등을 떠밀었던 것이다. 아차! 하는 순간 때는 이미 늦어 있었다. 2007년 가을이었다. 전국 각지의 국공립 도서관이나 대학도서관에는 모조리 들어가 있는데, 이제 와서 그것들을 다 회수한달 수도 없는 노릇, 그 일만 생각하면 얼굴이 화끈거리고, 혹시라도 그 책을 읽은 사람을 만날까봐 겁이 더럭 난다.

지금 또 한 번의 출판을 기획하고 있는데, 그때의 돌이킬 수 없는 그 큰 실수가 타산지석이 될는지!

데생(素描) 두 점

◉ 스케치 1. 사대주의 부감도俯瞰圖

서울시민 중엔 지하철을 이용하는 외국인이 알아들을만한 영어발음으로 안내방송 할 사람이 그렇게도 없다는 뜻일까?

지하철방송에서 노상 들어오던 낭랑하고 상냥한 우리 아가씨들 영어방송 목소리 대신 언제부턴가 우리 귀에 익숙잖은 이질적 음색의 서양인 남자 목소리가 들리기 시작했으니 말이다. 표준발음으로 또박또박 안내하고 있는 우리 아가씨들과는 달리, 일상화된 그들의 생활언어로 대강대강 얼버무리고 마는 그 남자의 안내방송은, 숙달되지 못한 나의 듣기 능력으로는 도무지 무슨 말인지 알아듣기조차 어려웠다.

우리나라에서 지하철을 타는 외국인이 통틀어 서양인들뿐이라면 또 모른다. 모든 게 글로벌 시스템으로 바뀌는 추세에 따라, 우리나라에 들어와 있는 제3세계인들이 헤아릴 수 없이 많은 터에, 그들이라고 내가 못 알아듣는 서양인의 그 우렁우렁한 영어를 알아듣기가 쉽겠는가?

[수서 역]이 아직 지하철 3호선 남쪽 종점이었을 때, 나는 그곳에서

구파발행 전철을 타는 일이 잦았다. 수서역 부근에서 동아리 회식이 많았기 때문이다.

차가 다음 역에 도착할 무렵이면 먼저 한국어 안내방송이 나오고, 뒤이어 그 말을 영어로 바꾼 방송이 나오는데, 어느 날부턴가 뒷부분의 영어방송은 한국인 아가씨 아닌 서양인 남자가 맡아서 진행하고 있었다. 그 목소리는 이러하였다.

◉〈일원〉역이 가까워지면

『디스타비스 〈이루안〉 〈이루안〉=This stop is 일원, 일원』

◉〈대청〉역이 가까워지면

『디스타비스 때쭝, 때쭝=This stop is 대청, 대청』

◉〈학여울〉역에 이르자

『디스타비스 항요우울, 항요우울=This stop is 학여울, 학여울』

그런데 이 경우는 〈울〉에 악센트를 주고, 그 음정을 천장높이까지 추워 올려야 겨우 발음이 가능한 것 같았다.

◉그러고는 또 〈대치〉역에 이르자

『디스타비스 〈때찌〉 〈때찌〉=This stop is 대치, 대치』

◉〈도곡〉역에 이르니까

『디스타비스 〈떠걱〉 〈떠걱〉=This stop is 도곡, 도곡』

[서울 메트로] 사장이나 해당업무 담당자는 십중팔구 감각성 언어중추(베르니케중추)가 마비돼있는 사람일 것이다. 그렇지 않고서야 어떻게 〈때쭝 때쭝〉이 [대청 대청]으로, 〈떠걱 떠걱〉이 [도곡 도곡]으로 들릴 것인가![7]

우리 안내원 아가씨들 영어 발음이 외국인은 못 알아들을 만큼 조악한 것도 아닌데, 굳이 서양인 용원에게 그 일을 맡겨, 알아듣지도 못할 엉터리 안내를 시키는 그 소행이 한심하기 그지없다. 이런 현상은 뿌리 깊은 열등의식의 줄기에서 뻗어 나온 사대주의적 잔가지들이다. 이렇게 황당한 일을 벌이고 있는 자들은 옛 모화사대주의자들의 부정적 유전자에서 부화한 올챙이들이란 뜻이다.

열등의식에 젖어 주체성을 포기하고, 저보다 강한 것에 빌붙어 비굴하게 살아남고자 하는 몰골이 얼마나 추악한 것인가는, 신라가 소위 삼국통일 과정에서 보여준 반이성적 행태와, 고려와 조선의 대중對中 굴욕외교에서 물리도록 보아왔다. 그런데 인류평등의 대의가 표면적으로나마 살아 숨 쉬고 있다는 오늘날에도 이 무슨 가당찮은 아첨이란 말인가!

유구한 세월, 이 나라 백성들에게 끈덕지게 들러붙어 사대주의를 부추기고 있는 열등감이라는 악령은 거판하게 씻김굿이라도 한판 벌여야만 물러날 것인가?

◉ 스케치 2. 민족주의 조감도鳥瞰圖

오늘도 전동차에서 내려 집에 오기까지 그 〈때쫑 때쫑〉 〈떠걱 떠걱〉이 귓가에서 맴돌아 나는 참을 수 없이 화가 나있었다. 그 유치한 짓을 하는 사대주의자가 도대체 어떤 놈인지 찾아내서 귓쌈을 갈겨주고 말겠다는 생각까지 하면서.

그렇게 언짢은 마음으로 집에 돌아와 거실 소파에 털썩 주저앉는 순

---

7) '때쫑 때쫑''떠걱 떠걱'이 여론의 지탄을 받고 새로 녹음을 한 것인지, 어느 날 들어보니 그 서양인의 발음이 우리말 원음에 한결 가까워져 있었다. 그러고도 결국은 그것이 치졸한 짓임을 깨달았는지 몇 달 뒤엔 본래대로 우리 아가씨들의 낭랑한 목소리가 되돌아왔다.

간, 갑자기 내 시야는 마치 화경 속을 들여다보듯 환하게 밝아왔다. 때마침 아내가 혼자서 보고 있었던 TV화면은 [2010 밴쿠버 동계올림픽] 생중계였다. 모니터에서 전개되는 경이로운 풍경에 내 눈은 마치 외계를 여행하는 듯 휘둥그레졌다.

밴쿠버 [퍼시픽 콜로세움]의 빙판에 연신 아름다운 도형을 그려내면서, 때로는 하늘 위를 유유히 날아다니는 한 마리 새처럼, 때로는 물속을 자유자재로 헤어 다니는 한 마리 물고기처럼, 또 때로는 남극의 빙상에 한참씩 떠있기도 한다는 [오로라]처럼, 온갖 우아하고 황홀한 몸짓과 표정을 거푸거푸 연출해내고 있는 김 연아(Queen Yuna)의 동영상이 마술처럼 펼쳐지고 있었다. 나 같은 문외한이 보기에도 사람의 몸으로 그려 보일 수 있는 최고의 그림이요, 펼쳐 보일 수 있는 최상의 율동과 표정이었다. 점수로도 작년 10월 프랑스 파리의 ISU그랑프리 1차 대회에서 자신이 세운 역대 최고점수를 무려 18점 이상이나 뛰어넘은 228,56점을 기록하여, 당분간 아무도 이 기록을 추월하지 못할 것이라며 해설자들도 흥분하고 있었다.[8)]

나는 나도 모르게 자리에서 벌떡 일어났다. 거실 벽이 쩌렁쩌렁 울리도록 요란스러운 나의 박수소리와 현관문 밖에까지 들릴 것 같은 나의 기고만장한 환호성은 옆에서 함께 보고 있는 나의 아내를 어리둥절하게 하였다. 그래! 아마도 당신은 모를 것이다. 이 박수와 환호성의 의미를.

『우리 겨레의 딸 저 연아의 모습 어디에 열등감이 비집고 들어설 자리가 있는가! 우리 겨레는 결코 못난 백성이 아니다. 우리 모두 저 연아를

---

8) 2010년 2월 12일부터 2월28일까지 17일간에 걸쳐 캐나다의 밴쿠버에서 열린 [제21회 동계올림픽]에서 김연아가 세운 기록은 2014년 다음 올림픽까지도 깨질 가망이 없어 보이며, 2013년 [런던 ISU 세계선수권대회]에서 「레미제라블」로 그가 올린 점수도 세계최고기록인데 이 역시 앞으로 깨질 가망이 없다는 것이 중론이다.

보며 이제는 제발 열등감에 찌든 꾀죄죄한 사대주의의 때 묻은 옷을 벗어던지자. 지하철 안내방송도 당장 우리 아가씨들의 낭랑하고 상냥한 목소리로 되돌려 놓아라.』

나는 박수를 치며, 그리고 환호성을 지르며 속으로 그렇게 외치고 있었던 것이다.

연아의 그 환상적인 영상이 몇 번이고 되풀이 나오다가 이윽고 다른 선수의 경기장면으로 바뀔 때, 나도 흥분을 가라앉히며 다시 소파에 돌아와 앉았다.

그리고 민족주의라는 것이 제국주의의 영토로 건너가는 징검다리라는 점에서는 마땅히 스스로 경계해야 할 사상이지만, 강한 자의 횡포에 굴하지 않고 주체성을 지키며 똑똑하게 살고자 하는 점에서는, 무사안일만을 꾀하는 사대주의나 고매한 이상만을 꿈꾸는 세계시민주의보다도 한결 더 살맛나는 철학이라는 평소의 지론을 다시금 확인하였다.

2010년 2월 26일

첫사랑

상대방 숨결이 목덜미에 와 닿는 지근거리에서 이성異性과 단둘이 청춘을 교감해본 일은 그때가 난생 처음이다.

대강당 한구석 앞뒤자리에서 두 남녀는 오랜 시간, 빚어놓은 석고상처럼 꼼짝하지 않고, 오로지 텔레파시만으로 서로에게 사랑을 고백하고 있었다.

지방대학이다 보니 인문대학의 문학 미술 음악 같은 예능계열은 공통분모를 가진 과목이라면 학교의 재정형편상 통합강의가 예사였다.

그러다 보면 그 세 학과 학생들은 그 시간을 이용하여 예술분야의 보편적 교양을 함께 쌓아가며, 남녀학생 간에도 자연스레 어색함이 누그러져, 스스럼없는 사이가 되기 십상이다. 상호간의 대화도 법대나 공대 학생들의 그것같이 깍듯한 격식이라는 것이 없이 자유분방하다. 이런 캠퍼스 모드는 서울의 이름 있는 대학은 말할 나위 없고, 지방대학일지라도 다른 계열에서는 찾아보기 어려운, 오로지 예능계 학생들만이 누리는 인간적 사교의 장場인 것이다.

90분 강의도중 중간에 약 10분씩을 할애하여, 교단에서 내려와 학생들 틈에 섞여 담배를 피우며, 환담을 나누는 교수들이 더러 있었다. 그 시간에는 학과에 관한 전문적 이야기도 오가지만, 교수와 학생 상호간의 사생활 이야기를 더 많이 주고받는다. 거듭 말하지만 그런 인간적 분위기가 지방대학의 좋은 점이다.

그런 시간이 생기면 나는 으레 교수들에게 몇 가지 돌출발언을 던지곤 하였다. 그것은 주로 실생활 속에서 사람들이 언뜻 못 느끼는 자가당착이나, 또는 공부하다가 몇 번이고 고개를 갸웃거리는 학문적 모순이었다. 상식선에서 약간 일탈한 엉뚱한 질문이라, 교수들도 얼떨떨하여 쉽사리 딱 부러진 답을 못 내 놓기 예사였다. 그때마다 학생 대부분이 무심결에 흘려듣고 마는 대화를, 이상하게도 몇몇 여학생은 나의 그런 문제제기야말로 아주 재치 있는 특이한 발상이라고 놀라워하는 것 같았다.

[너, 보기와는 달리 대단한 놈이야!] 하는 뉘앙스로 나에게 관심을 보이는 몇몇 여학생이 있었다는 뜻이다. 특히 음악과와 미술과의 여학생들이 그러하였다. 그런 일은 1학년 때부터 시작하여 졸업이 가까워질 무렵까지 내내 이어져왔다.

나는 어려서부터 무슨 일에나 그 일이 내포하고 있는 간과할 수 없는 문제점을 재빨리 짚어내는 재간이 있었다. 그 때문에 어른들에게서 「특출한 재주를 지닌, 보기 드문 놈」이라는, 분에 넘치는 평판을 받기도 하고, 잘해보라는 격려를 받은 일도 많았지만.

4학년 때였다. 항상 그러했듯 그날도 강의가 끝나고 교수와 학생들이 다 빠져나가버린 텅 빈 강당에서, 나 혼자 그날의 강의내용을 정리하고 있었다. 강의내용을 즉석에서 잘 요약 정리해두는 일이야말로, 그날의 학습효과를 최대한 높여주는 일임을 잘 알기 때문이다. 뜻밖에도 그날은 바로 내 뒷자리에 여학생 한 사람이 남아있는 기척이 있었다. 은은한 향수냄새로 여학생임을 알아차렸다. 곁눈질로 훔쳐보니 음악과에서 피아노를 전공하는 [안 ○옥]이였다. 나는 적이 놀랐다. 그녀는 나와 꽤 가까운 사이이다. 학점보충을 위한 제2외국어 선택과목도 나하고 똑같은 프랑스어를 선택하여 곽 ○○교수의 강의실에서 자주 만나 함께 불어공부에 매달리기도 한다. 그러다 보니 비록 학교 강의실 안에서지만 나와 단둘이서만 따로 만나 최근작 문학작품 이야기를 주고받는 일도 잦다. 그녀는 문학전공이 아닌데도 내가 지껄이는 문학 이야기를 곧잘 알아듣고 많은 흥미를 보이곤 하였다. 그렇게 나와 가까운 사람이 오늘따라 아무 기척도 내지 않고, 텅 빈 강당의 바로 내 뒷자리에 바짝 붙어 앉아서 미동도 없이 내 어깨만 응시하고 있는 게 아닌가! 부드러운 그녀의 숨결이 내 목덜미를 간질였다. 그때 나의 청춘이 스멀거렸다.

그렇게 반시간 이상 흘렀다. 뒷자리의 그녀는 처음 자세 그대로 꼼짝도 하지 않고 여전히 내 어깨만 바라보고 있었다.

『이건 예삿일이 아니구나!』

내 마음은 연신 평상심에서 벗어나려 하고 있었다. 하지만 내 자의식은 냉정하다.

『혹 노트 정리가 끝나면 그걸 빌려가려는 걸 가지고, 지레짐작으로 김칫국부터 마시는 건 아닐까?』

나는 공부로는 누가 뭐래도 4년 내내 과 톱은 지켜왔으니까 그런 일은 종종 있는 일이다. 그렇다면 그런 싱거운 일에 잠시나마 마음에 중심을 잃었던 내 자신이 가소로워 평상심을 되찾으려는 찰나, 뒷자리에서 「꼴깍!」하고 침 삼키는 소리가 들렸다. 텅 빈 대강당의 정적 속에서 그 침

삼키는 소리는 온 강당에 메아리 되어 울리는 것 같았다. 동시에 숨 막히는 청춘의 교감이 두 사람 사이를 릴레이하고 있었다.

『○옥이가 내게 마음을 보내오고 있는 게 확실해!』

드디어 내 가슴은 두근거리기 시작하였다. ○옥이는 빼어나게 예쁘달 수는 없어도 작달막한 체구에 동양적 여성미를 갖추고 있는 아담한 여인이라고 나는 평소 생각해왔다.

그녀가 지금 내게 마음을 보내오고 있는 것이다. 지금 내가 손을 내밀기만 하면 두말없이 내게 끌려올 마음의 준비가 돼있는 게 확실해보였다. 분위기도 그러하였고 상호간에 오가는 텔레파시도 그러하였다. 한 시간 이상의 숨 막히는 침묵이 그렇게 흘렀다. 그녀는 내가 손을 내밀어 주기만을 간절히 기다리고 있었다.

그건 의심할 여지가 없어 보이는데, 바로 나 자신이 문제였다. 도무지 용기가 나지 않았다. 아니, 나라는 존재는 처음부터 여자에게 손을 내밀 주제가 못되는 인간이다. 그건 그만큼 내게는 남모르는 내밀한 약점이 있다는 뜻이다.

피차간에 서로 알 만큼 알고 지내는 그녀가, 새삼스레 나의 무얼 보고 오늘 이 같은 제스처를 취하는지는 모른다. 하지만 남이 쉽사리 알아보지 못하는 나의 내밀한 약점까지를 속속들이 알고 나서도, 과연 그녀는 그 핸디캡조차 포용하며 마음에 흔들림이 없을까?

나는 고개를 가로저었다. 아마도 그런 일은 없을 것이다. 그것은 누가 어찌해 볼 수 있는 가변의 영역이 아니니까.

그녀가 나라는 존재를 송두리째 알고 났을 때, 실망하는 모습을 나는 머릿속에 떠올려본다. 세상 누구에게든 그런 장면이 연출되어서는 안 된다. 불행은 나 하나로 족하다. 그것을 누구와 나누어 가질 것인가!

그런 숨 막히는 탐색전이 두 시간쯤 흐른 뒤에야, 그녀는 나의 목석같은 침묵에 끝내 굴복하여, 사랑을 고백하지 못한 채 조용히 자리를 떴다.

그녀의 자존심이 얼마나 큰 상처를 입었을까! 나를 향한 그녀의 마음은 지금쯤 얼마나 많은 피를 토해내고 있을까! 아, 불쌍한 ○옥아. 제발 나를 이해해주렴. 내가 지금 이러는 건 너와의 파탄을 원치 않기 때문이란다.

그로부터 55년이 지난 오늘 생각해도, 그때 그 일은 백번 천 번 잘한 일이다. 지금의 내 아내는 나의 핸디캡을 그저 자신의 사주팔자거니 체념하며 수용하고 사는 사람이다. 아니 어쩌면 불가지의 약점에 물어뜯기고 있는 나에 대한 연민이 사랑이라는 다른 모습으로 승화한 경우일지도 모른다. ○옥이는 비록 내게 대한 순정은 남달랐다 해도, 내가 지닌 그 내밀한 약점까지를 자기 몫으로 끌어안을 수 있는 여자였는지는 단언하기 어렵다.

하지만 나는 요즘도 이따금 마음이 착잡하다. 내 손안에 들어와서 뜨거운 가슴을 팔딱거리며 살려달라고 애원하는 한 마리 새를, 맹금들이 득실거리는 숲속으로 날려 보내버린 그 일을 생각하면서!

만약 내가 그때 그렇게 하지 않았다면 그녀는 지금쯤 내 아내가 되어 있을지도 모른다는 생각에, 나의 가슴은 아직도 떨리고 두근거린다.

나는 지금의 내 아내를 더없이 사랑하고 존경한다. 그러면서도 〈○옥이 생각〉이 떠오를 때마다 가슴 설레는 이 마음자리는 또 뭣이란 말인가?

아내여 미안하다. 「부처님도 첫사랑은 못 잊으셨다」는 속담을 떠올리며, 이러는 나를 한 번 용서해줄 수는 없는지?

2011년 8월 31일

새 이야기
– 철새와 텃새 단상

철이 바뀌어도 사는 곳을 옮기지 않고 일정한 바운더리를 지키며 번식하고 월동하는 새가 있다. 텃새(留鳥)다. 사철 바뀌는 철에 맞춰 번식지와 월동지를 오가며 살아가는 새도 있다. 철새(候鳥)다. 텃새는 이름 그대로 사시에 터를 지키는 새다. 우리 주변에서 흔히 볼 수 있는 참새 까치 까마귀 비둘기 꿩 올빼미 크낙새 등이 그것이다. 철새 또한 이름 그대로 철따라 오가는 새다. 여름 한철 또는 겨울 한철 안 보이다가 어느 날 느닷없이 나타나서는 또 어느날 느닷없이 자취를 감춰버리는 제비 뻐꾸기 소쩍새 꾀꼬리 청둥오리 두루미 기러기 등이 그것이다.

철새가 철따라 철다운 정취를 자아내 우리네 인생살이를 찬란하게 꾸며주는 새라면, 텃새는 춘하추동 우리와 고락을 함께하는 가족같이 정겨운 새다.

텃새든 철새든 새가 있어 지구는 덜 적막하다. 새들은 지구상에서 공생하는 갖가지 생명체와 울음소리나 몸짓으로 무언가를 교감하고 있으니 말이다.

1. 철새

♬♪ 정이월 다 가고 삼월이라네.
강남 갔던 제비가 돌아오며는
이 땅에도 또 다시 봄이 온다네.
아리랑~ 아리랑 아라리요
아리랑 강남을~ ~ ~ ~ ~.

아이들의 동요를 멀리 강남땅에서 듣기라도 했는지, 춘삼월 삼짇날 지지배배 뜻 모를 소리를 재잘거리며 불쑥 이 땅을 찾아와, 아무 집 처마 밑에나 제 집인 양 둥지를 튼다. 그 둥지에서 새끼를 까고 한여름 내내 길들여가지고는 새끼들의 날갯짓이 영글어지는 늦가을에 그 놈들을 데리고 남쪽나라로 월동하러 떠나가던 제비. 한반도 토박이 아이들은 두 손을 흔들어대며 「봄이 오면 다시 오라」 노래를 부르면서 그놈들을 배웅한다.

비록 철따라 오가긴 하지만, 우리 민족정서에 깊이 뿌리내린 제비가, 언제부턴가 대도시 주변에선 자취를 감춰버렸다. 제비 없는 적막강산에 한 줄기 활력을 불어넣으려는 것일까? 요즘엔 소쩍새와 뻐꾸기가 한여름 우리의 청각신경에 청량제 노릇을 톡톡히 해준다.

깊은 밤 들려오는 소쩍새 울음소리. [솟쩍다! 솟쩍다!] 가늘고 높은 음질의 그 소리는 '쩍'에 악센트가 주어져서 마치 피를 토하는 소리를 듣는 것 같은 느낌이다. [두견이] [귀촉도] [불여귀]라는 이름 그대로 촉나라 망제望帝의 죽은 혼이 찾아와 촉나라 흥망사를 피나게 울어댄다는 전설까지 담고 있어, 그 이야기에 휘말린 아이들은 유구한 역사에 대한 자유분방한 상상의 나래를 펼치며 정서적으로 성큼 어른이 돼 버린다.

다른 새의 둥지에 알을 낳아, 둥지임자가 알을 품고 까서 기르게 하는 탁란 생태가 소쩍새와 비슷하고 울음소리도 엇비슷한 철새로는 뻐꾸기가 있다. 같은 음질인데도 소쩍새가 한밤중 여성적 소프라노 음색으로 피나게 울어대서 수심에 잠 못 드는 사람의 애간장을 태우는 새라면, 뻐꾸기는 한낮에 남성적 테너바리톤 음색으로 경쾌하게 울어대니, 소쩍새 소리보다 듣기에 청랑하다. $\frac{3}{4}$박자의 유려하고 경쾌한 리듬으로 울려 퍼지는 무곡 [뻐꾸기 왈츠]의 소재가 되어 세계인의 귀를 즐겁게 하는 것만 보아도 알 만하다.

♬♪ 뻐꾹 뻐꾹, 뻐꾸기의 노래가. 라 ~ 랄랄랄랄랄~ 랄랄 ~ ~
뻐꾹 뻐꾹, 아름답게 들리네. 랄랄랄랄랄~ 랄랄 랄랄랄랄랄
뻐꾹 뻐꾹, 뻐꾸기의 노래가 뻐꾹 뻐꾹, 뻐꾸기의 노래가
뻐꾹 뻐꾹, 은은하게 들리네. 뻐꾹 뻐꾹. ~ ~ ~ ~ ~ ~

2. 텃새

이윽고 8~9월이 지나면 이 아름다운 철새 울음소리들은 또 내년을 기약한 채 어디론가 사라져 가고, 한동안 철새에게 빼앗겼던 세상을 텃새들이 되찾는다. 참새는 짹짹 창밖에서 새아침을 열어준다. 이놈들은 하루 종일 무어라고 재잘거리는지 깜찍한 몸짓으로 우리 곁을 깡충거린다.

까치는 아침 일찍 둥지에서 나와 살포시 마당에 내려앉는다. 부리로 무엇인가 두어 번 쪼아보고는 훌쩍 담 위로 올라앉는다. 때마침 어디선가 날아든 다른 까치와 짝이 되어 높은 나뭇가지 위로 옮아앉는다. 아,

저 흑백의 눈부신 색상! 늘씬한 몸맵시! 제 몸통의 두 배가 넘는 긴 꽁지가 부는 바람을 못 이겨 나뭇가지와 함께 기우뚱거린다. 안되겠던지 다른 곳으로 후루룩 날아가 버린다. 이놈들은 진종일 우리들 주변을 그렇게 맴돌다가 낯선 사람이 다가오면 손님이 오신다고 까치까치 까치까치 청랑한 소리로 짖어댄다.

참새와 까치가 놀다 간 자리에 찾아든 밤은 이윽고 자정으로 치닫는다. 중생들의 아비규환이 잠잠해지고 사위가 적막 교교할 때, 문득 지척에서 들려오는 딱따구리 소리. 나무를 쪼며 이 강산을 지켜주는 또 하나의 텃새 소리다. 『딱 딱딱딱 딱딱딱딱 딱딱딱딱 딱딱딱……』

한밤중에 존재를 드러내는 새는 하나같이 애간장을 녹이는 것들이다.

지금 창밖에서 나무 등걸을 쪼아대고 있는 딱따구리야. 너는 어이 이 밤에도 잠들지 않고 고독한 자의 벗이 되어, 내 「불면의 밤」을 지키고 있느냐!

말문

오늘 [한국의 집]에서 작은손자아이 혼례식이 있었다. 전통예식이었다. 사모관대와 원삼족두리. 기럭아비 인도를 받아 신랑이 신부 집에 가서 목기러기를 건네는 전안奠雁의식. 참으로 오래간만에 접하는 옛 세상 풍물이었다.

예식이 끝난 뒤, 평복으로 갈아입은 신랑신부가 하객들에게 인사말을 건네며 돌아다녔다. 가족석에 앉아 내 손자의 또렷또렷한 말소리를 듣는 순간, 기억은 이 아이의 첫돌 무렵으로 날갯짓을 하고 있었다.

그때 우리 가족은, 지금 살고 있는 서울 강남 새 아파트가 완공되길 기다리는 동안, 임시로 안양시 비산동 〈삼호 아파트〉 12층의 비좁지 않은 공간에 살고 있었다.

이 아이는 넓디넓은 거실을 비롯하여, 네 개나 되는 방을 차례차례 기어서 드나들며, 자지레한 재를 저지르기도 하고, 걸상이나 소파에 힘겹게 기어올라, 너털웃음이 절로 나는 재롱을 떨기도 하며, 활기차게 자라고 있었다. 다만 한 가지 의아한 대목은 첫돌이 다가오는데도 말을 한 마디도 못한다는 점이었다. 고작 '응어 응어 으어 으어' 소리 뿐, 하다못해 '어므마 아브바' 소리조차 내지 못했다. 어찌 보면 선천적으로 말하기 싫어하거나, 말할 필요를 못 느끼는 것 같았다. 나와 내 아내가 보기엔 이게 결코 예삿일이 아닌데도, 제 아비어미는 말이라는 것도, 할 때가 되면 다 하게 되어있다며 천하태평이었다.

첫돌을 넘긴지가 한참 되는데도 달라진 게 없으니, 우리 부부의 걱정이 그냥 기우가 아닐지도 모른다는 생각에, 밤이면 잠조차 오지 않았다. 「이 녀석이 혹시 벙어리가 되려고 저러나?」 불안은 꼬리에 꼬리를 물었다. 퇴근길 내내 「오늘은 녀석의 입에서 한두 마디라도 터져 나오겠지」 잔뜩 기대하며 집에 와보면 여전히 '응어 응어' 뿐이었다. 우리 부부는 불안과 걱정을 넘어 날마다 낙담의 한숨을 내쉬게 되었다.

한번은 제 어미가 바깥일로 하루 종일 집을 비운 일이 있었다. 그러니까 이 녀석은 종일토록 할머니하고만 놀았던 셈이다. 할머니도 저를 끔찍이 돌보는 진한 혈통이건만, 어미와 제가 더 가깝다는 걸 어떻게 알았을까? 삼신할미가 가르쳐주어 태생적으로 알게 됐을까?

날이 한참 저물녘이 되어서야 현관문을 밀고 들어서는 제 어미를 한동안 뚫어지게 바라보던 이 녀석, 아침까지의 '으어 으어'가 아니라, 느닷없이 「어무마 어무마」 이러는 게 아닌가!

셋이나 되는 제 고모를 포함한 온 가족이 환호작약한 것은 물론, 집안이 마치 경삿날처럼 떠들썩했음은 이루 말해 뭣하랴. 더 놀라운 건 다음날 아침부터 이 녀석의 혀와 입술이 '어무마 아부바'를 '엄마 아바'로 바꾸고, 저녁나절엔 '아바'가 '아빠'가 되었다는 사실이다.

한번 터지기 시작한 말문은 활짝 열리고, 채 한 달이 못가서 그 또래의 아이들이 할 수 있는 말의 수준을 훨씬 웃돌았다. 하고 싶은 말을 마음속에 묻어두었다 한꺼번에 터뜨린 것이다.

그 천성이 지금까지 이어져서 이 아이는 과묵하다. 꼭 할 말이 아니면 입을 열지 않는다. 하고 싶은 말이 있을 때 입을 열어도 간략하게 요점만 이야기한다. 3년 동안 사귀다가 오늘 결혼한 제 아내가 남편의 유일한 단점(?)이 말수 적은 것이라 했다나.

그래도 나는 내 손자가 벙어리가 되지 않고, 늦게나마 말문을 터준 것이 한없이 대견하고 자랑스럽다. 아비어미를 따라 프랑스에서 소년시절을 보내고 와서 그런지, 고등학생 시절까지도 프랑스어의 박력 없는 어조가 은연중 이 아이의 우리말투 속에 섞여있었는데, 오늘 들어보니 웬 걸! 완벽하고 또랑또랑한 한국어 말씨로 바뀌어 있었다.

첫돌이 지나도록 말을 못하여, 할아비 할미에게 그리도 애를 먹이던 일이 엊그제 같은데, 어느덧 또박또박 한국어를 구사하는 대장부가 되어, 예쁘고 살가운 색시까지 손주며느리로 데려다주니, 아이야 미상불 네가 효손이로다.

2014년 9월 21일 늦은 밤에

대자 초상對自 肖像

고 선생님께

선생님 안녕하세요?

올겨울이 따뜻하다고들 하지만 그래도 제법 날카로운 바람이 손끝을 시리게 하네요.

선생님 그동안 건강은 어떠세요? 저희 반(3학년 8반) 마지막 수업시간에 휴지를 통째로 들고 오셔서는, 독한 감기로 수업 중에 코를 풀어야 할지도 모르겠으니 그리 알라고 하셔서 우리는 까르르 웃었지만, 그게 선생님의 우리 반 마지막 수업시간이라, 그 뒤로 모두들 선생님 건강을 걱정했었는데 지금은 어떠신지…. 몹시도 궁금하답니다.

하지만 선생님의 그 크고 시원스러운 음성과 서글서글하신 웃음은 언제까지나 그대로이시겠죠?

이름만 가지고는 제가 누구인지 얼핏 머리에 떠오르지 않으실 지도 모르겠어요. 8반의 키 크고 약간 여드름이 있는 아이. 선생님의 수업시간이면 언제나 교실 뒷문 가까운 자리에서 시계를 보며 선생님이 들어오시기를 기다리곤 했던 제자랍니다. 선생님이 교실에 들어와서 교단에 올라, 교탁 앞에 서시는 것을 보고서야 자리에 앉곤 했던…. 이제는 기억나시죠?

이번에 운 좋게도 이화여대 행정학과에 합격했어요. 이 모두가 저를 언제나 성원해주신 여러 선생님들 덕분이라고 생각해요. 특히 선생님께 정말 감사드립니다. 선생님은 제가 국어공부를 더욱 친근하게 접할 수 있게 해주시고, 문학이라는 것을 조금이나마 알게 해주셨거든요.

지금도 선생님의 수업시간이 눈에 선하답니다. 현대문학 쪽에서 김유정의 「동백꽃」과 현진건의 「운수 좋은 날」을 배울 때는 마치 한 마당의 연극을 보는 것 같았고, 고전문학 쪽에서 「댁들에 동난지~이 사오」하고 옛 사설시조를 구성지게 흉내 내시며 수업하시던 모습이 바로 며칠 전의 일처럼 눈앞에 떠오른답니다. 가장 좋은 어휘를 선택하시느라 수업 중에도 한참씩 생각하곤 하시던 모습…. 선생님, 정말 즐겁고 좋은 수업을 저희에게 안겨주셨어요.

그래서 대학 입학원서를 쓸 때 국어교육과에 미련을 못 버리고 한참을 망설였었죠. 선생님 같은 국어선생이 되어 눈빛이 초롱초롱한 아이들을 데리고 국어와 문학과 가치관과 세계관을 이야기하고 싶었거든요.

그런데 결국 행정학과를 택했어요. 저 나름대로 꿈을 안고 선택한 길인데 지금은 참 잘했다는 생각이 들어요. 전 공무원이 되었으면 해요. 아버지가 국회에 계신 연유로 국회와 무척 친밀하거든요. 아버진 국회 외빈차 운전을 하세요. 전 행정고시를 봐서 아버지와 함께 통근버스를 타고 직장에 다니고 싶어요. 그게 무척 힘들 거라고들 주위에서 걱정하시지만, 힘들지 않고 자아를 실현하는 길이 세상에 있을까요? 자기가 처한 여건을 넘어서서 자신이 하고 싶은 일을 하기 위해서는 누구나 힘들 거라고 전 생각해요.

전 비록 예술가가 못 될지라도, 제가 무슨 일에 종사하든 예술작품을 이해하고 공감할 수 있는 사람이 되고 싶어요. 저는 문학과 예술을 가장 좋아한답니다. 감히 사랑한다고까지는 말씀드리지 못하지만요. 그래서 언제나 일에 매달려 바쁘게만 살고 싶진 않아요. 요즘 김우중 씨의 [세계는 넓고 할 일은 많다]라는 책을 읽었는데, 정말 능력 있는 사업가이고 어떤 면으로는 존경스럽기도 하지만, 저라면 인생을 그렇게 살기는 싫더군요. 페미니즘에 역행하는 생각인가요?

현실적인 생활력을 키워서 자기에게 알맞은 위치에서 문학과 예술을 접할 수 있는 여유로운 삶을 살고 싶어요. 어쩌면 이것이 선생님께 더 다가가기 위하여 제가 막연하나마 행정학과를 택하게 된 가장 큰 동기일 거예요.

전요…. 정말 고등학교를 떠나기가 싫어요. 너무나 아름답고 소중해서 추억 속에 담아버리고 싶지가 않으니까요. 하지만 제 작은 힘으로 어쩔 수 없는 일이라면 어른다운 어른이 되겠어요. 제 이름에 제가 보증을 서야죠.

선생님, 제가 오늘 여러 가지로 횡설수설했지요? 제가 이렇답니다. 하지만 선생님과 처음으로 알차고 긴 대화를 나눈 것 같아요. 선생님께 「정말 감사합니다.」라는 말씀을 꼭 드리고 싶었어요.

졸업식까지 앞으로 남은 기간에 학교에서 뵙게 될지라도 따로 인사드리지 못하고 이대로 졸업을 하게 될까 봐요.

선생님, 정말 감사합니다. 언제나 건강하시고, 올해도 복된 한 해를 보내시길 빕니다.

안녕히 계세요.

1990년 1월 17일

제자 길 은영 올림

【解題】

이 편지를 받은 지 8년이 지난 어느 해 세모에, 서랍 정돈 중 뜻밖에 이 소중한 편지를 발견하였다. 무심코 서랍 속에 넣어둔 채 까맣게 잊고 있었던 이 편지가, 오랜 세월 잠자코 내 서랍을 지키고 있다가, 8년 만에 다시 내 앞에 모습을 드러낸 것이다. 삶에 쫓기느라 참으로 오래도록 잊고 지냈던 은영의 옛 모습이었다.

다시 읽어보니 내게는 구구절절 감동의 사연이었다. 왈칵 그리움이 밀려왔다. 애틋한 그 시절을 그리움으로 다시 일깨워준 은영에게 감사한다.
그동안 주소도 바뀌었을 것이요, 은영의 신상에도 많은 변화가 있었으리라. 그러니 부질없는 짓인 줄 알면서도, 어린애처럼 아래와 같이 작은 엽서 하나를 만들어, 8년 전의 그 주소로 편지를 띄웠다.

하늘 높이 구름 너머로 띄워 올린,
내가 만든 가오리연이, 바람 따라 나부끼다 나부끼다, 마음이 가 닿는 어느 창가에 내려앉기를 바라는 마음으로,
새해의 인사를 보냅니다.

1998년 새해 아침에

명일여고 국어선생이었던 사람

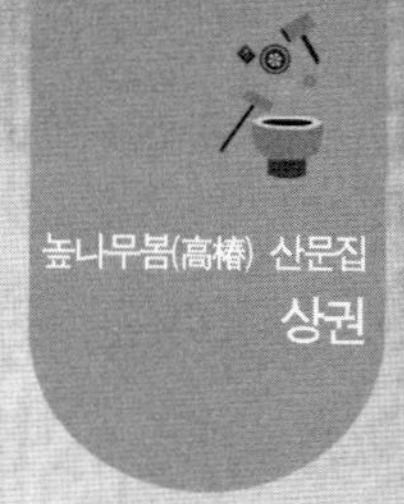

제3부

후박나무 우리집

후박나무 우리집

2002년 화창한 봄날, 내 서재에 뜻밖의 낭보 하나가 날아들었다. 둘째 딸아이 은명恩明이 시쳇말로 큰 사고를 치고 나선 것이다.

「사고 친다.」는 말은 누군가 뜻밖의 큰 성과를 냈을 때, 그 「뜻밖의」를 강조하려고 요즘 아이들이 즐겨 쓰는 반어법反語法이다. 대체 그 아이가 무슨 사고를 쳤는가?

[창작과 비평사]가 주관하는 ≪제6회 좋은 어린이 책 원고공모≫에서 【후박나무 우리 집】이라는 장편동화로, 창작 부문 대상을 수상한 것이다. 이로써 일약 아동문학가로 등단하게 되는 것이니, 사고라도 큰 사고를 치고 나섰다. 이 아이의 능력에 견주어 하는 말이 아니다. 우리 집에서 글 쓰는 일이라면 으레 제 오라비의 전매특허로 생각하고, 이 아이는 그저 출판사의 유능한 디자이너로만 알고 있는 가족들에게, 이 소식은 경이로운 충격이 아닐 수 없었다는 뜻이다.

[창비 아동문고]는 1977년 2월 『꼬마 옥이』를 처음 선보인 이래, 2002년 현재 시리즈 200호까지 출간했는데, 그중 단 한 권을 빼고는 절판된 책이 없을 만큼, 독자들의 탄탄한 사랑을 받고 있다는 것이다. 〈스테디셀러〉로서 매출액이 창비 전체 매출액의 50%에 이르러, 출판사 운영의

버팀목이 되고 있다는 그곳에 이 아이가 발을 들여놓았으니, 경사 치고도 큰 경사 아니랴!

딸아이에게서 책을 받자마자 호기심과 기대감에 들뜬 마음으로, 앉은 자리에서 단숨에 읽어 내려갔다. 내용은 물론 내가 알지 못하는 픽션이었다. 하지만 배경은 이 아이의 유년시절과 초등학교 시절을 포근하게 감싸 주던 바로 그 시공간이었다. 마포 종점과 원효로 종점의 중간지점 언덕바지에 있었던 옛날 우리 집—한강이 지척에 내려다보이는 [후박나무 우리 집]—을 위시하여, 지은이가 명명한 집 뒤의 망태산(망태할머니귀신이 나타난다는 고개)을 넘어 박우물시장을 지나 마포초등학교까지에 이르는 마포동 일대와 완전히 일치하고 있었다. 가공의 등장인물들이 전개해나가는 사건도 성장 과정에서 이 아이가 겪었던 체험을 재구성한 것임을 발견하고, 이 아이의 남다른 관찰력과 감수성에 나는 또 한 번 크게 놀랐다.

어느덧 내 기억의 날개는 이 아이의 젖먹이 적 그 시절로 날아가서 시간여행을 하고 있었다. 이 아이가 첫돌이 되기 한참 전에, 제 어미의 뱃속엔 이 아이와 연년생인 동생이 들어 있었다. 하는 수 없이 이 아이는 일찍부터 모유 대신 우유를 먹고 자란 탓에 자연 몸이 부실할 수밖에. 더하여 어미의 몸이 나날이 무거워져가니 도리 없이 내가 어미 대신 이 아이를 안고 나대는 일이 잦았다. 한번은 제 어미가 부엌에서 저녁 식사를 준비하고 있는 동안, 내가 아이를 안고 마당을 거닐다가, 귀엽고 안쓰러운 정을 못 이겨, 동요 한 곡을 불러 주었다. 그 동요 가사의 앞부분은 전혀 기억에 없지만, 끝부분은 ≪빙빙 돌아라. 깡충 뛰어라≫였다. 아이를 안은 채 가사 그대로 마당에서 깡충깡충 뛰면서 노래를 불러 주었는데, 눈을 깜박거리면서 가만히 듣고 있던 이 아이, 다음 순간 나를 뚫어지게 바라보더니만 느닷없이

『깡끄 띠』 이러는 게 아닌가!

「깡충 뛰어라」의 「깡충 뛰」를 그렇게 흉내 낸 것이다. 생후 고작 6-7개월밖에 안 된 아이의 입에서 나온 소리였다. 그때부터 감수성이 남달랐던 것일까? 하긴 성장과정에서 그 시기에 그 정도의 재치를 보이는 아이가 어디 하나 둘일까만 그래도 내게는 놀랍고 대견한 일이었다.

고희를 진즉 넘기고 70대도 중반에 들어선 내가, 우리 내외의 여생이 얼마나 남았을까를 생각하면서, 우리 아이들 1남 3녀를 키워 내며 아등바등 살아 온 그 시절이 그리움으로 다가올 때면, 나는 요즘도 이 [후박나무 우리 집]을 꺼내서 읽는다. 그러면 그 속에서 우리가 살아 온 지난날의 역사가 고스란히 되살아나면서, 눈물겹도록 찡한 감동의 세계가 내 앞에 펼쳐진다. 화재로 없어져 버려서 식구들 각자의 머릿속에만 남아 있는 그 집의 구조도 책 속의 삽화를 통해서 생생히 되살아나, 나의 센티멘털리즘을 부채질한다. 하얀 벽면을 무성하게 휘감아 덮어버린 담쟁이 덩굴 사이사이에, 큼직큼직하게 나 있는 네 개의 여닫이창문 밖으로 내려다보이는 마포대교. 그 아래로 도도히 흐르는 한강물. 그리고 망태산 주변과 박우물시장 거리의 예스러운 풍물도, 훌륭한 글과 삽화를 통해서 내 눈앞에 선연히 재현된다. 기억의 후미진 구석으로 밀려나서 잊혀 질 뻔했던, 그 옛날 우리 내외와 1남 3녀의 「우리만의 역사」가 이 대견한 딸아이 덕분에 영원한 기록으로 남게 된 것이다. 어려서부터 제 목소리가 확실한 아이라, 현실생활에선 지금도 간혹 나와 부딪치는 일이 있긴

하지만, 그런 것이야 부모자식 간에 무슨 대수냐! 이 [후박나무 우리 집] 한 권을 내게 안겨 준 것만으로도 나는 항상 이 아이에게 감사하며 살아가고 있다.

≪무심코 던진 돌에 개구리 배 터져 죽는다.≫는 속담이 있지만, 세상엔 때에 따라 그 반대의 경우도 얼마든지 있는가보다. 내가 시쳇말로 [별 볼일 없는] 아비이고 보니, 아들딸을 위하여 부모로서 해 준 거라곤 정말이지 아무것도 없지만, 그냥 내 신명으로 풀과 나무와 꽃과 새를 좋아하여 그것들을 심고 가꾸고 길러 본 게, 슬하에서 자라나는 아이들 정서 함양엔 적으나마 보탬이 되었음을, 이 [후박나무 우리 집]이 잘 말해 주고 있으니 말이다.

나는 장독대 옆에 붙은 작은 빈터에 [매 란 국 죽] 사군자는 물론 귀티나는 각색 탐스러운 모란도 여러 그루 구해다 심었다. 옥매화 산당화 등 꽃나무도 빽빽하게 심어 놓고 그 가장자리를 사철나무 등속의 상록수로 울타리처럼 두른 다음, 이것을 [군자원君子園]이라 명명하여 정성껏 가꾸었다. 그 군자원에 봄이 오면 채 날씨가 풀리기도 전에 무거운 흙덩이를 젖히고 상사화 난초 잎이 쏙 고개를 내밀어, 화들짝 생명의 신비와 환희를 일깨워 준다. 그리고는 사시사철 철따라 탐스런 꽃과 아름다운 이파리들이 무성하게 어우러져 군자원이라는 이름을 무색하지 않게 하였다. 나는 화초와 수목에 대한 애착이 남달라서 이 군자원 외에 마당에 다는 큰 후박나무를 심고 이것을 우리 집의 상징목이 되게 하였다. 딸아이의 작품명이 「후박나무 우리집」인 소이다.

한번은 뒷간에 가고 싶어 자정이 넘은 시각에, 대청마루 미닫이문을 드르륵 열고 신발을 신으려 섬돌에 내려섰다. 순간, 나는 멈칫하며 그 자리에 서고 말았다. 대낮같이 밝은 달빛이 마당을 가득 메우고 있었던 것이다. 뜻밖의 놀라운 광경이었다. 처마 밑 바람벽에서부터 드넓은 마당을 지나 곁붙이로 장독대 옆에 가꿔놓은 나의 군자원에 이르기까지, 휘영청 내려앉은 봄밤의 달빛! 문득 내 머릿속에 월백月白(달이 밝다)이라는 낱말이 떠오르더니 고려 문인 〈이조년〉의 시조가 입에서 주루루룩 미끄러져 내렸다.

> 이화梨花에 월백月白하고 은한銀漢이 삼경三更인제
> 일지춘심一枝春心을 자규子規야 알랴마는
> 다정多情도 병病인 양하여 잠 못 이뤄 하노라.

때 아닌 시조음영이 끝나며, 내 머릿속에선 기발한 아이디어 하나가 떠올랐다. 이 서울 한 복판으로 자규(두견이)를 끌어올 순 없지만, 때가 마치 봄철이니 달밤에 일지춘심은 넉넉히 내 벗으로 사귈 수 있다는 생각이었다. 나는 예나 지금이나 작심하면 앞뒤를 재지 않고 우선 저질러 놓고 보는 위인이다. 이튿날 그다지 내켜하지 않는 아내를 앞세워 배나무를 찾아 어느 먼 교외로 나갔다. 거기가 딱히 어디였는지는 또렷한 기억이 없지만, 서울의 북서쪽으로 빠져나가 〈수색〉역을 지나서 〈화전〉역 부근 어디쯤의 한적한 전원마을이었던 것 같다. 그쪽은 또 지난날 다난한 우리 가족사와 그 나름의 애틋한 인연이 닿았던 곳이니까. 그곳에서 키가 두 길이나 되는 배나무 성목을, 그날 안으로 우리 집에 싣고 와서 심어 준다는 조건으로, 꽤 큰돈을 지불하고 돌아왔다. 그날 밤 배나무를 싣고 온 인부들과 함께 우리 집 [군자원] 한 가운데에 구덩이를 파서 그놈을 심어 놓고, 그것을 바라보며 천하를 얻은 듯 만족해하는 내 모습을 보면서, 아내도 흐뭇해하는 기색이 역력하였다. 그 봄에 그 배나무는 사올 때 이미 맺혀 있었던 꽃망울마저 터뜨리지 못한 채 말라 죽으니, 달밤에 눈부신 배꽃과 함께 누리고 싶었던 내 일지춘심의 꿈 또한 허망하게 무너지고 말았다.

너무도 허무하게 「봄밤의 애상」을 떠나보낸 나는 한동안 가슴앓이를 하다가, 이내 그 허전한 자리에 이번엔 『추일서정秋日抒情』을 끌어오기로 마음먹었다. 춘추의 서정을 릴레이 하자는 깡냥이다. 가을날 잎이 다 떨어져나간 앙상한 가지에, 붉게 물든 감들이 탐스럽게 매달려, 구름 한 점 없는 푸른 하늘을 수놓는다. 그때 멀리서 누군가를 부르는 길고 청량한 앳된 목소리가 망태산 산울림이 되어, 푸른 허공을 가르며 감나무열매와 가지 사이를 스치고 지나간다. 내 머릿속이 그려낸 그런 가을동화를 들려줄 감나무를 나의 [군자원]에 모셔오기로 한 것이다.

딸아이의 작품 속에도 나오는 [우리 집에서 함께 사는 사람들]중에 친정이 충청도 예산 고을 덕산 땅 수덕사 인근인 아주머니가 있었다. 무슨 일인지 자주 친정엘 다녀오곤 하는데, 나의 [추일서정]이야기를 전해 듣고는 고향집에서 한 길 남짓 자란 감나무 묘목을 가져왔다. 고개를 꾸벅하며 고맙다는 인사를 건네고, 때마침 한겨울이라서 우선은 바람막이 담 밑 햇볕 잘 드는 곳에 묻어 두었다. 이듬해 봄이 오기 무섭게 죽은 배나무를 캐내버리고 그 자리에 옮겨 심고는 거름을 주며 정성껏 가꾸었다.

이거 봐라! 채 3년이 못돼 열매가 매달리기 시작하였다. 감나무는 무럭무럭 자라 몇 해 안 가서 본채의 한옥 기와지붕 위는 물론, 건너편 장독대 위와 그 옆 대문 지붕 위까지 쭉쭉 가지를 뻗쳐나갔다. 이윽고 그 일대가 여름이면 시원한 녹음이요, 가을이면 수천 수백의 알알이 붉은 감이 푸른 하늘을 수놓았다. 그 풍경이 내 눈엔 초등학생이 크레파스로 정성껏 그려 놓은 가을풍경화처럼 아름다웠다.

나의 [군자원]을 이렇듯 알차게 가꿨는데도, 내 마음 한구석엔 뭔지 모를 허전함이 항상 도사리고 있었다. 손에 잡힐 듯 말듯 하던 머릿속 그 미흡함의 정체는 다름 아닌 우리 집 넓은 마당이라는 걸 깨닫기까지는 그리 오랜 시일이 걸리지 않았다. 대도시 서울의 보통 가정집 마당치고는 보기 드물게 넓은 우리 집 마당은, 바닥이 온통 딱딱한 시멘트로 발려있었다. 바람이 불어도 먼지가 날지 않는다거나 물청소하기가 편리하다거나 하는 장점이 있는 대신, 정서생활 공간으로는 아주 빵점이라는 걸 뒤늦게나마 깨닫게 된 것이다. 그리하여 마당 한 가운데를 직경 1.5m, 깊이 1m가 넘게 파서 그 자리에 내가 오래도록 동경해 마지않았던 후박나무를 심고, 이웃사람들은 말할 나위 없지만 근동 사람들조차도 우리 집을 [후박나무 집]으로 부르게 된 내력이, 내게는 참으로 내 인생사人生史에서 애틋하다면 애틋한 사연이다.

교직생활에서 1교시 당 50분의 시간은 짧다면 짧고 길다면 긴 시간이다. 초년교사들의 열정 앞에서는 짧은 시간이지만, 연륜이 쌓여 숙달된 교사에게 50분은 길고도 여유 있는 시간이다. 교육계획에 정해진 1년분 교과과정은 숙련된 교사에겐 반년이면 뗄 수 있는 분량이다. 물론 아이들이 잘 따라와 준다는 조건이 붙지만.

나는 나의 교직생활에서 그런 시간의 여유를 활용하여 아이들과 잡담 주고받기를 즐겼다. 물론 대부분 교과내용과 연관되는 것들이니 따지고 보면 굳이 잡담이랄 수도 없는 이야기였다. 나는 나의 군자원 이야기를 가장 많이 했던 것 같다. [사군자四君子] 하나하나에 깃들인 군자다운 덕목과, 그것이 고스란히 담겨 있는 손바닥만 한 우리 집 〈군자원〉에 대한 나의 끔찍한 애정을 말이다. 내가 화단을 손질하고 있을 때 누군가 전화로 나를 찾으면『아버지 지금 군자원에 계시는데 곧 바꿔 드리겠습니다.』하고 꼭 〈군자원〉이라는 말을 빠뜨리지 말라고 우리 집 아이들에게 일러두었다는 말도 했던 것 같다. 사군자 외에 설총薛聰의 작품 〈화왕계〉와 관련하여 모란꽃 향기의 허실에 대하여도 이야기해 주었다. 그 많은 꽃과 나무 이야기 중에도 나의 군자원엔 없는 [후박나무]를 가장 많이 거론했던 것 같다. 후박나무는 꽃나무 중 나의 우상이건만 서울 근교에서는 구경조차 할 수 없는 아쉬움 때문이었을 것이다.

나는 후박나무가 우선 이름부터 후박스러워서 좋다고 말했다. 두터울 후厚자에 순박할 박朴자이니 이름 그대로 생김새부터 후박스럽다고 말해 주었다. 후박나무는 남국식물의 풍모를 지닌 목련과의 낙엽교목이다. 시원시원한 넓고 긴 타원형 잎이 잎꼭지 끝에서 사방으로 둥글게 피어나고. 오뉴월엔 직경 15㎝의 황백색 또는 황록색 탐스러운 꽃송이가 여섯 개에서 아홉 개의 꽃잎을 달고, 가지 끝에서 피어난다. 향기도 훌륭한 데다 마치 부처의 가부좌를 받치고 있는 연꽃 같아서「4월 초파일」의 계절적 분위기와도 썩 어울리는 꽃이라고 말해 주었다. 심지어는 나의 중부仲父이며 뒷날 내가 그분의 대를 잇게 된 양가 선인께서 의원이셨는데, 약장서랍 중 하나에 꼭 후박厚朴이라는 약 이름이 들어 있어서, 이래저래 후박나무는 나에게 피붙이 같은 생각이 든다는 말까지 했던 것 같다. 그런 사담私談을 마음 놓고 주고받을 만큼 나와 제자들 간엔 정서적 간격이 없었던 것이다.

지금이야 갖고 싶으면 못 구할 나무가 어디 있는가. 하지만 1970년대 초중반까지도 사정은 전혀 그렇지가 않았다. 정서생활에 마음을 빼앗기는 시절이 아니었던 것이다. 나는 광고 겸해서 후박나무를 보거나 있는 곳을 아는 사람은 꼭 내게 알려 달라고 아이들에게 당부하곤 하였다.

하루는 내 담임반 아이 하나가 수업을 끝내고 나오는 내게 다가오더니

『[정 근일] 아버님이 선생님께 후박나무 한 그루를 선물하신답니다.』

하는 게 아닌가!

『뭐? 후박나무가 어디 있어서?』

『근일이 아버지가 수목원을 경영하시는데 후박나무도 몇 그루 가지고 계시대요.』

〈정 근일〉- 한없이 순박하고 착하건만 공부가 시원치 않으니 기가 없어 남의 앞에 나서지 못하는 아이다. 이런 생색나는 말조차도 제가 내게 와서 직접 하지 못하고 저와 친한 친구를 시켜 이야기하는 그런 아이였다.

그날 밤 트럭에다 후박나무를 싣고 인부까지 데려와서 우리 집 시멘트 마당을 깨부숴 흙을 파내고, 두 길도 넘는 후박나무를 심어 주고 간 근일이 아버지. 아, 나는 지금 이 글을 쓰는 동안 그 옛날의 근일이와 그의 아버님을 생각하면서 가슴이 아프다. 근일이 아버님은 근일이가 학교를 졸업해 나간 몇 해 뒤에 후두암인가로 세상을 뜨셨다고 하였다. 장례가 끝나고 나서 오래 뒤에 들은 소식이니 조문도 하지 못하고 만 것은 물론이다.

『아들 하나 있는 게 공부가 시원찮아서 마음 쓰이다가, 우연히 후박나무 이야기를 듣고 선생님께 작은 성의를 보이는 것이니, 미거한 자식 각별히 보살펴 주세요.』 하시던 근일이 아버지. 그 자애로운 정이 우리

집 마당에 서 있는 후박나무 가지마다에 애틋하게 서려 있었다. 그 아들이 성인이 되어 당당하게 우뚝 서는 모습을 지켜보지 못한 채 눈을 감으셨다는 소식은 내 마음을 못내 아프게 하였다. 이 아이의 성격상 이후에도 내 앞에 나서는 일이 없을 것 같아, 나는 항상 마음으로나마 그의 건승을 빌어주었다.

지금도 눈을 감으면 우리 집 마당을 한가득 메우고 있었던 후박나무의 가지들 사이로, 근일이와 그 아버님의 영상이 맴돌고 있는 것 같아 마음이 추연하다.

2005년 11월 29일

남한산성 둔전말기記

남한산성에서 동문 밖으로 빠져나와 곡선이 완만한 계곡 길을 자동차로 이십 리 남짓 달리노라면, 오른쪽에 손바닥만한 단층분지가 나오고 그곳에 장이 선다. 예닐곱 노점상들이 자신이 손수 가꾼 토종작물을 조금씩 가지고 나와 전을 벌이고 있는 [오전리 장터]다. 외부작물을 들여다 팔진 못하게 돼 있으니, 천생 동네장터다. 그곳에 잠시 차를 세우고 장 구경을 하며 모처럼 산골분위기를 만끽한다. 버스정류장을 겸한 곳이니 이따금 버스로 서울에 다녀오는 촌로나 촌부도 보게 된다.

≪원 세상에, 장터풍경 치고 이리도 고즈넉할 수가!≫

나들이의 보람을 느낀다.

이윽고 다시 차에 올라 조금 전에 타고 온 천변 큰길을 버리고, 버스정류장 오른쪽으로 가파르게 치달아 오르는 산허리 길을, 파워－스티어링으로 100m 가까이 기어오른다. 그 고지에서 다시 오른쪽으로 꺾어 100여m쯤 전진하다 오른쪽에 낭떠러지길이 나타나면, 왼쪽의 수십 길 낭떠러지를 굽어보며 반반한 그 윗길을 4~5백m쯤 서행으로 달린다. 그 어름에서 큰 소쿠리 속같이 아늑하게 짜인 산간분지에 듬성듬성 자리

잡은 집들을 보게 된다. 그곳이 이 글의 배경이 될 둔전말屯田村이라는 촌락이다. 여기저기 흩어져 있는 빈 집터로 미루어 본시 20호가 넘는 집들이 있었던 모양이나, 지금은 열가구나 될까 말까한 집들이 듬성듬성 마을의 명맥만을 이어가고 있는 곳이다. 마을 이름으로 미루어 조선왕조의 남한산성 수비병들이 이 부근에서 농사를 지어 군량을 자급했던 것으로 어림되는 곳이다. 우리 노부부가 이 마을에 정신적 또는 정서적 둔전을 열고 무시로 드나들게 되기까지는 꽤 드라마틱한 사연이 있었다.

나는 본시 우리나라의 전형적 농촌태생이라 일찍부터 [귀거래 벽]이 몸에 배어 있었다. 대처나 서울에 살면서도 틈만 나면 가까운 교외를 찾아, 밭 갈고 김매는 풍경을 구경하기도 하고, 우리네 향리 특유의 나무나 풀들을 접하면서 고향마을의 향수에 젖기도 한다. 그러다가 아무데고 삽질할 만한 흙이 보이면 무턱대고 파서 농작물을 심고 가꾸는 일을 서슴지 않았다. 주인이 누군지도 모르는 자투리 땅뙈기에 그리해놓고는, 잘하면 일요일에 한 번이요 사정이 생기면 몇 주 만에 한 번씩 들러서 풀을 뽑아주고, 가루비료를 뿌려주고, 그 위에 북을 돋아주는 것이 내 노동의 전부다. 거기서 나오는 수확이래야 기껏 감자나 고구마 한두 바구니가 고작인 것은 그러니까 사필귀정이다. 내 아내는 그러는 나의 성벽과 하는 짓거리가 내심 못마땅하면서도, 무슨 일에나 나를 거역하지 못하는 사람이라, 내가 가는 곳이면 바늘 뒤에 실 따르듯 항상 나와 동행해 주었다.

그러는 아내와 나는 일찍이 1남 3녀의 아들딸을 두었다. 위로 아들이 하나고 아래로 딸이 내리 셋이다. 모두 탈 없이 잘 커주어서 제 때에 좋은 짝 만나 남부럽잖은 가정을 꾸렸다. 아들 내외와 둘째사위 내외는 서울에 살고, 큰사위 내외와 막내사위 내외는 각각 청주와 전주에 둥지를 틀었다. 그것이 지금부터 약 10여 년 전 일이다. 그로부터 1~2년 지났을까? 비록 한때였다곤 하나, 우리 부부는 갑자기 외톨이가 되고 말았다. 서울에 살고 있는 남매 중, 유력한 일간지 문화부 기자로서 잘 나가는 아들아이가 어느 날 갑자기 [파리 주재기자]를 자원하더니만, 제 권속을 다 데리고 프랑스로 나가살겠다는 게 아닌가! 우리 부부는 그 애들이 그러는 게 어쩐지 우리 분수 밖이라는 생각이 들어, 여러 가지 이유를 들어 만류하였다. 어렵쇼! 뜻밖에 평소 온순하고 사리에도 밝은 며늘아기가 들고 나서더니, 이러저런 – 그다지 현실성이 없어 보이는 – 명분을 앞세워, 시어머니의 만류를 단호하게 뿌리치고는, 기어이 프랑스로 떠나버리고 말았다. 기약 없는 이별이었다.

허전한 마음을 미처 달랠 겨를도 없이, 또 그 이듬해엔 서울의 이렇다는 종합병원에 다니는 둘째사위마저 교환교수라는 이름으로 제 권속을 몽땅 데리고 런던으로 떠나버리는 게 아닌가!

이제 우리 슬하에 자식손자라곤 하나도 없고, 해가 다르게 기력이 쇠잔해가는 두 부부의 몸뚱이만 덜렁 남게 됐다. 이때부터 나는 아마추어 농부 흉내를 그만두고, 주말엔 아내를 위하여 남한산성에 가서 색다른 이벤트를 즐겼다. 남한산성은 우리 집에서 자동차로 30분이면 너끈히 도착하는 곳이다.

토요일에는 나같이 나이든 교사들 수업은 넣지 않는 게, 교무부 수업담당 젊은 교사들의 예의요, 학교의 오랜 관행이다. 때문에 나는 그날 특별한 학교행사가 없을 때면, 오전 11시에 문을 여는 학교식당에 일착으로 찾아가 점심을 대강 먹어치우고는, 다른 교사들보다 일찍 퇴근하여 집에서 기다리고 있는 아내를 데리고 남한산성을 향하여 차를 몰았다.

적당한 곳에다 차를 세운 뒤, 남한산의 이 구석 저 골짜기를 헤집고 다니는 일이 그날의 일과였다. 우리 내외가 토요일마다 한 번도 안 거르고 이렇듯 남한산을 누비다 보니, 그해가 저물어갈 무렵엔 어느덧 산성내의 유서 깊은 역사유적은 말할 나위 없고, 남한산의 능선이라는 능선과 계곡이라는 계곡은 우리 발길 닿지 않은 곳이 한 군데도 없게 되었다.

우리가 [광주군 중부면 오전리 둔전말]을 찾게 된 것도, 그곳이 다른 곳보다 특별히 좋은 곳이어서라기보다는, 남한산을 주말마다 이 잡듯 샅샅이 뒤지고 다니던 중에, 그곳도 그냥 한번 들르게 된 것 뿐이다. 그날도 처음 와보는 낯선 마을 어귀에다 무작정 차를 세워두고, 마을길을 따라 동네 뒷산으로 오를 참이었다.

아니, 이런!

마을 중간쯤에 특별하게 내 눈을 사로잡는 집이 한 채 있었다. 지은 지 오래잖아 보이는 그 집은 눈어림으로 150평 남짓한 대지 위에 앉힌 ㄱ자형 집이었다. 기둥과 서까래를 써서 그 위에 연녹색 기와를 얹었는데, 아담하고 깨끗하였으나 호사스럽지는 않았다. 그 집에서 유독 내 눈길을 사로잡는 것은 벽이었다. 거실에 앉은 자세의 눈높이와 어상반한 앞산을 내다보는 거실 정면과, 거실 좌측 채마밭 너머로 멀리 툭 트인 산줄기를 내다보는 거실측면의 벽을, 모두 투명한 통유리 한 장으로 마무리했다는 점이었다. 눈대중으로 높이 2.2m 너비 5m는 실히 될성부른 그 통유리 벽은, 밖에서도 집안의 이모저모를 거의 들여다볼 수 있는 구조여서, 외부와의 소통을 암묵적으로 허용하고 있었다.

집의 좌측 채마밭 위쪽은 동산인데, 감나무고목을 중심으로 호두나무 복숭아나무 산벚나무 등속이 알맞게 어우러져 그늘을 드리우고 있었으며, 드리워진 그늘 밑에는 큼직한 통나무 원탁이 놓여있고, 둘레에 예닐곱 개의 작은 통나무 의자도 함께 있었다. 동산 아래쪽 채마밭 오른쪽이 이 집의 정면인 마당인데 잔디가 깔려있고, 대문은 없었다. 집의 우측으로 마을길과의 경계에 벽돌담이 있으되 담의 시늉만 하고 있을 뿐, 한자 두어 치 높이에 아무나 넘어 다닐 수 있게 만든 그런 담이었다. 집에는 아무도 없는지 조용하였으나, 집과 그 주변에는 뭔지 모를 평화가 감돌고 있었다. 집의 됨됨이가 집주인의 인품을 말해주고 있었다.

『아, 누구이기에 이렇게!』

나도 모르게 내 입에선 탄성이 터져 나왔다. 집주인에 대한 뭔지 모를 존경심이 솟아올라, 그곳에서 얼른 발을 떼지 못하고 한식경이나 바라보고 서 있었다. 그러다가 이내 그 자가웃도 안 되는 담 옆으로 뻗어 올라간 마을길을 따라 산을 바라보고 올라가니, 마을의 맨 위쪽에 외딴집 한 채가 있었다. 가까이 가보려 하자 멀찍이 매어둔 그 집 개가 어찌나 극성스레 짖어대던지, 더 오르지 못하고 동구 밖에 세워둔 차로 돌아와 그날의 산행을 마감하였다.

내 천성이 이기적이고 거칠어서 평생토록 아내의 심기를 편하게 해준 일이 드물었다. 그런데 슬하에서 자식들이 다 빠져나가 버리니, 푸접이라곤 그래도 마누라밖에 없었던지, 이렇듯 함께 산등성이와 계곡을 누비고 다니는 동안 어느덧 해가 바뀌었다.

파리에 나가있는 아들아이 가권은 돌아올 기약 없이 떠났지만, [교환교수]란 단기短期 1년이어서, 런던에 나가있던 둘째사위 가족이 1년 만에 귀국하여 우리 집 근처에 집을 얻어 살게 되었다. 무엇보다도 대견한 건 막 태어나면서부터 우리 내외의 손에서 자란 외손자녀 남매가 우리

품안으로 되돌아온 일이었다. 즉시 수속을 밟아 근처 초등학교에 취학한 것은 물론이다. 그러면서 우리 내외의 삶에도 일정부분 생기가 되돌아왔다.

하루는 딸아이가 내게 물었다.

『아버지, 지금도 땅이 있으면 삽질하고 싶으세요?』

≪?≫

왜 그러느냐니까, 제 아들딸 다니는 학교 학부모 중에 저희와 똑같이 위로 딸이요 아래로 아들인 남매를 둔 사람이 있는데, 공교롭게도 아이들이 같은 반에 배치되다 보니 학부모회에서 자주 만나는데다, 이러저런 말말끝에 저희도 같은 대학 출신임을 알게 된 뒤부터, 요즘 부쩍 스스럼없이 지내고 있다는 것이다.

여편네들 수다 속에 저희 친정아버지 얘기와 친정언니 얘기가 빠져서야 되겠는가! 그 학부모의 언니가 본시부터 독신여성인데, 오랜 캐나다 이민생활을 접고 몇 년 전에 고국으로 돌아와 남한산성에 둥지를 틀었단다. 채마밭도 가꾸고 철철이 주변의 산에서 산나물을 꺾어다 말리기도 하고, 오미자 구기자 등속의 열매를 따다가 술도 담그며 처사처럼 살고 있어, 일요일마다 자기 가족은 거기 가서 소일하고 온다며, 그 언니가 집 주변에 따로 떨어진 밭뙈기도 몇 필지 가지고 있으니, 취미삼아 농사지을 뜻이 있으면 땅을 얻어드리겠다고 한다는 것이다.

딸의 말을 들으면서 내 눈이 빛을 발하며 아내 눈치를 살피니, 아내는 그냥 무덤덤하였다. 당신이 한다면 하는 것이지 별수 있느냐는 그런 표정이었다. 한동안 잠자고 있던 나의 삽질본능이 다시 굼틀거리기 시작하였다. 며칠 후 초등학교 아이들이 다 등교하고 난 한가한 아침나절에, 우리 내외는 딸과 딸의 친구를 뒷좌석에 태우고 오랜만에 남한산성로를

달렸다. 오전리 버스정류장 앞에 이르자 뒷좌석에서 길을 안내하던 딸의 친구가

『오른쪽으로 치달아 오르면 둔전말이라는 동네가 나와요.』하는 게 아닌가! 적이나 놀라면서 가자는 대로 마을길을 타고 올라가니 어렵쇼 점점! 언젠가 이 마을에 들렀을 때, 그 고즈넉하고 평화스러운 분위기에 마음을 빼앗겼던 바로 그 집 앞에서 멈추라는 게 아닌가!

이리하여 나는 노후의 삽질을 본격적으로 시작하였다. 농기구도 갖출 것은 거반 갖추어, 차의 트렁크만 열면 언제나 꺼내 쓸 수 있도록 항상 싣고 다닌다. 나는 겨울 한 철 빼고는 봄여름 가을에 걸쳐 나의 농사터인 둔전말을 무시로 오간다. 둔전말 사람들은 나의 밭 다루는 솜씨가 이제 초년농부 티는 벗었다며 웃어준다.

그 집 주인은 내가 처음 그 집을 보고서 집주인의 인품을 짐작했던 그대로였으며 내 딸 친구인 그녀의 아우도 언니와 똑같은 인품을 지닌 사람이었다. 이 두 자매의 살가운 배려 속에 우리 내외는 지난 7년 동안 그곳에서 고추와 가지 오이 토마토며 무 배추 상추와 감자 고구마 등속을 마음 내키는 대로 심고 가꾸며 원 없이 삽질본능을 충족하였다. 어떤 해에는 고향의 수수밭과 서속 밭을 떠올리며, 경기도 일원에선 좀처럼 보기 드문 수수밭 조밭을 일구어, 가을 햇살 아래 고개 숙인 수수 모가지와 서속 모가지를 바라보며 주제넘게 시정詩情을 만끽하기도 하였다. 그러고 있노라면 초로의 마을 아낙들이 서속씨앗과 수수씨앗을 얻으러 오는 일도 있었다. 어느새 나도 모르게 나는 중견농부가 돼 있었다.

밭 구석지엔 토란도 심어보고, 넓은 터전엔 메밀밭도 일구었다. 메밀밭은 사치스럽게 이효석과 봉평마을 메밀꽃의 낭만을 떠올려서가 아니

었다. 내가 태어나 어섯눈을 떴을 무렵 우리 고향에 심한 가뭄이 들어 모내기철을 놓쳐버린 고향 사람들이 마을 앞 무논에다 벼 대신 몽땅 메밀을 심어버린 일이 있었다. 어린 눈에 비쳤던 그때의 초가을 메밀밭 정경이 무의식 속에 자리 잡고 있었던가보다. 연녹색 바탕에 붉은 빛까지 돌아 붙임성 없어 보이는 그 굵은 메밀 대공조차도 내게는 한사코 고향그리움으로 다가오니, 그 노스탤지어를 달래보려 일군 것이다.

이제 둔전말은 내게 제2의 고향이다. 집을 나서서 그곳까지 이르는 40 리 드라이브 코스에선 주변의 산과 물과 나무들이 철철이 다달이, 아니 매주 색다른 옷으로 갈아입고 우리의 둔전말 나들이를 마중하고 배웅한다.

아침나절 일찌감치 집을 나서서 남한산성 쪽으로 차머리를 돌리면 [수서 IC]를 지나 이내 한적한 서울공항 길로 접어든다. 서울공항 길 주변의 고즈넉한 정취라니! 그것을 온몸으로 받아들이면서 얼마쯤 달리다가, 세곡동 네거리에서 신호를 받아 좌회전하면 서울공항을 오른쪽으로 끼고 송파구 복정역 로터리에 이른다. 거기서부터 산성입구에 이르는 길 양쪽, 즐비하게 늘어선 화원 앞에선, 철철이 각색 화초와 농작물 모종들이, 오가는 사람에게 바뀌어가는 계절감각을 일깨워준다.

성남 쪽 산성입구에서 남문 매표소까지 가파른 S자형 사행곡선蛇行曲線은 자동차 드라이브 코스로도 스릴 만점이요, 산수간 유람으로도 그림 같은 경치다. 양쪽이 툭 트인 능선으로 불어오는 바람결이, 길 아래쪽 좌우에 자욱한 숲 향기를 뿜어 올려 차속에까지 불어넣어준다.

남문터널을 지나 성안으로 들어가 로터리에 이르러 우회전, 동문까지의 사방둘레 십리 안팎 공간이 산성마을이다. 예부터 아늑한 곳을 비유하여 소쿠리 속 같다고 했다. 전란에 대비하여 험산의 정상에 조성한 소쿠리 속 같은 마을. 그게 바로 이 산성마을이다. 우람한 수어장대가 지키고 있는 험한 봉우리를 뒤로 하고, 아래쪽에 아담하면서도 풍모 당당한 행궁이 자리하고 있다.

산성마을의 봄 풍경은 한마디로 동요 [고향의 봄] 노랫말 그대로다. 복숭아꽃 살구꽃 아기진달래, 거기에다 벚꽃과 개나리 목련을 더하여 그야말로 꽃 대궐을 이룬다. 어디 봄철뿐이랴. 여름이면 이곳저곳 아직도 남아있는 병자호란의 유적들 곁에서, 아름드리 거목들이 짙고 그윽한 녹음을 드리워, 이곳이 유서 깊은 사적지임을 속삭여준다. 그러다가 가을이 오면 성벽 주변의 산들이 울긋불긋 형형색색 때때옷으로 갈아입은 가운데, 성벽 안통에 고즈넉이 들어앉은 산성마을은 해맑은 가을햇살 속에서 온통 은행나무 단풍으로 노랗게 물들어, 마치 꿈속같이 아련한 세상을 연출한다. 겨울엔 와본 적이 없어서 잘 모르겠으나, 이 높은 분지에 있는 아늑한 공간의 낭만적 설경은 미루어 넉넉히 짐작할 일이다.

산성마을이 소쿠리 속에 있다면 소쿠리의 주둥이는 동쪽으로 터져있다. 성남 쪽 입구에서 남문까지의 가파르고 스릴 넘치던 오르막길과는 달리, 일단 동문을 빠져나가면, 길은 곡선이 완만한 계곡을 따라 유장悠長하게 뻗어 나간다. 그러다가 어느 지점에서 무리 없이 굽이돌아 또다시 유장하게 뻗어나가고, 이러기를 되풀이하며 여전히 계곡과 함께 동부매표소에 이르는데, 얼추 30 리의 이 계곡길이야말로 사시사철 가히 절경이라 할 만하다. 산성마을과는 또 다른 모습으로 찾는 이의 탄성을 자아낸다.

남한산성 동문 밖에는 [큰계곡=본계곡]으로 흘러드는 수많은 지계곡이 있다. 〈큰골〉과 〈우묵골〉 같은 북쪽 지계곡과 〈검복〉 〈불당〉 〈오전〉 같은 남쪽 지계곡이 그것이다. 겨울 한철 얼음으로 화신化身해 있던 지계곡 물들이, 불현듯 녹아 흘러내리기 시작하면 그놈들은 모두 이 본계곡으로 모여든다.

그러면 본계곡과 지계곡엔 한꺼번에 봄이 온다. 산허리에 점점이 박혀있는 산벚꽃. 듬성듬성 널려있는 배나무에서 피어난 눈부신 배꽃. 개울가 군데군데 저 혼자 따로 피어 자지러질 듯 농염한 복사꽃. 등성이마다 불붙듯 피어오른 진달래 산철쭉. 이것들이 한데 어우러져 꽃 잔치를 벌인다. 이 꽃들의 잔치가 흥겨운지 구석구석 숨어있던 실개천조차 쫄쫄쫄 녹아 흐르고, 그러다가 어느새 들려오는 뻐꾸기 소리! 남한산 골짜기에선 이렇듯 꽃 피어나는 소리와 겨울이 녹아 흐르는 소리와 뻐꾸기 울음소리가 하나 되어 화창한 봄날의 화음을 이룬다.

이래저래 신록의 계절이 가고 어느덧 여름으로 접어들면, 계곡에는 물이 불어 여울 되어 흐르는 소리가 요란하다. 그때쯤이면 길 위로 촘촘하게 가로지른 양쪽 가로수 가지들이 짙은 녹음의 터널을 이룬다. 그 녹음 속으로 자동차를 타고 지나가는 사람들은 자신이 한 폭 수묵화의 주인공이나 되는 것처럼 행복하다. 우리 부부가 둔전말의 뙤약볕 속에서 옷이 빨래처럼 젖도록 흘린 땀도 귀가하는 이 녹음의 터널 속에선 보송보송 말라버리고 만다.

좀처럼 오지 않을 것 같던 가을도, 우리 내외가 둔전말에서 몇 번 되풀이 땀을 흘리고 나면, 산성길 곳곳에 흐드러지게 피어 한들거리는 코스모스와 함께 찾아온다. 둔전말에서 우리 무와 배추가 땅심과 가을 햇볕을 받아 한참 키를 키우고 몸을 불리는 철이 되면, 이곳 동문 밖 남한산 계곡의 산허리는 그야말로 만산홍엽으로 봄꽃보다도 아름다운 자태를 뽐낸다. 한여름동안 계곡의 나무들이 뱃속에 잉태하고 있었던 모든 색소를 한꺼번에 쏟아내 풍성한 색의 향연을 벌이는 것이다. 누가 단풍을 보러 내장산이나 설악으로 간다 하는가! 서울 지척에 이 놀라운 단풍의 꽃 대궐을 두고.

11월도 어느덧 중순이다. 산허리에선 스산한 바람에 나뭇잎들이 우수수 떨어져 내리건만, 아늑한 이곳 산성길 가로수 잎들은 진홍빛으로 물든 채, 철을 잊은 듯 떨어질 줄을 모르고, 얇은 햇살 속에 만추의 서정을 어루만지고 있다.

올해도 이렇게 저물어가고 있구나. 우리 내외 만만찮은 나이에 다가오는 겨울을 건강하게 보내고, 내년에도 남한산성 둔전말에 가서 힘든 노동을 즐길 수 있을까? 그리고 집에 돌아와 오늘처럼 땀을 씻어내며, 아직 일할 수 있다는 긍지로 만족한 미소를 지을 수 있을까? 그렇게 되길 소망해 본다.

2005년 11월 18일

【후기】

아내의 건강이 농사내조를 버거워하기에, 이로부터 이태 뒤부턴 농사일은 그만두고, 여가가 생기면 고향을 찾듯 둔전말을 찾아 소일하고 돌아온다.

혼돈천하混沌天下

요즘 사람들은 대부분 넘쳐나는 사기성 광고와 경품제공 유혹에 부지중 자기도 휘말리고 있다는 걸 알고는 있다. 문제는 「속았으면 그뿐이지 그게 뭬 그리 대수냐!」며 천하태평으로 살아간다는 점이다. 불의不義에 대한 그런 방관적 자세가 사회를 병들게 한다는 걸 빤히 알면서도, 소위 먹물이라는 것들이 만성적 타성에 젖어, 그게 그거고 그게 그거라며 영혼 없이 살아가는 꼬락서니라니!

텔레비전이 하루 종일 귀가 아프도록 쏟아내는 공해 수준의 저질광고. 저임 아르바이터를 고용하여 수없이 뿌려대는 천백가지 종이전단. 유선전화와 스마트폰으로 쉴 새 없이 쳐들어오는 IT업체와 부동산 투기꾼의 인해전술. 그중에서도 사람을 가장 힘들게 하는 건 아마도 거대신문들의 무차별 물량공세가 아닐까 싶다.

아침에 현관문을 열고 나가면 세칭 [조중동]이라 불리는 거대신문사의 두툼한 무가지들이 문 앞에 수북이 쌓여있다. 덤으로 얹어주는 부록까지 곁들여.

그것을 집어다 쓰레기 분리수거함에 집어넣고 나가는 데 소요되는 시간만큼 집에서 일찍 나서야 한다. 그것 고작 몇 분 안 되는 시간이지만 시간이 문제가 아니다. 너나없이 매너리즘에 빠져가지고는 사태의 심각성을 외면하고, 「그저 그러려니!」 습관적으로 그걸 집어다가 아무렇잖게 쓰레기통에 내던지고 나가는 그 무신경이 문제인 것이다.

반대로 어떤 자들은 아침 일찍 현관문을 열고 나와 이게 웬 떡이냐는 듯 쌓인 신문들을 몽땅 집어가지고 들어간다. 주로 출근시간에 구애받지 않는 고령층이다. 그런 자들은 대개 그날 만나는 사람들 앞에서 『오늘 CS일보 기사를 보니까…』 어쩌고 하며, 그 신문의 기사내용과 논지가 전적으로 자기의견과 일치한다면서 잘난 체 흰소리를 한다. 그 신문을 읽는 독자가 가장 많다는 걸 잘 알기 때문에 말하는 태도도 당당하다. 그 다수多數의 유세有勢가 아니꼽고 다라와도 외톨이를 면하려면 잠자코 있는 게 오늘을 살아가는 소수자들의 지혜다.

다수파로 유세를 떠는 자나 소수파로 눈치를 보는 자나, 따지고 보면 다 자본의 횡포를 묵인하여 사회악 번식에 일조하는 자들이니, 사실 따지고 보면 그중 어느 누구도 비굴하다는 비판에서 자유로울 순 없다.

『ABC의 부수공사部數公査제도만 제대로 정착되면 이런 일은 없을 텐데…』 중얼거리며 하루를 시작한다.

부수공사란 신문 방송 웹사이트 등 매체가 자진해서 [간행물 부수]나 [독자, 시청자, 방문자 수]등 미디어 분량을 표준화된 객관적 방법으로 조사하여 공개하면, ABC(발행부수심사국)가 이를 엄정 심사하여 인정해 줌으로써, 매체사의 공신력을 제고할 목적으로 도입한 제도라고 들었다. 이것이 곧이곧대로 시행되기만 하면, 매체사 입장에서나 독자 및 시청자 입장에서나 광고주 입장에서나 다 같이 공생하는 유익한 제도라는데, 현실은 그렇지가 못하단다. 거대신문사들의 무가지 살포와 경품제공 등이 만연하여 이미 유명무실한 제도가 돼버렸단다.

실정이 이런데도 담당부처에서는 오히려 거대자본의 편을 든다는 것이다. 어떻게? 유가부수 산정 기준을 현재의 [정가 또는 80%이상 수금]에서 [50%이상 수금]으로 낮춰주는 개정안을 내놓았다나. 만약 신문사에서 구독료 전액을 받고도 반액만 받았다며 구독자수에 한 사람 추가한다면 구독자수는 당장에 두 배로 늘어나고, 그것에 기초한 광고수입은 또 얼마나 늘어날 것인가!

(치사하게 신문구독료를 깎는 독자는 거의 없으니, 이것은 현실적으로 얼마든지 가능한 일이다)

『과연 MB정권의 부자감세 정책답군!』

퉤! 침을 뱉으며 쓰레기 분리수거장을 떠나, 지하철을 타려고 3호선 대청역 5번 출구 계단을 내려가, 개찰구 쪽으로 걸어간다. 오늘이라고 어찌 다를까! 언제나 그랬듯 7~8명이나 되는 부녀자들이 한 줄로 늘어서서, 김이 모락모락 피어오르는 커피와 녹차 등을 얹은 쟁반을 들고 지하철을 타려는 승객들에게 차를 권하며

『전철 안에서 이 복음서 읽으시고 우리 교회 나오셔서 구원 받으세요.』 한다.

커피는 사양하고 팸플릿은 받아 겉주머니에 집어넣는다. 팸플릿 내용은 성경말씀이니 불경하게 구겨서 팽개칠 순 없는 노릇이니.

이윽고 플랫폼에 다다른다. 아랫주머니의 모바일에서 진동과 함께 『메시지를 확인하세요.』하는 소리가 들린다. 전동차가 역 구내로 들어오고 있는 동안 얼른 휴대폰을 꺼내서 열어보니 무담보 금전대출 문자

메시지다. 『멋모르고 너희 돈을 썼다가 신체포기각서까지 쓴 사람이 어디 한둘이더냐, 이 짐승 같은 놈들아.』 지하철역 구내라 스트레스 해소 수단으로 퉤 침을 뱉을 수도 없으니, 꾹 참고 차에 오른다. 목적지까지 가는 동안 세 번이나 바지주머니의 모바일에서 벨과 진동음이 들렸지만, 보나마나 또 그 소리가 그 소리일 게 뻔한 일이라 받지 않고 내버려두었다.

목적지 역에 내려서 지상의 거리로 올라가자마자, 한 중년여인이 행인들을 살피고 있다가 이쪽으로 다가오더니 다짜고짜 무얼 건넨다. 받아보니 요즘 한참 유행하는 소위 〈노인들을 위한 초저가 관광〉 전단이다. 그녀는 지나가는 노인만을 노리다가 얼씨구! 하며 내게로 다가온 것이다. 다라와서!

그치들은 초저가로 명소관광을 시켜준다며 사탕발림으로 노인들을 꾀어 무조건 차에 태운다. 그리고는 가고 오는 도중에 이곳저곳 제약회사에 들러, 건강 보조식품에 지나지 않은 것을 [퇴행성노인병 전문치료약]이라고 속여, 턱없이 비싼 값을 부른다. 늙어서 소외감만 남은 고독한 노인들은 자식 며느리의 타박을 생각할 겨를도 없이 덜컥 사고 만다. 『○같은 놈들, 노인들 등쳐먹고 천벌 받을 놈들아.』

목적한 건물에 들어서는 순간 휴대폰 벨이 또 울렸다. 익숙한 번호 같아서 받았는데 아니었다. 지금 살고 있는 ○○동 비싼 집 팔아서 신개발지구의 싼 땅에 투자하라는 투기 전화였다. 그자들이 내가 ○○동에 산다는 정보는 또 어디서 얻어냈을까? 대꾸도 없이 모바일을 닫으면서 욕설을 퍼부었다. 『우리 가족의 아늑한 삶의 둥지를 무슨 떼돈을 벌자고 팔아넘긴단 말이냐. 돈이라면 영혼까지도 팔아먹을 이 ○같은 놈들아!』 중얼거리며 사무실에 들어서니 모두들 왜 그리 표정이 어둡냐고 묻는다.

『제 정신 가진 놈치고 밝은 표정 지을 세상인가 어디!』

그때부터 하루 종일 일에 매달리는 중간 중간에 계속되는 광고전화나 메시지에 시달리고, 『이 명박 대통령은…』어쩌고 하며 머릿속에 차곡차곡 스트레스만을 채워주는 정오뉴스에 시달리고…. 오직 한 가지 낙이 있다면 점심때 술 즐기는 사람끼리 반주 한 잔씩 건배하는 낙이었다.

매인 직장이 아니니 딱히 퇴근이랄 것도 없지만, 어쨌든 오늘 해야 할 일을 끝냈으니 동료들과 작별인사를 나누고 자리에서 일어섰다. 하루 동안 쌓인 스트레스로 심신이 파김치가 되어 돌아와 아파트 현관에 들어서는 순간, 또 문자메시지 신호음이 들렸다. 발신인은 ㅇㅇ텔레콤이었다. 인터넷을 자기회사로 바꾸면 현금 ㅇㅇ만원을 즉시 지불하겠다는 문자였다. 가뜩이나 스트레스로 가득한 머릿속에 또 한 겹 디스트레스가 쌓이는 순간이었다. 끝없이 악랄한 상혼들이다.

현관 우편함엔 여느 때와 마찬가지로 대여섯 통의 우편물이 꽂혀있었다. 오전 것은 아내가 이미 수거해갔을 것이므로 이것은 오후에 배달된 것이다. 필요한 우편물은 딱 한 통이고 나머지는 예의 그 광고전단이다. 가지고 들어와 구겨서 현관쓰레기통에 처박고 거실에 올라 윗옷을 벗는데, 안방에 작은딸아이가 와있었던가 보다. 아빠 오는 기척에 거실로 나와서 제 엄마에게 볼일이 있어 잠시 들렀다고 하였다. 매사에 똑 소리 나게 의연하여, 미욱한 제 아비와 부딪치는 일이 잦은 아이지만, 그래도 오랜만에 보는 딸의 얼굴은 반가웠다.

그때 초인종이 울렸다. 이 밤중에 또 누굴까? 문을 열고 내다보니 『ㅇㅇ일보 구독하시라고 왔습니다. 1년간 무료로 넣어드리고 고가의 경품도 드립니다.』 하였다. DA일보 외판원이었다.

『지금 구독하는 신문은 어쩌고요. 당신 말 듣고 이 자리에서 바꿀까? 엔간히 귀찮게들 하시오!』 퉁명스럽게 대거리한 다음 문을 꽝 닫고 들어와서

『진드기 같은 놈들! [조중동] 앞잡이 노릇이나 하는 버러지들이야. 안 그러냐?』

신경질적으로 악담을 내뱉으며 딸아이의 동의를 구하자 딸아이의 반응은 뜻밖이었다. 아니, 어쩌면 예상했던 반응이었다. 매양 그랬었으니까.

『아빠가 정말 내 아빠 맞아요?』

『---?』

『나도 거대신문들의 횡포를 안 좋아하긴 아빠 못잖아요.』

『그런데?』

『살기 위해서 밤늦도록 저렇게 뛰어다니는 저 사람들의 노력은 C.J.D의 행태와는 다른 시각에서 봐야지요.』

『어떻게?』

『아빠같이 논어 맹자를 섭렵한 분이라면 저런 사람을 보고 우선 안됐다는 생각부터 들어야 하잖아요? 그것이 측은지심惻隱之心 아닌가요?』

『---!』

나는 딸년에게 또 한 방 얻어맞은 것이다. 딸아이 말이 맞다.

매양 그랬었지만 오늘 하루도 또 나의 학행學行은 따로따로 놀았다. 창세의 부조리와 강자(甲)의 횡포로부터 벗어나고자 불철주야 몸부림치

는 약자(乙과 丙)들과 연대하기는커녕, [진드기 같은 놈들]이라 저주를 퍼붓다니!

순간 허공에서 외로이 맴도는 뭔가를 감지하였다. 학식을 지식으로 체화(體化)하지 못하는 주인 때문에 [판단의 체계]를 못 세우고, 생경한 학식인 채로 남아, 허공을 떠돌고 있는 허깨비였다. 안쓰럽다. 주인을 잘못 만난 내 학식의 허깨비가 한없이 안쓰럽다.

2010년 1월 15일

바둑맹가盲家의 문장紋章

교직은 여느 직종과는 달리 비교적 자유로운 시간을 누릴 기회가 주어진 직업이다. 일단 그날의 정해진 일과가 끝나고 나면 행동에 제약을 받는 일이 거의 없다. 퇴근시간까지 교무실 구석자리 한두 곳에 바둑판을 벌여놓고 번갈아가며 바둑을 두거나, 그곳을 에워싸고 구경하는 사람이 많은 것도 교직생활의 자유로운 일면이다.

시간도 되기 전에 혼자서만 퇴근하기도 뭣하여, 자리에 눌러앉아 잡무도 처리하고, 강의준비나 독서를 하다보면, 어쩔 수 없이 바둑 두는 이들이 나누는 대화를 듣게 마련이다. 그 대화 속엔 참 신기한 말이 등장한다. 패覇니 단수單手니 정도는 하도 많이 들어서 나도 알고 있다. 하지만 이따금 [옥집]이니 [오궁도화五宮桃花니 매화육궁梅花六宮]이니 하는 어려운 말을 쓰며, 백집과 흑집이 한쪽은 애석하다는 듯, 다른 한쪽은 그것보라는 듯 탄성을 주고받을 때면 나는 까막눈이요 귀머거리다. 답답한 나머지 그것이 어찌 된 내용이냐 물어보기도 한다. 그러면 바둑맹盲인 내가 관심을 보이는 게 신기한지 그들은 친절하게 설명해준다. 설명을 들으면 말로는 대강 알아듣겠는데, 바둑판의 흑돌과 백돌로 눈앞에 치환되어 이해되진 않는다. 말하자면 난 바둑에 소질이 없는 것이다.

난 처음부터 바둑을 둘 줄 모른다. 아니, 바둑을 둘 만한 조직적 두뇌를 갖지 못한 것인지도 모른다. 학생 때부터 수학성적이 가장 부진했던 것도 그렇고, 요즘 들어 늙마에 글줄이나 끼적이는 것 또한 특별히 조직적 두뇌가 필요 없는 신변잡기만 긁적대는 걸 보아도, 내가 바둑을 둘 줄 모르는 건 역시 두뇌조직의 문제인 게 틀림없어 보인다.

용케도 나에겐 내가 바둑맹이 된 걸 그럴싸하게 발명해낼 호재가 하나 있다. 나는, 아니 나를 포함한 나의 형제들은 바둑에 대한 소질유무를 검증받을 기회 자체를, 애시에 우리 아버지에게서 차단당하고 말았다. 나의 선친은 우리 형제에게 『공부하다 간간히 머리를 식히고 싶을 때 장기를 한 번씩 두는 건 몰라도, 절대로 바둑판을 굽어보거나 바둑알에 손을 대서는 안 된다.』 엄명을 내리신 것이다.

요임금과 순임금도 아들의 어리석음을 깨우쳐주기 위하여 바둑을 가르쳤다 하고, 공자조차도 그냥 노는 것보단 바둑이라도 두는 게 현명한 처신이라 말씀하셨다고 들었다. 그런데 도대체 우리 아버지는 왜 선비의 아우라라면 아우라일 것이요 매무시라면 매무시라 할 바둑이라는 걸, 단칼에 잘라 자식들에게서 빼앗아버린 것인가? 글도 읽을 만큼 읽으신 우리 아버지가 사리를 앞세우지 않고 무조건 폭압적 명령을 내리신 건 물론 아니었다. 내세우신 그 사리라는 게, 어찌 들으면 그럴듯하고 또 어찌 들으면 맹랑하기도 하여, 요즘도 난 그 생각을 하면서 픽 하고 실소를 터뜨릴 때가 있다. 그 실소 끝에 난 항상 숙연해지며 옷매무새를 가다듬고 아버지의 옛 자취를 회상한다.

나의 고조고高祖考 약천부군藥川府君께서는 두 아드님과 세 따님을 두셨다. 그중 큰따님은 서산후인 류풍호柳豊鎬공에게 출가하고〈별책졸고: 약

천가세현안식지도－삼방유허 참조〉 둘째따님은 완산후인 이원의李瑗儀공에게 출가하였다. 이공은 무병사武兵使로 출발하여 현감 군수 부사 등의 지방 수령으로 한평생 고을살이만 하고 돌아다닌 어른이었다. 그분이 나이 들어 은퇴하고 저간這間에 향리인 영광 홍덕에 돌아와 한거하고 있다는 기별이 왔다. 나의 선친께서는 모처럼 대고모부大姑母夫에 대한 예절도 차리고, 오래 못 뵌 대고모(고모할머니)도 뵐 겸, 200리길을 멀다지 않고 걸어가서 문후를 드리게 되었다. 사랑에서 내객과 바둑을 두고 계시던 영감마님이

『처댁종손妻宅從孫이 문후차 먼 길을 왔습니다.』

하는 종자의 연통을 받고, 들라 하여 절을 받은 뒤에 『너 왔느냐?』 한마디 하고는 두던 바둑판으로 눈을 가져가더니, 거의 해가 저물도록 바둑판에서 눈을 떼지 않으시더란다. 집안의 안부를 묻기는 고사하고, 하다못해 「먼 길에 오느라 애썼다」 그 한마디도 없었다는 것이다. 심기가 편할 리 없는 나의 선친이 안채로 들어가, 당신의 고모할머니만 뵙고는 곧바로 자리를 뜨려하자, 할머니가 대경하고 왜 그러느냐 물으시며 솟을대문 밖까지 따라 나오면서 만류하시는 걸 매몰차게 뿌리치고, 그길로 그 먼 길을 회정하여 돌아오고 말았단다.

나의 선친은 자신이 제봉 3부자를 다 무릅쓴 혈손이라는 자존심이 하늘을 찌르는 분이었다. 고모할아버지도 효령대군 후인으로 이렇다는 양반이건만 그 정도로는 당신의 성에 차지 않은데다, 아무리 고을 수령이었다 해도 공부가 짧은 무변武弁 출신이라, 도학에 어두워서 처신이 저 모양이라고 얕잡아보며, 돌아오는 길에 끓어오르는 부아를 삭이고 또 삭이셨다는 것이다.

얼마 뒤, 오가는 인편을 통해 그날 대고모 댁 뒷이야기를 듣게 됐단다. 바둑을 끝낸 영감마님이 저녁상을 받고는 그제서야 『아까 아무개가 왔었는데 어디 있느냐?』 물었고, 그 말이 떨어지기 무섭게 안방마님이 나서서 대들보가 쩌렁하도록 한바탕 영감마님에게 화풀이를 해대는 바람에, 그날 밤은 우리 아버지 때문에 그 집안이 온통 들썩들썩 했더라나.

하여간 나의 선친은 그때부터 바둑은 사람의 천품을 흐리게 하는 잡기의 일종이라며 일평생 몸소 사갈시한 건 물론, 자식들과 아우들에게도 고모할아버지 예를 들어, 바둑을 멀리할 것을 신신 당부하신 것이다.

내 생각에 바둑은 천지의 대법이 그 속에 들어 있다고 해서, 사람들이 하락河洛[9]에 견줄 만큼 대단한 그 무엇인 건 틀림없어 보인다. 그것은 바둑 애호가들이 바둑을 다 끝내고 나서 하나같이 기국碁局의 오묘한 이치를 찬탄하는 데서도 미루어 알 수 있는 일이다. 그것은 바둑의 신비로운 아우라로서 우리 같은 바둑맹들의 한없는 부러움을 사기도 한다. 한편 내 선친이 겪으신 옛일을 상고하며, 난 기담집의 하나인 [술이기述異記]의 「난가爛柯고사」를 떠올리지 않을 수 없다. 바둑을 두거나 구경하는 재미가 아무리 크기로, 나무꾼이 자기의 밥줄인 도끼자루가 썩는 줄도 모르고 바둑에 열중해 있었다면, 이건 어딘지 주객과 본말이 뒤집혀진 난센스가 아닐까?

바둑이 기박碁博이어선 안 된다. [기박]이라는 말이 있다는 건, 바둑에 이미 도박의 속성이 내재해 있다는 걸 의미한다. 돈이나 재물을 내기하

9) 하도낙서河圖洛書의 준말=천지대법의 근원.

는 것만이 도박은 아니다. 인생을 내기하는 건 더 큰 도박이다. 바둑을 기박으로 두는 사람은 자신의 인생을 걸고 도박을 하는 것이다.

예전에 내 선친의 고모할아버지는 자신이 마땅히 지켜야 할 인륜의 대도를 바둑과 맞바꿔버린, 기박을 두고 계셨던 것이다.

내가 바둑맹이 돼버린 건 그 사연이 이러하거니와, 나는 내 선친의 그 옛날 그 당당한 처신을 지금도 마음속으로 지지한다. 그리고 나를 바둑맹으로 만들어버린 아버지의 처사를 원망하기는커녕, 그런 연유로 내가 바둑맹이 된 걸 오히려 다행스러워하고, 이 이야기를 우리 가문의 문장紋章으로 삼아, 나의 막역한 지기들에겐 자랑삼아 넌지시 들려주기도 한다.

2006년 12월 4일

아귀 이야기

1

『홍 기자, 전북 군산에 아귀찜 전문식당을 내서 수천억 재산을 모은 여인이 있다는데, 혹시 들어봤어?』

『아니, 못 들어봤는데요.』

『나도 좀 아리송한 소스로 알게 됐는데, 더 놀라운 건 그 수천억 갑부가 철저한 사회주의자라는 거야.』

『그것 참 재미있는 일이네요』

『지방출장 한번 다녀오겠어?』

『O-Key, Sir』

H신문 사회부장과 사회부 기자 홍명기의 대화였다. 87년 민주화 바람을 타고 새로 창간한 신문이다 보니, 아직 특종기사 한 건도 내보내지 못한 터라, 이런 확실한 특종 감을 홍 기자가 마다 할 리 없었다. 부장에게서 건네받은 쪽지를 보고 즉시 전화를 걸었는데, 한 사람 건너서 어렵잖게 상대방으로 통화가 연결됐다.

『아, 여보세요. 김 간난 회장님이십니까?』

『네 그렇습니다만, 누구세요?』

『저는 얼마 전에 창간한 H신문 사회부 기자 홍명기라고 합니다. 아직 올챙이 기자라서 마땅한 취재원이 나서지 않던 차에, 바람결에 들으니 회장님 재테크 이야기가 좀 특이하던데, 저를 나이어린 동생이라 여기시고 좀 들려주시지 않겠습니까?』

『아, 그러세요? 뭐 특별히 별난 이야기도 아닙니다. 그래도 다른 신문이라면 당연히 사절입니다만, H신문이라니까 기쁘게 응하겠습니다. 언제 오시겠어요?』

『오늘, 댁으로 찾아뵐까요?』

『아니, 그러지 마시고 아귀찜에 소주도 한 잔 하실 겸 군산에 있는 우리 아귀찜 본포로 오시죠. 술을 못 하십니까?』

『천만에요. 좋습니다. 저녁 네 시에 찾아뵙겠습니다.』

2

군산시 해망동 금동 영화동 죽성동 일대는 정면으론 멀리 충청남도 장항읍과 마주보고 있다. 왼쪽으론 서해를, 오른쪽으론 금강하구를 굽어보며, 그 일대에 군산시청을 비롯하여 옥구군청 경찰서 군산의료원 방송국 전화국 여객선터미널 고속버스터미널 출입국관리사무소 해운항만청 수산물종합센터 등등을 총망라해 거느리고 있는, 서해안 굴지의 항도 군산의 심장부다. 홍 기자가 찾아간 ○○빌딩은 그중에서도 가장 번화한 4통8달의 중앙로 1가 네거리에 있었는데, 여느 지방도시에선 쉽게 찾아보기 어려운 15층짜리 초현대식 매머드 빌딩이었다.

자동문이 두 번 열리고 닫힌 뒤에야 로비가 나타나는데, 이 거대하고

으리으리한 건물 어느 구석에 비린내 풍기는 아귀찜 전문식당이 박혀있다는 것인지 쉽사리 가늠하기 어려웠다. 「분명 김 회장이 일러준 그 빌딩인데?」하며 홍 기자가 두리번거리자, 데스크 쪽에서 멀끔한 젊은 신사 하나가 다가오더니, 『김 간난 회장님을 찾아오셨습니까?』 하였다.

그렇다고 대답하는 순간, 데스크에 그 남자와 함께 앉아있던 50대 중년여인이 다가오며, 『기다리고 있었습니다. 김 간난입니다.』 하였다. 수수한 투피스 차림의 여인이었다. 거대상사의 회장이라기엔 너무도 소박한 차림새요 소탈한 매너였다.

『H신문 사회부 기자 홍명기입니다. 만나주셔서 감사합니다.』

그녀는 자신의 손목시계를 내려다보더니 『저녁식사 시간도 아직 이른데 조용한 제 방으로 가서 얘기를 나누실까요?』 하였다. 홍 기자가 좋다고 했더니 이내 회장실로 안내되었다. 큰 상사의 회장실다운 위엄을 보이며, 이러저런 집기들이 화려하고 깔끔하게 정돈돼 있었다. 그것도 방주인의 수수한 겉모습과는 묘한 대조를 보여준다는 생각이 들었다.

이윽고 비서가 차를 날라 오고, 뒤이어 날씨며 상대의 용모에 대한 덕담이 오가는 동안 이내 스스럼이 사라지고, 두 사람 사이에 정말 오누이 같은 분위기가 감돌았다.

『기자양반 같은 냄새를 전혀 안 풍기네요?』

『아직 올챙이라 그렇지요.』하며 수줍음까지 보이자

『바람결에 내 얘기를 들었다고 하셨는데, 바람이 귀에 대고 속닥거렸을 리는 없고, 어디서 무슨 말을 어떻다고 들었나요?』

『무엇이 어떻다고 구체적으로 들은 바는 전혀 없습니다. 우리 부장님이 자기도 바람같이 떠도는 소문을 어찌어찌 얻어들었다며, 하여간 훌륭한 취재내용이 있을 것 같으니, 가서 한번 들어보고 오래서 무작정 나왔습니다.』

『싱거운 양반들이네! 내 재테크 이야기가 특이하다고 들으셨다는데, 내가 돈을 모은 이야기는 여느 자수성가한 사람들 이야기와 별반 다를 게 없고, 항간에서 신나게 찧고 까불어 대는 건, 내가 어느 양반집안 씨종의 딸이라는 대목일 것 같습니다.』

『씨종의 딸이요?』

『왜, 남들은 숨기려고 애쓰는 비천한 신분을 자기 입으로 까발리는 게 이상하세요?』

『네, 조금』

『아주 간단한 논리입니다. 나는 그걸 조금도 천하다거나 부끄럽다고 생각지 않으니까 그러는 것 아니겠어요?』

『아! 네, 듣고 보니 그렇군요.』

『나는 배운 것이 별로 없으니 내 말의 절반은 「들은풍월」이지만, 오늘의 상당수 한국인이 갑오경장 때까지도 성姓이라는 것이 없었던, 노비나 천민의 후손들이라고 알고 있어요. 물론 지금은 자신이 노비의 후예라고 털어놓는 한국인은 나 같은 얼간이 빼곤 없을 테지만 말이에요. 김간난의 [김]이라는 성도 1909년 새 민적법이 공포 시행되면서야, 면사무소 호적서기가 내 조부에게, 이왕이면 큰 성을 가지라고 김 씨로 정해주면서, [부안김씨]에 붙여주었다고 들었어요. 말하자면 '붙이기(附族) 부안김씨'죠. 너나없이 많은 사람이 그랬는데 그게 뭬 그리 부끄러운 일이겠어요? 감추려고 아등바등하는 꼴이 오히려 더 볼썽사납죠.』

『그렇군요.』

『일제 강점기 때까지도 나의 시아버님과 친정아버지는 주종관계였어요. 시아버님은 양반댁 서방님이었고 친정아버지는 그분의 가노家奴였지요.』

1935년 전후, 동경제대 법문학부에 재학 중이던 권형필權亨弼은, 일찍이 흥선대원군 밑에서 동부승지를 지낸 권익상權翼湘의 손자요, 일제강점기 때 중추원 참의를 지내며 전라도 부안 땅에서 만석꾼으로 치부한 지주 권달중權達仲의 아들이었다. 그는 한 대를 건너뛰어 할아버지를 닮았는지, 근시안적 친일 모리배인 아버지와는 달리, 인성이 활달하고 내다보는 눈이 원대하여, 젊은 나이에도 이미 세상에 대한 초월적 안목을 지니고 있었다.

그는 학내의 비밀조직인 「조선인 유학생 독서회」를 이끌고 있었다. 그곳에서 마르크스의 자본론을 탐독하던 유학생 10여명이, 1931년에 자의반타의반으로 해산돼버린 신간회新幹會를 재건하자고 모의하였다. 이번엔 지난번과 달리 민족주의자들을 배제하고 [마르크스주의자]들만으로 발족키로 하여 형필이 앞장서 조직을 다져가던 중, 불법단체 결성모의 혐의로 체포돼 2년형을 선고받고 복역하였다.

얼마 전에 출산한 첫아기 명준明濬을 강보에 싸안고 면회 온 아내 옥구댁 고씨에게, 형필은 「남편의 이런 모습을 부끄러워하지도 말며 안타까워하지도 말고, 사람이 사람답게 사는 모습이 바로 이런 것이라고 생각해 달라」는 아리송한 당부의 말을 건네며, 쇠창살 너머로 젖먹이아들의 머리를 쓰다듬었다.

그렇게 징역을 살고 나와 한동안 잠잠하기에, 학교에 등록하여 공부를 계속하고 있을 줄 알았다. 그런데 어느 날 느닷없이 이번엔 오사카 형무소에 수감돼 있다는 소식이 날아들었다. 트로츠키주의자로 몰렸다나.

스탈린의 1국사회주의 노선은 1928년의 제3인터내셔널(코민테른)대회에서 마르크스 엥겔스의 〈공산당 선언〉까지 내세우며,

≪볼셰비키 조직원칙에 따라 각국 공산당은 [단일세계정당]의 지부로서 모스크바 집행위원회의 결정에 따라야 한다.≫고 선언하였다.

그 선언에 따라 그해로 즉각 해체해버린 조선공산당을, 제4인터내셔널(트로츠키주의)에 입각하여 재건하려고 동지들을 규합하다가, 불온한 사상범으로 몰려 검거됐다는 것이다.

안절부절 어쩔 줄을 모르고 대청마루의 들보가 쩌렁쩌렁 울리도록, 징역살이하는 아들에게 악담을 퍼부으며 노발대발하는 시아버지 중추원 참의 권달중에게, 애걸하다시피 간청하여 어렵사리 허락을 받고는, 부인인 옥구댁 고씨가 네 살 난 아들 명준의 손을 잡고 오사카 형무소를 찾았을 때, 남편 형필은 천하태평으로 아무렇지도 않은 듯, 예전처럼 창살 밖으로 손을 내밀어 아들 명준의 머리를 쓰다듬어주었다.

『이번에 만기출소하면 상해의 [조선 민족해방 동맹] 장지락張志樂(김산) 선생을 찾아갈 것이니 그리 아시오. 나라를 되찾을 때까지는 나를 기다리지 말고, 이 아이를 잘 건사해 주시오. 사실 당신에겐 너무 못할 짓만 하는 것 같아 미안하오.』 그 한 마디 뿐이었다.

그러고는 5~6년간이나 살았다 죽었다 소식이 끊긴 권형필도 해방의 소식은 들었던지 어느 날 밤 불쑥 집에 나타났다. 모처럼 식구들에게 얼굴을 보이고 한동안 집에서 편안히 묵는다 했더니, 웬걸! 며칠 뒤엔 또 날짐승처럼 후루룩 날아가 버렸다. 들리는 말로는 서울에서 박헌영 조봉암 여운형 등과 어울려 민족의 진로를 놓고 공산주의냐 민족주의냐 혹은 제3의 노선이냐 하며 머리를 싸매고 있다는 것이다.

일제강점기의 중추원 참의 권달중은 본시 기질이 다혈질이었다. 해방 후에 민중들로부터 친일 모리배로 매도당하자, 제 잘못을 참회하기는커녕 무지막지한 상놈들에게 수모를 겪는 분을 삭이지 못하고, 얼굴이 붉으락푸르락 하루도 편할 날이 없었다. 더불어 집안 말아먹을 좌익분자인 아들놈과의 갈등이 또 이만저만이 아니라서, 아예 희망의 끈을 놓고 몸져누워 버렸다. 거기 더하여 본시 병약한데다 만성 신부전증까지 지니고 살았던 안방마님도 따라 눕더니, 불과 한 달을 전후하여 양위분이 모두 저세상 사람이 되고 말았다.

아무리 친일파요 모리배라 하더라도 아버지는 자신과 떼어놓을 수 없는, 세상에서 가장 가까운 육친이다. 형필은 제백사하고 서울에서 내려와 연거푸 두 차례의 친상을 정중하게 치렀다.

나중의 모친상을 치른 지 백일이 되는 날, 스님들을 모셔다가 재를 올려 부모의 극락왕생을 빌어드린 형필은, 그 자리에 자기 집 소작인들을 모두 불러 모았다. 그리고는 자신의 확고부동한 신념인 마르크스주의를 온몸으로 실천하였다. 우선 자신이 자작으로 농사지어 먹고살 만큼의 토지만 남겨두고, 나머지 토지는 조건 없이 실제 작인들의 명의로 소유권을 이전해주었다. 그리고 그때까지도 거느리고 살았던 몸종들도 땅과 집을 주어 따로 나가 살게 하였다.

자기 몫의 농사일은 자기가 없는 동안, 자기와 동갑내기요 의기투합한 간난아버지 김 선동에게 맡아달라고 위탁하였다. 간난아버지 김 선동은 실제로는 권형필과 친구나 다름없는 사이였다. 하지만 경제적 종속관계나 사회적 통념상으로는 어제까지도 그 집 가노의 처지였다가, 이번 형필의 혁명적 개혁조치로 완전한 자유의 몸으로서, 명실상부한 형필의 친구가 되었다.

다시 서울로 올라간 권형필은 우여곡절 끝에 결국 박헌영과 동지가 되어 남조선노동당을 결성하기에 이른다. 그러자 마치 기다렸다는 듯, 미 군정당국과 그 하수인들이 끊임없이 압력과 탄압을 가해왔다. 마침내 지하로 스며들어간 당원들은 어떻게든 남조선 단독정부 수립만이라도 막아보고자 갖가지로 암약하다가, 차츰차츰 죄어들어오는 경찰의 검거를 피하여 얼마 전에 동지들과 함께 월북하고 말았다는 소식이 들려왔다.

1948년 8월 15일, 이승만이 기어이 남한만의 단독정부를 수립하고 나자, 북에서도 그에 맞서 건국에 대비한 총선을 실시하였다. 들리는 말로는 그 총선에서 권형필도 최고인민회의 대의원으로 선출되고, 뒤이어 김일성 내각에 박헌영, 이승엽, 박문규, 허성택 등과 함께 입각하여 내각 참사를 맡고 있던 중, 6·25전쟁이 발발하자 해방전쟁 요원으로 전북도당에 파견되었다.

간난아버지 김 선동은 일찍이 일제강점기 때부터 서방님 권형필에게 포섭되어 사회주의자로 의식화되어 있었다. 해방공간에선 남로당 프락치로 활약하던 중 인공치하가 되자 면당위원장을 맡아서 권형필을 도와 새나라 건설에 정성을 쏟았다. 왜놈들 세상에서도 창씨개명을 끝까지 거부하며 민족정기를 꿋꿋이 지키다가 갖가지 불이익을 받아온 집안은 상부에 포상을 상신하였다. 반면에 일제강점기 내내 왜놈들의 앞잡이로서 양민들을 핍박하다가, 해방이 되자 잽싸게 안면을 바꾸어 미군정 요원이나 경찰의 앞잡이 노릇을 했던 악질반동의 죄과가 뚜렷한 자들은, 인민재판에 부쳐 가차 없이 처단하였다. 누가 보아도 이제야말로 나라

꼴이 바로 서는 듯하였다.

그러나 누가 알았으랴, UN군 최고사령관 맥아더의 인천상륙을 계기로 국군의 대반격이 전개될 줄을!

【태백산맥을 타고 일단 북으로 후퇴할 것이니 모든 동지들은 추풍령 남쪽에 집결하라】는 중앙당의 지시에 따라, 인공의 요원들이 하루아침에 신기루같이 자취를 감추어 버리고는 그 뒤로 영구장천 적막강산이라는데, 들리는 바로는 미리 정보를 입수하고 퇴로를 지키고 있던 국군부대에게 전멸되고 말았다는 것이었다.

패퇴했던 국군과 경찰은 수복한 남한 땅 곳곳에서, 패퇴 직전에 그들이 자행했던 [보도연맹원 학살사건] 을 능가하는 보복방화와 무차별 살육을 또 다시 자행하였다. 권형필의 처요 명준의 모친인 옥구댁 고씨와, 김선동의 처요 간난의 모친인 언년이도, 인공 때 인민재판으로 처형된 사람들의 가족들에게 죽창으로 보복 살해되었다. 부안 땅 곳곳이 쑥대밭이요, 권형필의 집안은 그야말로 풍비박산이었다. 몸채며 사랑채며 행랑채며 사당이며 곳간은 물론, 권 승지 댁을 둘러싸고 있었던 여러 채의 호재집(종의 집)들마저도 남김없이 숯검정이로 변해버렸다. 그 난리판에도 울안에서 김 선동과 그의 처 언년이, 딸 간난을 키우며 살았던 호재집 한 채는 겨우 살아남았다. 그곳에서 열다섯 살 중학생 명준과 열세 살 초등학생 간난이, 처참하게 죽창에 찔려죽은 두 어미의 시신을 수습하여, 얼기설기 장례를 치렀다. 친척들 네댓 명이 마지못해 들여다보았을 뿐, 상가에는 찬바람이 돌았다. 빨갱이의 자식들이라는 눈총이 사방에서 날아들고 「종놈 주제에 세상이 바뀌니 하늘 높은 줄 모르고 날뛰더니만, 꼴좋다!」하는 소리가 공공연히 담장 너머에서 날아들었다. 동네사람들은 그렇다 쳐도, 권형필의 소작인이었던 사람들조차도, 명준 아버지 권형필이 가문과 일신의 영달을 팽개치고 신념을 좇아 혁명적으로 행하였던 사회주의적 실천을 어느새 잊어버린 것일까? 아니면 경찰이나 서북청년단 같은 극우단체의 눈이 무서웠던 것일까? 아무튼 이 세상 어느 누구도 명준가의 몰락에 대하여는 관심조차 없는 것 같았다.

스산한 가을바람 속에서 두 어미를 선산발치에 묻고 돌아온 날, 명준은 간난의 어깨에 두 손을 얹고 울부짖었다.

『간난아, 우리 오늘 일을 죽는 날까지 잊지 말자. 민족을 배반한 반동놈들의 그 더러운 손아귀에 희생된 우리 어머니들의 원통한 죽음을 차마 어떻게 잊는단 말이냐! 비록 지금은 우리가 저들에게 핍박받고 있지만, 우리 두 아버지의 그 당당하고 정의로운 신념은 반드시 승리하게 될 것이다. 언젠가 이 나라에 우리 아버지들의 그 위대한 태양이 떠오르는 그날까지, 우리는 오늘의 수모를 결코 잊어서는 안 된다. 알겠지? 절대로! 절대로! 알겠지?』 간난은 눈물을 주룩주룩 쏟아내며 고개를 끄덕거렸다.

명준과 간난은 이웃들의 시선이 역겹고 무서웠다. 그리하여 어차피 언젠간 반역자 재산이라는 명목으로 몰수당할 게 빤한, 한 채 남은 호재집과 옛 권승지댁 드넓은 집터마저 버려둔 채, 군산으로 빠져나왔다.

둘이서 함께 이런저런 일에 손을 대며 살아가는 방도를 탐색하는 동안, 어느덧 명준의 나이 열여덟이 되고 간난의 나이도 열여섯이 되었다. 그리고 해와 달과 별과 바다와 갈매기들이 지켜보는 가운데, 두 사람은 이 세상에서 가장 합당하고 자연스러운 부부가 되었다. 천생연분이라는 말은 아마도 이들 같은 경우를 두고 생긴 말일 것이다.

그들은 고향 쪽으로는 고개도 돌리고 싶지 않았다. 어떻게든 학교에 등록하여 공부를 계속해야겠다는 생각도 해보았으나, 그것이 현실적으로 불가능하다는 걸 깨닫고는, 그 생각을 과감하게 접었다. 아침에 눈뜨기 무섭게 명준은 뱃사람이 되어 바다로 나갔다. 간난은 이웃 어망공장에 일거리가 있으면 나가서 일용직 노무자가 되어 부지런히 일하면서, 하늘같은 남편을 도와 알뜰하고 행복한 삶의 터전을 가꾸어나갔다. 명준은 간난의 우상이었다. 조상들의 가계와 오늘이 있기까지의 내력을 소상히 귀로 듣고 눈으로 보아온 간난에게, 명준이 어찌 그냥 평범한 남편일 것인가! 그 의젓하고 당당한 남편에 대한 간난의 감정은 사랑이라는 말로 감당하기엔 너무도 버거운, 어쩌면 하느님에 대한 믿음이나 외경심 같은 그런 것이었다.

『냐아오 냐아오~. 꽈아오 꽈아오~. 뚜룩 뚜룩 뚜룩 끼루룩』 바다의 교향곡을 엮어내는 갈매기와 가마우지 쇠오리 등 갖가지 바다 새들의 환송을 받으면서, 명준이 탄 고깃배가 금빛 아침바다로 미끄러져 나가는 것을 바라보는 간난의 가슴은, 금시라도 터져버릴 것같이 행복하였다. 그 행복한 얼굴은 아침햇살을 받아 마치 부처님의 이마에 난 백호白毫처럼, 세상을 향하여 금빛 찬란한 빛을 쏟아내고 있었다. 그것은 군산시 해망동 선창가에서 아침마다 벌어지는 거룩한 풍경이었다.

날마다 그렇게 남편을 환송한 뒤에 곧장 어망공장으로 들어가, 한 올 한 올 그물코를 뜨면서도 간난은 이 실이 자신과 명준이 언젠가는 도달하여야 하는, 소망의 세계로 자신들을 인도하는 명줄인 것만 같아, 손놀림에 속력을 더하곤 하였다.

자신들이 가고자 하는 이상향은 생각만 해도 가슴 뿌듯한 세계였다.

아버지 권형필공과 장인인 김선동씨를 롤 모델 삼아, 그분들이 구현하고자 했던 위대한 세상을 기어이 이룩하고 말겠다는 각오로, 의연히 살아가는 명준을 생각하면 간난은 저절로 힘이 솟았다.

석양 무렵이나 어둠이 깔린 뒤에 명준이 돌아와서 밥상을 앞에 하고, 둘이서 마주앉아 환담을 나누는 시간의 평화와 행복이, 자신들에게 뿐만 아니라 머잖아 온 누리에 차고 넘치기를, 그들은 그들의 아버지의 이름으로 빌고 또 빌었다. 행복이 무르익은 속에서 마침내 그 씨앗이 잉태하였다. 아들 호연이와 딸 지연이었다. 사랑과 존경의 결실이었다.

아이들이 하루하루 자라가는 것을 보며, 간난은 아이들을 위해서 자신이 어미로서 할 수 있는 뜻있는 일이 없을까를 생각해 보았다. 지금처럼 어망공장에서 일하면 보수는 꽤 많지만, 아이들을 하루 종일 집에 방치하는 꼴이 된다. 그러느니 보육시설 같은 곳에서 보조원으로라도 일할 수 있다면, 수입이 적으면 적은대로 항상 아이들 곁에서 아이들의 올바른 성장을 돕게 되리라는 생각이 들었다. 가까운 유치원에 교섭을 했더니 뜻밖에도 선뜻 보모 자리를 내주는 게 아닌가! 때마침 지금의 보모가 그만둬야 할 형편인데, 간난의 시원시원한 언행이 원장의 마음을 사로잡았던 것이다.

간난은 유치원 아이들을 보살필 때에, 단 한 번도 시아버님 권공과 아버지 김선동 씨를 잊어본 적이 없었다. 그분들은 사람의 사람다운 면모를 간난의 머릿속에 깊이깊이 아로새겨 주었던 것이다. 동경제대 법문학부 학생이요, 지체 높은 집안의 튼튼한 경제적 배경이 뒷받침하고 있다면, 그분은 정계에 진출하더라도 승승장구 입신출세가 보장돼있는 신분이었다. 그러나 그분의 가치관은 결코 자신의 세속적 입신출세를 용납하지 않았다. 더구나 나라조차 일본의 식민지가 돼있는 현실을 그는 도저히 그대로 받아들일 수가 없었다. 그는 자신의 모든 기득권을 과감히 내던지고 자신의 하인인 김선동과 동지가 되어 사회적 정의 구현에 앞장섰다. 간난이 보기에 그것이야말로, 지배층에 속하는 인간 족속들이 마음 놓고 누려도 되는 이기적 자아실현을 헌신짝처럼 내던지고, 혜택 받지 못하고 사는 하층민들 속으로 파고들어, 그들과 연대하고자 하는 거룩한 몸짓이었던 것이다. 그리고 아무나 손쉽게 흉내 내기 어려운 그 지난한 몸짓은, 어떻게든 호연이 지연이 남매가 이어받아 주어야만 했던 것이다. 가능하면 호연이 남매 뿐 아니라 자신이 돌봐주고 있는 유치원 아이들 모두가 그런 사람으로 자라주면 좋겠다는 것이 보모인 간난의 진심어린 소망이었다.

그렇게 보람찬 나날은 그러나 그리 오래가지 않았다. 유치원 원장이 또 하나의 새로운 사업에 손을 댔다가 잘못 되는 바람에, 유치원이 다른 사람 손에 넘어가게 되었고, 새로 취임한 원장은 간난의 학력이 소졸(초등학교 졸업)임을 알고 해고하는 바람에, 간난은 다시 어망공장의 일용직 노무자가 되어 그때그때 일당을 벌어야만 하게 되었다.

그래도 저희 아빠가 배를 타고 바다를 누비는 덕에, 이틀이나 사흘이 멀다고 집에 들고 들어오는 도미와 농어, 우럭이며 갯장어와 민어 수조기 참조기 등 생선은 물론, 때때로 해녀들에게서 얻어오는 낙지 주꾸미와 소라 전복 등을 정성들여 해 먹이니, 슬하에서 아이들은 무럭무럭 토실토실 잘도 자라주었다. 반찬감이래야 오로지 물고기 등속밖에 없건만 어려서부터 주인댁 대부인마님과 신방마님 밑에서 배워 익힌 간난의 음식솜씨 덕에, 아이들은 날마다 먹는 생선에 물리지도 않고, 조리해주는 대로 맛있게 잘도 받아먹었다.

3

어느 날 남편 명준이 사립짝을 밀고 집에 들어오며, 등물도 끼얹기 전에 입을 열었다.

『우리도 아이들 키우며 살 만한 집칸이라도 마련하려면, 눈먼 돈이라도 좀 굴러 들어와야 안 하겠나!』

『------?』

『요즘 저 아랫녘 가거도(소흑산도) 근해에는 수조기 떼가 몇 달 동안이나 밤낮없이 출몰하여, 재수 좋은 아랫녘 뱃사람들은 떼돈을 벌어, 눈깜짝할 사이에 팔자를 고친다더군.』

『------?』

『오늘 우리 배 임자가 우리도 팔자 한번 고치자며, 가거도로 내려가 객주를 정하고 한 달만 벌어서 노 한번 내보자고 하는데, 나도 구미가 당기더라고』

『노를 내봐야 배 임자 것이지 뱃사람들이 무슨 팔자를 고친대요?』

『2할 5푼만 자기를 주고, 7할 5푼으로 다섯 사람이 고루 나눠가지래.』

『사람다운 말 오랜만에 들어보네요. 배 임자가 예사사람은 아닌가보네!』

이리하여 남편은 배 임자를 따라 한 달 기약으로 군산을 떠나, 서남해의 외딴 섬 가거도로 내려가게 되었다.

출항하는 날 아침에 명준이 간난에게 말하였다.

『어제 밤 꿈에는 아버지와 장인을 뵈었어. 두 분 다 웃으시면서 호연이와 지연이가 너희들 소원을 이루어줄 것이니 아무 걱정 말라며, 고개를 돌려 손을 흔들어 보이고는 멀리 사라져 가시더라고』

『하필 길 떠날 사람에게 현몽들을 하신담.』

『두 분 다 활짝 웃으면서 아무 걱정 말라 하시더라니까!』

『그래도 날 궂은 날 출항하는 일만은 절대로 안돼요』

『그거야 내 맘대로 하는 일은 아니지만, 아무튼 조심할게. 그리고 호연아, 지연아, 아빠가 보고 싶으면 빨리 오라고 바다를 보고 소리쳐 불러봐. 바람을 타고 그 소리가 들려오면 아빠가 빨리 돌아올게』

두 아이를 양팔로 가슴에 끌어안고, 간난의 두 손을 꼭 잡으며 떠나간 남편이었다. 언제나 그랬던 것처럼 금빛 아침바다 위에서는 갈매기와 가마우지와 쇠오리 등이 바다의 교향시를 다중합창으로 엮어내며, 먼 길 떠나는 명준의 고깃배를 환송하고 있었다.

명준이 떠난 지 보름이 지나자 쌀독에 양식이 떨어지고, 어망공장에 일이 없는 날은 선창에 가서 날품을 팔아 아이들을 먹였다. 남편이 없는 터에 생선 한 마리 생길 리 없었다. 남편 한 사람이 기둥이요 대들보였던 것을 뼈저리게 깨달으며, 간난은 남편이 돌아오기를 눈이 빠지도록 기다렸다.

기약했던 한 달을 훌쩍 넘겼건만 남편과 남편이 탄 배는 돌아오지 않았다. 달포가 지나고 두 달이 가까워 오는데도 떠나간 사람들의 소식은 없고, 라디오 방송에선가 소흑산도 남쪽 먼 바다 어디에서 정체불명의 어선이 난파한 흔적이 보인다는 막연한 보도가 있을 뿐이었다.

선주와 선원 가족들의 불안한 마음은 아랑곳없이, 두 달을 훌쩍 넘기고 석 달이 지나도 명준과 그 일행이 돌아오는 기척은 없고, 어느 날 관할 파출소에서 나온 경찰관이 선원과 그 가족들의 신상명세를 적어갔을 뿐이었다.

남편과 아비가 돌아오지 않은 세월이 그렇게 반년을 넘기자, 그리도 생기발랄했던 간난과 아이들도 마침내 시들어가는 초목처럼 영양실조에 걸려 맥을 못 추리고, 어망공장에 일이 없거나 선창에 날품일도 마땅찮은 날이면, 하구한날 셋이서 방안에 드러누워 천장만 쳐다보고 있었다.

4

그러던 어느 날 간난의 머릿속에 섬광처럼 떠오르는 물건이 있었다. 어시장 한 구석에 사료나 거름으로 쓰기 위하여 집채같이 쌓아놓은 버려진 생선 아귀였다. 보기에 흉물스러워서 그렇지 아무런 독이 없는 물고기라고 들었다. 간난은 벌떡 일어나 어시장으로 가서 두세 마리의 아귀를 집어왔다. 음식솜씨라면 간난이 누구에게 뒤지랴! 뼈를 발라내고 나니 버릴 게 없는 훌륭한 생선이었다. 솜씨를 다해 우선 탕을 만들어 아이들에게 국물부터 마시게 하였다. 국물을 마시고 난 아이들이 왜 고기는 안 주느냐고 물었다. 고기를 알맞게 썰어 양념간장에 찍어먹게 했더니 정신없이 먹어댔다.

「우선 살고 보자. 못생긴 고기라고 먹지 말란 말은 아직 못 들어봤다. 독이 없고 맛이 있으면 몸에도 좋을 것이다. 이러면서 며칠 동안 아이들에게 아귀고기를 먹여 허기를 면해 주었다. 그러면서도 꺼림칙한 생각이 머릿속에서 떠나지 않았다. 꼭 먹여서는 안 될 것을 먹인 것만 같아, 자신이 못된 의붓어미 같은 생각이 들었다.

그렇게 자책하고 있는 간난에게 어느 날 천지개벽 버금하는 사건이 일어났다. 자신을 언니처럼 따르는 이웃집 미선엄마가 쌀 한 됫박을 들고 찾아와서는 간난을 위로하였다. 남해안 어디엔가 있다는 마산이라는 곳에서는 요즘 아귀를 버리기는커녕 요리로 해먹는 것은 물론, 아귀요리 장사를 해서 돈을 버는 사람도 있다는데, 아이들에게 아귀고기 좀 해먹였다고 너무 속상해하지 말라는 것이었다.

미선엄마의 말을 들으면서 간난은 마당에서 놀고 있는 아이들 쪽을 언뜻 바라보았다. 아귀를 몇 번 해먹여서 그러는 것일까? 아이들의 얼굴에 어딘지 윤기가 흐르고, 노는 것도 전보다 한결 활기차 보였다. 그러고 보니 요즘은 전처럼 방안에 들어 누워 천장만 쳐다보는 일도 없어졌다.

간난은 신들린 사람처럼 벌떡 일어나 아무 말 없이 옷을 주어입고, 어리둥절 쳐다보는 미선엄마에게 하루 밤만 아이들을 맡아 달라 부탁하고는, 그길로 행하니 마산으로 내려갔다. 아귀요리 식당엘 들어가 보고 화경처럼 빛을 발하는 간난의 눈은 [하늘이 무너져도 솟아날 구멍은 있다]는 속담이 간난의 몸에 들러붙어, 간난으로 하여금 새 삶의 지평을 열어가게 하는 신호등이었다.

이튿날로 군산 해망동 어시장거리에 포장마차를 차렸다. 아직도 군산의 어시장 구석지에는 버려진 아귀들이 산더미같이 쌓여 있었다. 우선 마산에서 사먹으며 대강 얻어들은 대로 찜을 만들어 소주안주로 내놓아 보았다. 무슨 고기가 이렇게 담백하면서도 감칠맛이 나느냐며 호응이 대단히 좋았다. 간난은 절로 신이 났다. 술값만 받고 안주는 공짜로 주다시피 했더니, 석양녘이 되면 포장마차가 미어질 것같이 술꾼들이 몰려들었다. 하루 이틀 반짝 그러고 마는 게 아니었다. 매일같이 한결같으니 포장마차로는 감당하기 어려운 이 술꾼들을 놓치지 않고 다 받아들이려면, 포장마차보다 훨씬 큰 가게가 필요하였다. 망설일 것도 없이 신용금

고에서 돈을 얻어, 어시장거리와 맞닿은 금동 한복판에다 큰 가게를 열고, 아귀요리에 정성을 쏟았다. 콩나물을 삶아서 미더덕과 함께 양념고추장에 버무려내던 것을, 콩나물 대신에 미나리를 써보았다. 술꾼들은 한층 희한한 맛이라며 좋아하였다. 아귀 한 접시에 한 병씩 팔리던 소주가 두 병이나 세 병씩 팔렸다.

그런데 생각지도 않은 일이 벌어졌다. 아귀요리 소문이 어시장 바닥에 파다하게 퍼지자, 술꾼들이 미어지게 몰려든 것까지는 좋은데, 어시장 한구석에 항상 지천으로 쌓여있던 아귀더미가 자취를 감추었다. 먹고살 길이 없는 민초의 아낙들이 아귀를 공짜로 주어다가, 너도나도 적당한 곳에 자리를 잡고 아귀찜 포장마차를 낸 것이다.

위기를 느낀 간난은 자신만의 노하우를 새로 개발하지 않을 수 없었다. 아귀찜요리에 섞여서 주식인 아귀와 미나리를 씹기에 오히려 거추장스러운 미더덕을 빼버렸다. 그 대신 식초를 섞은 화끈한 양념고추장을 써가지고, 매워서 혀를 내두르며 아귀와 미나리를 씹는 새콤한 맛을 선보였다. 그리고 지금까지 공짜로 주다시피 한 안주를 〈접시 당 얼마〉하고 가격을 매겨 받았다. 아귀 원료도 이제는 값을 치루고 사와야 했거니와, 이쯤 되면 아귀는 어디다 내놓아도 당당한 술안주로서 손색이 없다고 생각했기 때문이다. 그래도 술꾼들은 조금도 줄지 않고 밤낮없이 들끓었다.

간난은 자신의 아귀요리 비법이 다른 집들로 새나가면, 달리 손맛을 내는 독특한 노하우를 또 개발해, 술꾼들의 입맛을 사로잡았다. 물론 그 비법은 간난 자신의 뛰어난 조리 재간에서 나오는 것이지만, 그 원천은 옛날 부안 집 대부인마님과 신방마님 옥구댁 밑에서 배운 솜씨였다. 그러니 다른 가게들이 간난의 신출귀몰한 비법을 따라잡는 일은 거의 불가능에 가까웠다.

체인점을 열겠으니 노하우를 전수해달라며, 권리금을 들고 찾아오는 사람이 줄을 이었다. 간난은 권리금을 받는 대신, 그들을 시켜 자신의 상호로 분점을 열게 하여, 수입의 일정부분을 본점에 들여놓게 하였다. 재산은 눈덩어리 불어나듯 굴리는 대로 커져만 갔다. 돈이 걷잡을 수 없이 불어나자, 투자시장을 찾아서 상사 설립이 불가피했고, 전문경영인을 통해 재산을 관리할 수밖에 없었다.

어느덧 대학에 들어간 호연과 지연 남매도, 피는 속일 수 없는 것인지 사회복지 분야를 전공하며, 시대에 걸맞잖게 마르크스의 「자본론」에 푹 빠져 있었다. 어머니의 영향을 받아 할아버지와 아버지의 유업을 계승하겠다는 의지일 것이다. 개인주의와 천민자본주의가 만발한 이 시대에, 개도 물어가지 않을 [마르크스의 자본론]이라니!

그러나 간난은 저희 앞에 지천으로 굴러다니는 돈을 보고서도, 오렌지족 같은 속물근성을 드러내지 않고, 의연하게 인간과 인간－인간과 사회의 연대를 생각하는 자랑스러운 호연과 지연 남매를 바라보며, 거기에서 시아버님과 남편의 이미지를 떠올리는 순간, 위대하다는 것의 의미가 무엇인지를 자신의 온몸으로 체득할 수 있었다. 너무도 자랑스러운 영감마님이요 시아버님인 권형필공과 그분의 아들 명준을 생각할 때마다, 가슴이 터져버릴 것 같은 감동을 주체하지 못하는 간난이었다.

5

인터뷰가 진행되는 동안, 비서가 차례로 날라 온 아귀찜과 중국요리

두어 가지, 그리고 군산어시장에 갓 출하한 펄펄 뛰는 생선으로 떠온 생선회 접시가, 세 병이나 되는 소주와 함께 거의 바닥나고 있었다. 홍 기자가 세 번째 소주병에 절반쯤 남아있는 술을 자기 잔에 따르며 또 물었다.

『회장님의 신념과 회장님이 재산을 불려 오신 과정은 분명 서로 모순되는 일면이 있는데, 그 점이 자본주의와 사회주의가 부딪치는 지점이라고 생각합니다. 그것을 앞으로 풀어 가실 특별한 계획이라도 있으십니까?』

『네 나의 신념과 나의 축재과정은 분명 모순입니다. 그러나 맨주먹을 부르주아 자본주의의 철벽에 날려보아야 자신의 주먹만 으스러지고 말겠지요. 나는 그 철벽에 맞서서 언젠가는 그것을 날려버릴 다이너마이트를 축적하고 있었던 겁니다.』

『그 작은 다이너마이트로 요지부동의 철벽이 무너지겠습니까?』

『의지가 중요합니다. 이 넓은 세상에 나와 똑같은 의식으로 무장돼있는 사람이 나 한 사람 뿐이겠습니까? 마르크스는 죽지 않고 아직 살아있습니다. 자본가의 착취 대상인 수많은 노동자들이 바로 마르크스의 분신입니다. 그들이 철통같이 연대하지 않고는, 착취의 지옥에서 도저히 탈출할 수 없다는 걸, 뼈를 깎는 아픔으로 자각하게 될 날이 올 것입니다. 지금 같아선 도저히 불가능할 것처럼 보이지만, 정반합의 생동하는 원리에 따라 이 사회적 모순은 반드시 지양되고, 언젠가 인간세상은 꼭 제자리를 찾을 것입니다. 극과 극은 발전적으로 하나가 되게 마련이지요.』

『실례가 되는 질문입니다만 총재산은 얼마나 되시나요?』

『전속 회계사에게 재산을 정리해 보라 했더니, 내년이면 1조에 육박

하겠더군요. 머잖아 호연이 남매 성혼시켜 저희 먹고 살 만큼만 떼어주고, 나머지는 몽땅 시아버님과 친정아버지와 남편의 뜻을 이 땅에 실현시키려고 애쓰는 정치세력에게 희사할 생각입니다. 그것이 내가 이 땅에 씨종의 딸로 천하게 태어나서, 나름대로 귀하게 살다 가는 보람이라면 보람이겠지요.』

밖에는 어느새 땅거미가 지고 있었다. 간난회장의 모바일로 전화가 걸려왔다. 전화를 받고 난 간난 회장이 말하였다.

『호연이 남매가 집에 돌아와 저녁식탁에서 나를 기다린다는군요. 모처럼 말이 통하는 기자님과 긴 이야기를 나누었더니 가슴이 후련하네요. 이 후련한 가슴으로 나의 제2의 남편들을 안아주러 가야겠어요. 소주 생각나시거든 언제든 찾아오세요.』

〈끝〉

【작품 해제(解題)】

1956년 5월

한 지방대학 여섯 동창생이 졸업여행으로 우리나라 중남부지역을 답사하던 중, 부여를 거쳐 군산에서 하루를 묵은 일이 있었다.

그때 군산의 어시장 한 구석에 집채더미같이 쌓여있는 물고기가 있어, 현지인에게 무엇이냐 물었더니, 〈아귀〉라는 고기인데 먹지 않고 동물의 사료로 쓰거나 썩혀서 거름으로 쓰기도 한다는 것이었다.

먹을거리가 귀한 세상에 저런 일도 있구나 하면서도, 내가 물정에 어두운 분야라서 그냥 지나치고 만 일이 있었다. 그로부터 30여년이 지난 1980년대 중반, 서울 명일동 나의 근무지에서 멀지 않은 먹자골목에, 어느 날 느닷없이

「마산옥」이라는 커다란 식당 간판이 내걸리고, 그 간판의 큰 글자 밑 부분에는 잔글씨로

-아구탕 아구찜 아구수육 전문- 이라 적혀 있었다.

「아구? 아귀?」하며, 순간 내 머릿속에는 그때의 그 군산어시장에 지천으로 쌓여있던 입 큰 생선이 떠올랐다. 혹시나 하여 마산옥에 들어가서 아귀찜을 시켜먹으며 내력을 물으니, 아니나 다를까! 못 먹고 버려지는 아귀를 마산의 요리사들이 찜과 탕과 수육으로 개발하여, 요즘은 전국에 널리 알려지고 인기요리 순위의 상위에 든다는 것이었다.

『그렇게 되었구나!』 나는 먼 옛일을 회상하며 고개를 끄덕거렸다.

그러나 설령 아귀찜의 원조가 마산이라 하더라도, 내 머릿속에 박혀있는 입 큰 생선 아귀는 아무래도 군산이 원적지였다. 하여, 군산어시장의 못 먹는 생선 아귀가 일급 요리로 둔갑하는 과정을, 내 나름의 상상력을 동원하여 엮어본 것이, 남의 염장지르기 딱 좋은 이 터무니없는 픽션으로 모습을 갖추게 된 것이다.

【덧붙이는 말】

이 이야기가 비록 사실에 기초하여 엮인 건 아니지만, 한 시대를 상징할 만한 풍경이기에 감히 [역사 에세이] 항목에 집어넣었다.

-지은이-

사사망념邪思妄念

나는 채 서른도 안 돼, 자의반타의반으로 교직에서 물러나 다른 직종에 종사하였다. 그 또한 여의치 못하자 10여년 만에 교직으로 돌아왔는데 예전 같은 공립학교가 아니고 사립 고등학교였다. 그곳에서 10년 넘게 근무하다 다시 공립학교로 옮아앉아 65세 정년을 맞았다.

공사립을 막론, 정년퇴직 이후엔 지난날 자신이 거쳐 온 학교 재임당시 서로 마음이 닿았던 사람끼리 모임을 만들어, 혹은 매월 만나기도 하고 혹은 격월로, 또는 연중 몇 번씩 만나서 회포를 풀며 노년의 소외와 고적을 달래는 게 이즈음 정년퇴임 교직자들의 한 생활풍속도다.

나 또한 퇴직 후에 여러 공립학교 옛 동료들과 모임을 만들어 교유하고 있다. 얼마 전부터는 떠나온 지 20여 년이나 되는 사립학교의 그리운 얼굴들과도 2개월마다 한 번씩 만나는 모임을 가지게 되었다.

공립학교는 4~5년 주기로 인사이동이 있어서, 교직원들이 길어야 3~4년 짧으면 1~2년씩밖에 같은 학교에서 근무하지 못한다. 거기 비해 사립학교는 빈번하게 사람이 바뀌지 않으니, 내가 그 학교에서 근무하던 10여 년 동안, 줄곧 같은 생활공간에서 몸을 비비대며 미운 정 고운 정

쌓아온 사람들이 수두룩하였다. 고작 1~2년이나 3~4년밖에 함께 있지 않았던 사람들과의 모임보다는, 그 사립학교 모임에 더 마음이 끌리는 건 인지상정일밖에. 그것이 〈홀두화〉 모임이다. 홀수 달 두 번째 화요일에 만난대서 붙여진 이름이다.

2008년의 네 번째 홀두화 모임은 7월 8일 오후 1시, 수락산 밑에서 있었다. 연일 폭염이 기승을 부리는 가운데, 그날도 섭씨 30도를 훨씬 웃도는 고기압이라, 하늘도 구름 한 점 없이 쾌청하였다. 들뜬 마음으로 집을 나서서 3호선 전철을 타고, 고속버스터미널 역에서 7호선으로 갈아탔다. 서울 동북쪽에 있는 수락산은 예부터 서울 근교의 이름난 [먹골 배밭]을 지나고서도, 열 정거장 이상 더 가야 하는 멀고도 먼 곳이다.

그날 그 더위 속에 모인 회원은 모두 여덟 사람이었는데, 폭염의 횡포가 엔간해야 말이지! 수락산 등반은 시늉만으로 끝내고 하산하여, 지하철역 부근 생선구이 집에서 회식이 시작됐다. 그 식당은 총무가 사전답사한 집이라서, 상차림이 정갈하고 음식도 한눈에 맛깔스러웠다.

모처럼 교외郊外로 나왔으니 야유회野遊會 기분을 내자며, 오늘 술은 막걸리로 통일하고 술잔도 큰 사발로 하자고 의견을 모았다. 나도 그랬지만 그날 모인 사람들의 마음도 웬 일인지 여느 때와는 달리 들떠 보였다. 화창한 날씨가 일탈逸脫을 부추기는 것일까?

무르익은 회식 분위기에 맞춰, 큰 사발로 기울인 막걸리 서너 잔의 술기운이 이윽고 나의 온몸을 감고 돌았다. 심신이 공중에 붕 뜬 기분이다.

구름 한 점 없는 여름하늘. 눈부신 햇빛이 짙푸른 수락산을 스쳐, 산허리에 듬성듬성 널린 집들의 초록빛 지붕과, 그 지붕을 떠받치고 있는 담황색 바람벽 위로 쏟아 붓듯 내리쬐고 있었다. 담황색 벽이 강렬한 햇살을 받고 저렇듯 신비롭게 보인 일은 난생 처음이다.

색이란 어떤 색소나 물체가 광선을 흡수 또는 반사하는 파장 때문에 생긴다고 들었다. 오늘은 수락산의 짙푸름과 지붕의 초록빛보다도, 건물 벽에 도색된 담황색이, 그 위로 쏟아 붓는 광선을 가장 잘 흡수하는가 보다. 그 담황색이 유난히 내 시선을 끌었다. 그것은 대기를 통해서 지상에 도달하는 태양복사의 가시광선 영역 중, 내 눈의 감도가 그 담황색을 가장 조화롭게 접수하고 있다는 뜻일 것이다. 이렇달 특색도 없고 오로지 잔약하기만 한 담황색이, 사람 마음을 이렇게 사로잡는 색인 줄은 미처 몰랐다. 보랏빛보다 빛의 파장이 짧은 게 자외선이라고 들었는데, 혹시 저 담황색 위에 내리쬐는 빛이 자외선이라는 것은 아닐까? 아무튼 그것은 빛의 파장이 만들어낼 수 있는 아름다움의 극치였다.

창문 밖을 오래도록 응시하고 있던 나는, 수락산의 짙푸름과 지붕들의 초록빛을 거느리고 드러내 보이는 담황색의 매력에 도취하여, 정서적 안정에서 벗어나기 시작하였다. 담황색이 뿜어내는 아름다움에 미쳐버렸다고나 할까? 도저히 그 색감의 유혹을 절제할 수가 없었던 것이다. 막걸릿잔이 거듭될수록 술에 취하고 눈부신 담황색에 취하고 좌중 분위기에 취하여, 드디어 나는 나 자신을 서서히 잃어가고 있었다.

나와 엇비슷한 분위기에 들떠있던 몇몇 술꾼들은, 그 집을 나와서 2차로 어떤 카페에 몰려 들어가, 입가심 생맥주를 몇 조끼씩 들이켰다. 그곳에서 나는 집의 아내와도 그리고 다정한 죽마고우와도 모바일 대화를 주고받았다. 오늘 수락산 밑 미쳐버릴 것 같은 아름다운 풍치에 지금 내가 푹 빠져있다는 걸, 수식어란 수식어는 다 동원해가며 자랑하였다.

그것 까진 생각이 난다. 그리고는 그만이다. 필름이 완전히 끊겨버린 것이다. 오후 한 시 조금 넘겨 회식을 시작했으니까, 그 집을 나와서 다른 집에서 2차를 마치기까지, 아무리 늦잡아도 오후 대여섯 시를 넘기지는 않았을 것이다. 그 대여섯 시부터 내가 집에 도착한 자정 무렵까지, 무려 예닐곱 시간 동안 나는 내 의식 바깥에 있었던 것이다. 보나마나 그 예닐곱 시간 동안, 남들 눈총을 받아가며 주사酒邪를 부리고 있었겠지!

인상파 화가 모네는, 풍경을 바라보는 자신의 시야에 어쩌다 나타난, 한 순간의 경이로운 빛을 영원 속에 담았기 때문에, 작품마다 처음 포착한 순간의 그 경이로운 빛이 넘쳐난다고 들었다. 나는 한낮의 그 감동적인 담황색을 포착하고서도, 그것을 캔버스 대신 예닐곱 시간의 술주정 속에 담고 말았다. 그림은 애시에 담벼락이니까 그렇다 쳐도, 하다못해 유행가 가사 같은 조각글 하나도 남기지 않았다. 똑같이 빛에 미쳤어도 한 사람은 불후의 예술로 승화시켰건만, 다른 한 놈은 술독에 빠뜨리고 만 것이다.

자정 무렵 어떤 공안요원의 연락을 받고 달려온, 딸과 사위의 부축을 받고(업혀서?) 집에 돌아온 나는, 사람의 몰골이 아니더란다. 쓰고 나갔던 모자는 어디다 버렸는지 흔적도 없고, 안경은 수수깡안경같이 찌그러져 있고, 먹고 토한 것은 바짓가랑이에 묻어 누룽지같이 빳빳이 굳어있고, 이마는 부어올라서……. 못해도 2~3주일은 걸려야 본모습을 되찾겠더란다.

새벽에 눈을 떠보니 그 지경이었다.

술망나니가 술에서 깨어나 정신이 들어, 제 몰골을 의식하게 되는 순간의 그 난감한 처지는, 같은 술망나니로서 직접 겪어보지 않은 사람은 짐작하기조차 어려운 참담한 것이다. 그 기막힌 현실을 하나하나 추슬러 나가느니, 차라리 그 순간 칵 죽어 없어지고 싶다는 것이 거짓 없는 고백일 것이다.

주호酒豪라는 말까지 들어가며, 술에 관한 한 한평생 호기롭게 살아온 애주인생사愛酒人生史에서, 이와 비슷한 일이 전에도 한두 번 있긴 하였으나, 이번같이 엄청난 사고는 처음 겪는 일이다. 이번만은 심신의 외상이 만만히 치유될 것 같지가 않았다. 어제 함께 있었던 누군가를 전화로 불러, 간밤의 내 무의식세계를 물어볼 용기가 나지 않았다. 그들 입에서 무슨 기막힌 말이 터져 나올지 무서웠던 것이다.

『차라리 죽자!』 나는 지그시 눈을 감았다.

그러고서 얼마가 지났을까? 그래도 그만 일로 차마 죽을 수는 없었던가 보다. 만신창이가 되어 천근같이 무거워진 몸을 이끌고 욕실로 들어갔다. 양치하고 머리 감고 오랜 시간 샤워기로 온몸에 찬물을 끼얹고 나니 맑은 정신이 돌아왔다. 서재로 들어와 컴퓨터 앞에 앉았다. 죽이라도 쑤어서 속을 달래야 하지 않겠느냐는 아내에게 면목이 없어, 기어들어가는 소리로 『뭐든 먹으면 토해버릴 것 같아요』 정중히 사양하고, 컴퓨터의 키를 두드리기 시작하였다. 하느님 앞에서 쓰는 반성문이요 참회록이요 선서였다.

하느님 ________________________________
____

키를 다 두드리고 난 뒤, 오늘 하느님 앞에서 참회하는 마음으로 엮은 이 글을, 여생의 좌우명으로 삼고 살아가리라 스스로에게 다짐하고 있을 때, 퍼뜩 하나의 영감靈感이 내 머릿속을 파고들었다.

『------?』

뭔지 모르게 마음 깊숙한 구석에서 짚이는 것이 있었다. 나는 얼른 일어나 거실의 응접용 탁자 위에 놓인 탁상달력을 집어 들었다. 달력에는 거의 빈 칸이 없을 만큼 빽빽하게, 집안의 행사 또는 생일이나 기일 같은 각종 기념일과, 수많은 동아리의 회식약속 등이 적혀있었다.

7월 8일 즉 어제 날짜에 적힌 항목은 두 가지였다. 위쪽은 [홀두화 모임]이고 아래쪽은 [빙모 기일]이었다.

『빙모 기일? 아, 역시 그랬었구나!』

여기서부터 나는 내 특유의 사사망념邪思妄念에 사로잡히기 시작했다. 남자답지 못하게 사특한 생각만 한다며, 아내에게서 핀잔듣기 일쑤인 그 요망스러운 생각 말이다.

①

요즘 전국에 폭염경보가 내려지고, 기온이 연일 30°C를 훨씬 웃돌아, 여기저기서 열사병으로 쓰러지는 일이, 하루가 멀게 보도되고 있었다.

7월 8일 홀두화 모임 이틀 전에 느닷없이 아내가 하는 말이

『이 더위에 나갔다가 잘못하면 쓰러질 수도 있잖아요! 이번 모임에는 나가지 말아요!』 하는데, 평소와는 달리 그 단호한 어조에 어딘지 거역하기 어려운 힘이 실려 있었다. 그때 나는 뭔지 모르게 섬뜩한 느낌을 받았다.

②

홀두화 모임 전날인 7월 7일 밤, 잠자리에 드러누워 무심코 구름 한 점 없는 창밖의 밤하늘을 쳐다보는 순간, 나는 흠칫하였다.

『저런! 저렇게 크고 밝은 별이 있었나?』 생전 처음 보는 별이다.

『내가 저렇게 큰 별을 보다니!』 뭔가 이상하다는 예감이 있었다. 뒤에 알고 보니 그 별은 살별(혜성=彗星)이었던 것이다. 옛날 동양인들은 혜성은 요성妖星으로서 사람에게 살煞을 가져온다며, 그 별이 나타나는 걸 꺼렸다고 고전문학 시간에 배운 일도 있잖은가! 나도 그 커다란 별을 보는 순간 뭔지 모를 강박관념에 사로잡혔지만, 그게 설마 옛사람들이 꺼렸다던 그 살별일 줄이야!

③

이튿날 7월 8일이 홀두화 모임인데, 공교롭게도 이 날은 음력 6월 6일 내 빙모님의 기일이었던 것이다. 달력에 표시는 해 두었으나 어차피 참례할 수도 없는 제사라서, 나는 기일이라는 것조차 알지 못한 채 홀두화 모임에 나갔다. 친가와 처가의 초-재취 어머니자리들과 나와의 기이한 인연에 대하여는 졸저 [고춘산고]의 ≪모연母緣≫에서 작심하고 토설한 바 있거니와, 나에게는 결코 선연善緣일 수 없는 장모님의 기일 날, 모임에 나가서 벌어진 이 엄청난 재앙은 도대체 무엇이란 말인가?

④

지하철 7호선 동쪽 끝 수락산자락은 옛 양주 고을인데, 지금도 토박이 농투성이들이 자리를 지키며 득실거리는 곳이다. 내가 그날 모임이 있는 수락산으로 가는 도중, 노원 역쯤에 다다랐을 때였다. 토박이말을 쓰는 초로의 어멈 하나가 차에 오르더니, 노인석에 앉아있는 내 옆에 자리를 잡고는, 마치 나와 구면인 것같이 시답잖은 소리로 수작을 걸어왔다. 생면부지 타인과 말 섞기를 좋아하지 않은 내가 몹시 곤혹스럽던 차, 다음 정거장에서 그 어멈과 같은 또래의 촌로 하나가 차에 올랐다. 보아하니 그들도 서로 초면인 것 같은데, 만나자마자 두 사람이 죽이 척척 맞아떨어져 십년지기같이 수작하고 있었다.

『햐, 이거 봐라!』

이상하게도, 그들이 주고받는 말이 내 귀엔 어쩐지 우리가 쓰는 이승의 말같이 들리지가 않았다. 그들의 수작이 하나도 사리에 닿지 않는다는 걸 느끼는 순간, 내 언어중추가 거부반응을 일으켰을까? 아니면 저것들이 이승 사람이 아니고, 이미 죽은 사람 혼이 이승으로 바람 쐬러 나와, 내가 알 수 없는 소리로 수작을 하고 있을까? 아마도 그랬을 것 같았다.

전국적으로 일주일째 내려진 폭염경보, 이런 폭염 속에 나갔다간 쓰러질지도 모르니 이번만은 나가지 말라는 아내의 전에 없이 단호한 만류, 전날 밤 잠들기 전 창밖에 나타난 살별을 보는 순간 받았던 뭔지 모를 섬뜩한 느낌, 전철 속에 신기루같이 나타났던 헛것들. 장모님의 기일과 겹친 친지들의 모임, 그 귀로에서 벌어진 이 엄청난 재앙! 이런 것들은 과연 아무런 인과관계 없이, 그냥 어쩌다 그리 된 우연일 뿐이란 말인가?

순간 아까 내 머릿속에 파고들었던 정체모를 영감(Inspiration)이 또 그 우연이라는 말을 강하게 부정하고 나섰다.

『아니다! 그건 결코 우연이 아니다. 네게 주어진 예정된 재앙이요 귀신의 저주다. 지난날에도 너에겐 그런 불가사의한 일이 여러 번 있었잖으냐!』 소곤거리고 있었다.

『아, 역시 그랬었구나!』

그제야 나는 이번 재앙을 미리 암시해주던 신명의 계시에 고개를 끄덕거렸다. 나는 신명의 존재를 인정하는 유신론자로서 『신명의 묵시』를 믿는다. 신명은 호불호 간에 내게 어떤 주요한 변화가 생기려 할 때, 이것을 여러 가지 조짐으로 암시해 준다. 더러는 긍정적 변화의 암시도 있지만, 10중 8~9는 부정적 변화의 조짐이요 암시다. 신명은 이번 재앙도 위에 든 네 가지 조짐으로 분명히 내게 암시해 주었다. 그렇지만 설혹 내가 그걸 사전에 명석하게 해득解得했다 해도, 그 재앙은 내 힘으론 막아낼 수 없는 불가역不可逆의 사고事故다. 샤머니즘의 재앙을 내가 무슨 수로 막겠는가!

아내 말대로 남자답지 못한 사사망념邪思妄念은 내 마음속에만 묻어두어야 한다. 왜냐하면 천기天機라면 천기요, 귀신의 조화造化라면 조화라 할, 이 기막힌 내막을 누구에게 발설하겠는가! 50여년을 해로하며 서로 간에 할 말은 다 하고 살아온 아내에게조차도, 저희 어머니까지 끼어드는 이런 사특邪慝한 이야기를 차마 어떻게 내뱉을 수 있단 말인가! 더구나 내 아내는 나와는 달리 소시 적부터 요망한 생각과는 거리가 먼 사람이다. 그것은 나도 잘 아는 저희 친정집안의 내림이다. 점이나 사주나 관상이나 택일 또는 작명 같은 것을 천박한 짓이라고 업신여기는 사람에게, 어떻게 내 잘못은 덮어두고 요사한 다른 핑계를 끌어다 붙이랴! 그러니 어쩌겠는가? 아무도 귀담아듣지 않은 이 짓궂은 천지조화에, 소리 한 번 질러보지 못하고 고스란히 당하기만 해야 하는, 무기력한 나 자신을 있는 그대로 받아들일밖에!

아내가 다가와서 위로인지 겁박인지 정색을 하며 다그쳤다.

『요즘 날마다 폭염 속에 나다니다가 일사병으로 쓰러지는 사람이 많아서, 당신 내보낼 때 그게 불안했었는데, 안 쓰러지고 그런 몰골이나마 돌아와 줘서 고마워요. 하지만 술꾼이 술 먹다보면 그럴 수도 있다고 넘기기엔, 이번 사고가 너무 컸어요. 당신 나 만난 뒤로 술 가지고 사고 친 게, 이번이 몇 번짼 줄 아세요?』

2008년 7월 11일

고장난 바이오리듬
– 머피(Murphy)와 셸리(Shelly)

기상청이 폭염경보를 1주일씩이나 발령할 만큼, 혹독한 더위가 기승을 부리던 7월 상순이 지나자, 중순으로 접어들기 무섭게 이번엔 7호 태풍 「갈매기」가 북상하더니, 그 영향권 안에 있는 한반도 전역에 며칠씩 폭우를 쏟아 부어, 온 나라가 물난리로 큰 홍역을 치렀다. 그것도 모자라 한동안 제주 남쪽에 머물던 장마전선이 뒤따라 상륙하여, 하루가 멀게 남하하고 북상하며, 비를 쏟아 붓기를 끝없이 되풀이하고 있었다. 7월 초의 폭염을 식혀준 것까진 좋은데, 이번엔 또 두 번이나 연이어 물난리를 내서 저지대의 고달픈 삶들을 더욱 힘겹게 하고 있었다. 장마철에 들어설 무렵만 해도, 나는 날씨를 핑계로 얼씨구!하며 집안에 틀어박혀, 지난번 수락산 모임 때 입은 심신의 아픔을 추스르고 있었다. 그것도 3~4일이나 4~5일 이쪽저쪽이면 모를까, 열흘이 넘도록 하염없이 비를 쏟아 부으니, 이젠 진저리가 나서 사뭇 몸이 뒤틀릴 지경이었다.

하늘도 그러는 내가 안됐던지, 기상청을 통하여 오늘부터 며칠 동안 장마가 소강상태를 보이겠다는 예보를 내보냈다. 밖을 내다보니 아닌 게 아니라 어느새 비가 그쳤는지, 눈부신 햇살이 가로수 잎사귀 위로 쏟아져 내리고 있었다. 한동안 볕을 못 봐 창백해진 얼굴에 오랜만에 볕기도 좀 발라주고, 지난 홀두화 모임 때 주태배기의 제물이 돼버린, 애꿎은 안경테도 고칠 겸 집을 나섰다.

갑자기 바깥바람을 쐬니 다리가 휘청거렸다. 거의 2주 동안이나 집에만 틀어박혀 있었으니 의당 그럴밖에.

K.R마트 네거리의 [베누스 안경점]에 들러 안경테 수리를 맡기고는, 80분 예정으로 동네산책을 시작했다. 평상시 하던 대로 하루에 60분이나 80분씩 걸어서 다리근육을 되살려야 한다는 생각에서였다.

지루한 장마 끝에 모처럼 갠 하늘을 가장 먼저 반기는 놈들은 매미였다. 연도의 아름드리 가로수 등걸엔 말할 나위 없고, 건물 벽에까지도 찰싹 달라붙어서 한꺼번에 울어대는 매미들의 합창은, 귀청이 떨어져 나갈 듯 요란하였다. 그래도 지긋지긋한 장마 끝에 모처럼 듣는 매미 울음소리는, 귀를 즐겁게 해주는 청량한 음악이었다.

알토와 테너 소프라노와 베이스가 뒤섞인 그 혼성합창을 즐기며, 느긋한 마음으로 활보하고 있는데, 갑자기 하늘이 또 변덕을 부리는가보다. 조금 전까지도 볕이 쨍쨍하던 하늘이 갑자기 흐려지더니, 가늘디가는 빗방울이 한 낱 두 낱 듣기 시작하였다. 안경점에서 한 이백 보쯤 걸었을까? 우산을 안 가지고 나선 길이라 어쩔 도리가 없기도 했지만, 비 예보가 없었으니 이러다가 말겠거니 여기고, 한두 방울씩 떨어지는 비를 그냥 맞아주며 걸었다. 굵기는 꼭 그만한 빗발이 시간이 갈수록 숫자가 한두 방울씩 늘어나더니, 나중엔 제법 머리카락 속까지 파고드는 놈도 있었다. 기분이 썩 좋진 않았으나 빗방울 떨어지는 기세가, 산책도중 나를 궁지로 몰아넣을 것 같진 않았다.

동네 한가운데 있는 [대청공원]을 가로질러, 탄천 하수처리장 제방 위 공원으로 건너갔다. 그곳은 하수처리장이라는 네거티브-이미지를 눅이

고자, 당국이 막대한 예산을 들여 산뜻하게 꾸며놓은 [제방공원]이다. 공원 옆 8차선대로가 직진으로 뻗어나가 다른 네거리와 연결되지 못하고, 막다른 지점에서 오른쪽으로 꺾여 [양재대로]로만 연결되는 길이고 보니, 차량통행이 드물고 인적도 거의 없는 한적한 곳이라, 나의 산책로로는 안성맞춤이었다.

찻길 옆 널찍한 인도人道와 공원의 오솔길 사이엔 인공 개울의 맑은 물이, 엄동 한때를 빼고는 사시四時에 넘실거린다.

나는 오늘도 여느 때처럼, 그 개울가에서 무성하게 자라고 있는 부들 창포 올방개 궁궁이, 그리고 붓꽃과 갈대 등속의 물풀들을 바라보며, 그곳에서만 왕복 70분을 걸었다. 그 70분 동안 빗방울은 옷을 적시지 않을 만큼, 그렇게 계속 떨어지고 있었다. 그러다가 오늘 산책을 마감하려고 우리 동네 변두리 고즈넉한 [대진 공원]으로 들어설 무렵엔, 그냥 맞고 걷다가는 옷을 버리기 십상일 만큼 빗줄기가 굵어졌다. 이 공원은 내가 언제나 마지막 산책 코스로 이용하는 곳이다. 때문에 공원 안팎의 사정을 속속들이 알고 있다. 체육관 뒤쪽에 터널 같은 오솔길이 있다는 것도.

그 오솔길은 하늘높이 솟아오른 거목들이 사방으로 겹겹이 가지를 뻗치고 있어서, 흡사 천막지붕처럼 비를 온전히 막아주는 곳이다. 나는 비를 피하려 냉큼 그리로 뛰어들었다. 그리하여 이 나무숲지붕 덕분에 물에 빠진 생쥐 꼴을 면하게 된 것이다.

오늘의 이 절묘한 타이밍을 나는 참으로 고맙게 생각하였다. 내게 그런 일은 좀처럼 드문 일이기 때문이다. 나는 빗방울이 하나도 들치지 않는 어두컴컴한 숲길을 네 활개를 쳐가며 득의양양하게 걸었다. 무심코 옆을 바라보았다. 숲길 바깥쪽이 어쩐지 너무 밝다는 느낌이 들었다. 이상하다 싶어 조금 아까 비를 맞으며 뛰어왔던 공원 마당을 아름드리

교목 사이사이로 요리조리 내다보니, 원 세상에 이럴 수가! 금세 개어버린 하늘에 얼굴을 내민 태양이 공원의 잔디 위로 눈부신 햇살을 쏟아붓고 있는 게 아닌가! 보나마나 내가 아까 이곳으로 뛰어드는 순간, 비는 뚝 그치고 볕이 났을 것이다. 나는 그것을 불가지적 경험칙으로 안다.

창백한 얼굴에 볕을 쬐어주려고 나선 80분 산책길에서, 70분은 볕이 아닌 가랑비 속을 걸었고, 쨍쨍 볕이 났을 땐 나무숲지붕 밑 짙은 그늘 속에서 10분을 걸었던 것이다. 이 기막힌 역 타이밍(逆Timing)!

이것도 머피의 법칙(Murphy's Law)일까? 아마도 그럴 것이다. 그것은 내가 타고난 징크스니까.

이것이 바로 내가 거의 한평생 겪으며 살아왔던, 나와 세상사의 기구한 불화증후군(不和 Syndrome)이라고 말하면 모두들 웃겠지. 그러나 단언컨대, 한평생 그림자같이 내게 붙어 다니면서, 시도 때도 없이 나의 일에 훼사를 놓는 이 짓궂은 천지조화, 바로 그것이 내게 운명적으로 지워진 나의 고장난 바이오리듬인 것이다. 만약 그게 아니라면, 바이오리듬이란 일정한 주기로 고진감래라 할 고조기高調期와 흥진비래라 할 저조기低調期가 뒤바뀌는 인간주기율人間週期律이라는데, 그 비율이 어찌하여 나를 비롯한 불우한 사람들에게는, 저조기 쪽으로만 그렇게 치우쳐 있단 말인가!

내가 하는 일마다 십중팔구 결과가 이러니, 나도 희로애락에 울고 웃는 [인간]인데, 어찌 억울하고 분하지 않으랴! 언제나 그랬던 것처럼, 오늘도 나는 고개를 들어 하늘에 대고 삿대질을 하며, 주먹으로 허공을 쥐어박았다. 심술궂은 신神의 작희作戱에 대한 저주요 반항이었다. 허공이란 천체물리학적 공간으로서 그 속에 神따위는 없다는 걸 알면서도.

이럴 때면 언제나 그랬던 것처럼, 오늘도 또 나의 시야엔 먼 옛날의 아버지 환영幻影이 나타났다. 창가의 휘장처럼 양쪽으로 활짝 걷혀진 구름 사이로 나타난 아버지의 영상影像은, 그 옛날 나를 측은히 여기시며 타이르시던 그때의 그 모습 그대로였다. 당신께서는 나의 기구한 사주를 미리 아시고는, 어쩌다 단 둘이 있을 때면 넌지시 이렇게 말씀하시곤 하였다.

『세상을 사노라면 억울한 일도 많은 것이다. 앞으로 너에게 그런 일이 많을 것이니, 그럴 때마다 그것을 안 받으려 아등바등하지 말고, 세상사 다 그렇거니! 하며 아무렇지도 않게 받아들여 버려라. 아무리 궂은일이라도 스스로 기꺼이 받아들여 버리면, 더 이상 사태가 악화하는 일은 없는 것이다.』

못생긴데 더하여 사주까지 안 좋은 막내아들놈의 앞날이 얼마나 마음에 걸렸으면, 아직 어리디 어린 아들놈에게 어른들에게나 할 그런 말씀을 하셨을까! 소리는 들리지 않으나 저 구름 사이로 나타난 아버지의 영상은 지금도 나를 향하여 그렇게 말씀하고 있었다. 우주 삼라만상의 어느 것 하나 천지조화로부터 자유로운 것은 없다는 걸 깨우쳐 주려는 것이리라.

나는 햇발이 쨍쨍 내리쬐는 공원 마당을 가로질러 집을 향하여 발걸음을 옮기기 시작했다. 그동안 비를 긋느라 울지 못하고 있던 매미들이 또다시 눈부신 햇살을 받고, 아까보다도 더한층 극성스럽게 울어대고 있었다.

걷힌 구름 사이로 현신現身하신 아버지가, 자신의 못생긴 막내자식을 긍휼지심으로 다독거려 주신 덕에, 평상심을 되찾은 나는 어느덧 매미소리를 감상하는 여유까지 생겼다.

「쓰유------」하고 한없이 길게 울되, 고저장단의 멋들어진 음정변화를 일으키는 저놈은 털매미다.

「밈밈밈밈 미~」 또는 「매앰~ 매앰~ 매앰~」 저것은 참매미 소리요,

「씨유우~ 쥬쥬쥬쥬」로 시작하여 「쓰와 쓰와 쓰 쥬쥬쥬쥬~ 오오쓰 쥬쥬~ 오오쓰 오오쓰 오오 쓰」 하다가 「씨오츠 씨오츠 씨오츠」로 바꾸고는 「츠르르르르~」로 울기를 마치는 저 깜찍한 놈은 애매미다.

「쓰욕 쓰욕 쓰욕 쓰욕~」을 몇 번이고 되풀이하다가 갑자기 뚝 그쳐버리는 저놈은 요즘에야 새로 나타났다는 꽃매미라는 놈일까?

「쓰으르람~ 쓰으르람~」「쓰으름~ 쓰으름~」 하는 쓰르라미 소리가 아직 안 들리는 걸 보면, 한여름이 가고 노염老炎이 오기까지는 아직도 한참을 더 있어야 하나보다.

아득히 먼 옛날, 그해에는 한여름 더위보다 늦더위가 더 기승을 부렸다. 노염에 시달리다 못한 부자는 사랑채의 대나무 평상마루에 나와 앉아 있었다. 아버지는 당신도 더우시련만 어린 아들놈에게 열심히 부채질을 해 주셨고, 아들놈은 아버지가 부쳐주시는 합죽선 바람을 맞으면서, 아버지의 무릎을 베고 드러누워, 늦더위 속에서 울어대는 청아한 쓰르라미 소리를 들었다. 사랑채 마당 앞 개울가에 늘어선 미루나무 가지의 여기저기서 잇달아 울어대는 쓰르라미와 쓰름매미 소리는 하늘과 땅에 가득한 노염을 금방이라도 식혀줄 것처럼 청량한 소리였다.

이제 머잖아 저 매미들의 합창 속에, 그 쓰르라미 소리도 한 몫 할 것이다. 그때의 그 아들놈은 아버지와 함께 노염 속에서 듣던 그리운 그 소리가 어서 들려오길 기다리며, 자식에 대한 측은지심惻隱之心이 담

긴 아버지의 말씀을 다시 한 번 되새겨 본다. 그리고 그 부정父情을 받들어, 앞으로 내 앞에 주어지는 모든 일을, [그냥 그러려니] 하고 군말 없이 받아들이기로 마음먹는다.

만에 하나 내세와 윤회환생이라는 게 있다면, 나도 한번 축복받아 태어나서, [적시인생適時人生=Shelly' Law]이라는 제목을 걸고, 신나는 수필 한 편 써보는 날이 있기를 발원하면서.

2008년 7월 27일

※ 이 글은 앞글 사사망념邪思妄念의 속편이다.

금연禁煙의 종교학宗教學

금연 이야기를 하필 담배예찬으로 시작하다니!

궐련이나 파이프를 입에 물지 않은 햇수가, 강산도 변한다는 10년을 훨씬 웃도는 터에, 그래도 흡연의 중독성이 아직 내 몸 어딘가에 깊숙이 숨어서, 넌지시 유혹하기 때문은 아닐까?

금연을 하고 채 반년이 못 돼 흡연유혹에서 완전히 자유로워졌으니, 분명 그 때문은 아닐 것이다. 그보다는 담배라는 영물靈物이 인간과 맺은, 오묘하고 불가사의한 인연에 연유한 것일 터이다.

담배를 피워 물고 있는 동안, 니코틴과 타르와 극소량의 일산화탄소가 어우러져, 아삼륙二三六으로 빚어내는 환상적 앙상블은, 젖먹이 어린 것이 모유를 빨며, 어미의 눈을 쳐다보는 포근한 그 품속과 무엇이 다르랴!

천지개벽이 다가온다 해도 우선 궐련 한 대 피워 물고, 허공을 향하여 푸른 연기를 내뿜는 마음의 여유, 이것은 애연가들만이 누리는 생활인의 멋이다. 담배연기를 빨아 깊숙이 삼켰다가 길게 내뿜는 순간의 환희를 세상 어디서 찾을 것인가! 세상에 그보다 더한 희열이 있다면, 모르거니와 그것은 법열法悅이라는 이름의 지고지순한 정신세계일 것이다. 그런 일은 아무 때 아무에게나 찾아오는 것이 아닐진대, 장삼이사張三李四의 세상살이가 인간에게 주는 희열 가운데, 애연가들이 누리는 흡연의 즐거움은, 아녈 말로 성애性愛의 쾌락과도 맞바꿀 만한 희열이라고 나는 믿는다.

한편 하늘은 그 화사한 빛을 만들어 놓고, 왜 짓궂게도 그 너머에 반드시 그림자를 드리우는 것일까?

그 담배연기에 가려져 생긴 응달 때문에, 볕을 못 보고 시들어가는 인간사가 한두 가지가 아니라니 말이다. 폐암의 원인을 제공하기도 하고, 관상동맥에 이물질이 끼게 하여 혈관을 좁히거나 막아서 협심증과 심근경색을 일으키게도 하고, 또 때로는 뇌의 거미줄 막에 출혈을 일으켜 생명을 위협하기도 하고, 위궤양과 십이지장궤양을 일으키는가 하면, 심지어 여성들에겐 불임증의 원인을 제공하기도 한단다.

물론 이런 질환들은 여러 가지 다른 원인에 의해 발생하기도 한다니, 꼭 담배의 원죄만은 아닐 것이나 지금까지 알려진 바론 흡연이 가장 큰 발병원인이라는 게 정설에 가깝다. 그러고 보면, 흡연으로 누리는 인간의 즐거움도 막중한 생명 자체와는 바꿀 수 없는 것이니, 결국 흡연행위는 우주자연의 생명원리에 대한 무책임한 방종이라는 지탄을 면할 길이 없어 보인다.

내가 담배를 처음 입에 물게 된 게 중2 때던가, 중3 때던가? 아무튼 흡연의 이불리利不利같은 건 그다지 관심거리도 아니었던 시절, 방과 후 우연히 내 귀가길 중간지점 급우의 자취방을 들르게 되었던 날, 내게는 요지경 속같이 휘황한 새 세계가 열린 것이다.

가방과 모자를 아무렇게나 방 구석지로 내던진 급우 녀석, 책상서랍에서 궐련을 말기에 알맞게 잘라 놓은 명함지 크기의 얇은 종이와, 실같이 가늘게 썰어놓은 잎담배를 함께 꺼내더니, 종이 위에 담배를 가지런히 올려놓고 도르르 말아서, 종이 끝에 침을 발라 순식간에 궐련을 만들어 입에 물고는, 성냥을 북 그어대어 불을 붙이고 빨아대며 연거푸 연기를 내뿜는데, 히야! 이런 진풍경이라니! 순진한 것인지 지진아로 늦된 것인지 하여간 나 같은 못난이는 상상도 못할 대견한 광경이었다.

그 녀석은 옛날로 치면 우리 고가高哥들의 본거지 창평현昌平縣 관아官衙에 속한, 지실芝谷(문청공 송강 정철 후예들의 집성촌.)이라는 곳에서 대처로 유학 나온 정용택鄭用澤이라는 반듯한 친구였다.

내게 비하면 그 친구는 숫제 어른이었다. 눈 한번 깜짝 않고 유유히 담배를 피워대는 모습하며, 녀석의 입에서 나온 말은 모두가 어른들의 세계와 연관된 것뿐이었으니 말이다. 하루가 지나고 이틀이 지나고 열흘이 지나면서, 우리나라 흡연족 불량학생이 하나 더 늘어난 것은 시쳇말로 〈닥치고 흡연!〉 또는 〈묻지마 흡연!〉이라고나 할까?

학교에서 불시에 행하는 용의검사 중에, 호주머니에서 담배가루가 나오고 중지와 검지 사이에 노랗게 담뱃진이 배어 있는 게 발각됐것다. 기율부 상급생에게서 [엎드려뻗쳐]자세로 반죽음되도록 얻어맞은 볼기짝이 부르터서 제대로 앉지를 못하니, 에라 모르겠다! 가족들 몰래 연이틀 결석은 그냥 학창시절 추억 만들기였다고 해두자.

이렇게 맺어진 궐련과 파이프담배와 성냥갑과 재떨이와의 인연이 불현듯 헤아려보니 자그마치 45년이었다.

교무부 수업계 사정에 따라, 수업시간이 연속으로 붙어 있는 경우가 더러 있었다. 2-3교시가 붙어 있다든가 5-6교시가 붙어 있다든가 하는 경우, 앞 시간 끝내고 10분 쉬었다 다음시간 들어가야 하는데, 그 10분 동안에 피우는 궐련 한 개비로는 성에 안 차니, 연거푸 두 개비를 태우고서야 교실에 들어가곤 하였다. 차츰 흡연 량이 늘어나, 궐련 두 개비도 성에 안 차니, 다음엔 독하고 향기 짙은 [체리-블렌드] 파이프담배 한 대를 피우고서야, 수업하러 들어간 일이 더 많았다. 그럴 때 내 입이 뿜어내는 담배향이 온 교실 안에 진동하였을 것은 두말하면 잔소리지! 머리통 굵어 어른이 다 된 머슴아 새끼들, 통이 작아 학교에선 감히 못 피우고, 참고 참으며 하교시간만 고대하는 그놈들 앞을 이리저리 돌아다니며, 구수한 담배냄새를 사정없이 뿜어 댔으니, 지금 생각하면 그 얌통머리가 임진년의 풍신수길이나 병자년의 황타이지(청태종)라는 자들과 무엇이 달랐으랴!

20세기가 종반에 접어들 무렵, 나는 귀여운 외손녀 하나를 얻었다. 내 1남3녀의 총생 중에서 둘째딸아이가 출가하여 내게 안겨준 첫 선물이었다. 부모라는 것들이 안팎으로 다 직장이 있어, 그 아이를 아침에 우리집에 맡겼다가 퇴근하면서 찾아가곤 하였다. 철이 마침 겨울이라 문도 열어놓을 처지가 못 되는데, 아직 돌도 안 지난 젖먹이가 있는 거실이나 방안 같은 옥내에서 담배를 피운달 수는 없는 일이다. 궐련으로 치면 하루에 두 갑이요, 파이프라 해도, 거운 한 시간에 한 통씩 빨아대는 담배를, 그때마다 문을 열고 나가 추운 발코니에서 피우고 들어오니, 딱한 것은 내가 아니라 그 꼴을 보고 있는 내 아내였던가 보다.

『나이 들어 늙어가는 것도 남 보기엔 추할 텐데, 앉은 자리에서 담배 한대 마음대로 못 피우고, 추운데 밖에 나가서 피우고 들어오는 모양이 참말 보기 딱하네요.』

여간해서 내가 하는 일에 군말이 없는 그녀 입에서 이런 말이 나올 줄은 참 뜻밖이었다. 터놓고 말한다면 끊어버리면 그만일 담배 하나 끊지 못하고 궁색한 짓을 하는 내가 추해 보인다는 말 아니겠는가!

아내의 말을 좀처럼 귀담아듣지 않던 나도, 담배 하나 과감하게 끊지 못하는 내가 어쩐지 추해 보인다는 이 말만은 가슴을 때렸다. 그런 뒤로 우리부부간엔 때때로 그 같은 스산한 대화가 오갔고, 그때마다 나는 무언가에 가위눌리듯 내 아들아이 생각이 머리에서 떠나지 않았다. 그 아이는 나보다 더한 골초니까.

내 아들아이는 문필에 종사하는 사람이다. 주로 문화와 정치 관련 칼럼을 일간신문의 고정란에 발표하는 논객이자, 때때로 소설을 써서 세상에 적잖은 화제를 던지기도 하는 그런 사람이다. 작가나 문필가 또는 예술가라 해서 모두 그러는 건 아니겠지만, 내 아들아이는 어려서부터 특이한 기질을 보이며, 만만찮은 마음고생과 씨름하며 자란 아이다. 제 가솔을 거느리고 4년 동안 [파리 주재기재]로 나가있는 동안에도, 혼자서 감내하기 힘든 정신적 고통은, 명색 아비인 내게 편지로 하소연해오는 일이 있었다. 그런 편지를 받을 때마다 내 가슴도 미어지는 아픔을 함께 겪어야만 했다.

그 아이의 성장기에 내가 그에게 보여주었을 갖가지 몹쓸 일들에 생각이 미치면, 아비의 걸레 같은 인생역정이 자식에게 저렇듯 큰 고통을 물려준 것이라고 단정하면서, 하느님께 나에 대한 죄사罪赦함을 간구하고, 자식을 옥죄고 있는 고통의 사슬을 풀어달라고 기도하기 어디 한두 번이었던가! 하지만 내 경험의 세계에 하늘이 인간의 간구를 그냥 들어주는 법은 일찍이 없었다. 인간이 무엇인가를 간구하면, 하늘은 반드시 그 반대급부를 요구한다. [내가 네 소망을 들어 주었으니, 너도 네 소중한 무엇을 내게 주어야 하지 않겠느냐]고. 만일 인간이 그리하겠노라 맹세하면, 하늘은 인간이 요구하는 소망은 반드시 이루어주되, 인간이 하느님께 바치겠다고 맹세한 건 어김없이 거두어 간다. 그것이 하느님과 인간의 거래법이다. 내가 코흘리개 어린 시절 장난삼아 하느님께 이러이러한 내 소원을 들어주시면 그 뒤엔 내가 어찌되어도 상관없으니 하느님 마음대로 하시라고 맹세짓거리를 한 일이 있었다. 그 소원은 그럭저럭 이루어졌으나 그 뒤의 내 인생행로는 엉망진창으로 망가진 일이 실제로 있었음을 간증干證한다. 그 뒤부터 나는 신을 향한 맹세짓거리는 신의 꾐에 빨려 들어가는 인간의 자멸행위라는 걸 심증으로 믿고, [신神은 있으되 인간에게 유익한 神이 아니다.]라는 확신으로 오늘까지 신과의 대화는 되도록 기피하며 지내왔다.

내 아들의 만만찮은 마음고생을 지켜보면서 그것을 풀어주기 위하여 내가 아비로서 할 수 있는 일이 무엇일까를 궁리하던 끝에, 내가 어린 시절 겪었던 신과의 거래법을 떠올리며, 나는 번개 같은 영감靈感에 사로잡혔다. 바로 그것이다! 나에게 소중한 무엇인가를 당신께 바칠 터이니, 그 대신 당신은 내 아들이 겪고 있는 마음고생을 거둬 가달라고 제안하는 일이었다. 순간 몇 해 전에 『나이 들어 늙어가는 것도 남의 눈엔 추하게 보일 텐데, 앉은 자리에서 담배 한 대 마음대로 못 피우고,----』

하던 아내의 말이 귓전을 사정없이 후려갈겼다.

이것이다. 바로 이것이다! 이 명료한 신과의 거래원리를 내가 왜 여직 생각지 못했을까! 내가 하느님께 바칠 소중한 그 무엇은 바로 금연을 하는 일이다! 드디어 난 담배에 얽힌 아들아이에 대한 가위눌린 악몽에서 풀려났다.

[하느님, 나는 인간이기 때문에 만에 하나 다시 피우게 되는 일이 있을까봐, 옛날처럼 당신 앞에 맹세짓거리는 안 하겠습니다만, 맹세에 버금하는 경건한 자세로 내일부터 칼같이 담배를 끊겠사오니, 그 대신에 내 아이의 마음고생을 거두어가 주세요. 그리하시겠지요? 그리 믿겠습니다.]

그뿐이었다. 두 번 다시 똑같은 다짐을 주고받지도 않았다. 어린 시절 경험으로 미루어 이 거래는 반드시 성사된다는 종교학적 신념이 있었기 때문이다. 그날 밤, 전부터 기회 있을 때마다 내게 금연할 것을 역설해오던 둘째사위 「닥터 조」와 그의 아내를 내 집으로 불렀다. 「닥터 조」는 서울 아산병원 의사로서 〈금연 클리닉〉 책임자까지 겸하고 있는 사람이다. 나는 그들과 내 아내를 앞에 앉혀놓고, 거두절미 금연선언을 하고나서, 이튿날부터 칼로 자른 듯 금연에 들어갔다. 하느님께 약속한 대로 경건함을 지키기 위하여, 금연에 도움이 될 수도 있는 내 사위의 의료처방이나 금연보조기구 같은 것도 코 방귀 한 방으로 날려 버리고, 금연하는 동안 입이 텁텁하다는 핑계로 껌 하나 입에 넣어 보는 일도 없이, 하느님을 향한 맹세 아닌 약속을 올해로 13년째 칼같이 지켜오고 있다.

세기말이라서 그랬을까?

그 뒤 사회풍속사의 변천은 참으로 총알같이 빨랐다. 날마다 연구되어 나오는 흡연의 건강상 해악이 TV모니터와 신문지상을 도배질하고 있었다. 처음엔 실내로만 한정되던 금연구역이, 이내 복도나 화장실까지로 확대되는가 싶더니, 어느새 건물 전체가 금연구역이 되고, 심지어 지하철 플랫폼은 물론 매표소 앞 로비공간조차도 금연, 금연…. 이러니 담배를 피울 곳이라곤 한길 아니면 사람 없는 으슥한 공간뿐이다. 한길에서 피우고 있어도 지나가는 사람의 눈초리가 곱지 않을 만큼, 불과 일이십 년 사이에 격세지감을 보여주고 있는 게 흡연과 금연의 역함수적 현실이다.

애연가들이여 이 엄혹한 현실을 어찌할거나!

2005년 4월 15일

신명神明의 묵시默示
– 좌도左道 엿보기

우주 삼라만상의 돌아가는 정황이나 이러저런 징후로 미루어, 사람이 신의 존재를 막무가내로 부정해 버리기는 어려운 일이다. 그렇다고 아직 그 누구도 신의 실체를 속 시원히 밝혀내서, 그 적나라한 모습을 인간 세상에 제시한 사람도 없었다. 기독교나 이슬람 같은 종교들은 오랜 세월을 두고 형성된, 여러 유신론자들의 그노시스(gnosis)적 체계일 따름이지, 인간이 사유思維를 통해서 받아들일 수 있는 타당성을 지녔다고 보긴 어렵다.

나도 부지불식간, 그야말로 한 찰나에 신이라는 걸 힐끗 훔쳐본 적은 있지만, 단 한 번도 시원스레 그 본모습과 대면해 본 일은 없다. 하다못해 영적 직관을 통해서라도 말이다. 신은 절대자로서의 모습은 영원히 베일로 가린 채, 삼라만상 위에 희미한 그림자만을 드리우고 있으니, 인간은 그 그림자를 통하여 신의 모습을 어렴풋이 짐작할 수밖엔 없다. 결국 나를 포함한 대부분의 인간은 초경험적 존재는 인간 인지認知의 한계 밖에 있음을 절감하고, 그를 만나기를 단념한다. 인간이 보는 건 현상뿐인데, 그 현상에 접근하기를 꺼려하는 신神을, 무슨 수로 만날 수 있단 말인가?

나는 특정한 신을 찾길 과감하게 단념하고, 범신론적 차원의 신령을 찾아 나섰다. 그 신령은 현상과 직결되는 존재라는 걸 깨달았기 때문이다. 오랜 세월을 두고 나는 참으로 불가사의한 계시를 받는 일이 허다하였다. 그때마다 그 계시의 정체를 여러 각도에서 나름대로 추적해보니, 그것은 우리가 흔히 생각하는 유일신의 섭리가 아니었다. 딱히 [이것이다!] 라고 밝혀 말하기는 어렵지만, 우주만물에 끊임없이 간섭하는 어떤 힘이었던 것이다. 그리하여 나는 신의 존재를 긍정하되 특정한 신이 아니라, 천지에 미만彌滿하여 만유에 부단히 작용하고 있는, 신령을 긍정하게 된 것이다. 그것은 신神이라기보다는 신명神明일 것이다.

젊어 한때 [알베르 까뮈]나 [쟝 폴 싸르뜨르]에 혹하여, 세상 밑바닥에 깔려있는 허무를 자각하고, 〈제멋대로 굴러가는 현실〉에 브레이크를 걸고자, 실존적 차원에서 부조리와의 대결을 지향해 왔던 나는, 이렇게 하여 마침내 그 무신론적 입장을 청산하고, 신을 긍정하되 교조적 유일신이 아닌 만유신령萬有神靈의 존재를 긍정하는, 얼치기 유신론자가 되고 만 것이다. 내게는 그것이 제3의 선택인 셈이다.

나의 신은 기척 없이 내 주변을 맴돌면서 나와 함께 살아간다. 내게 어떤 변화의 계제가 다가오면, 자신만의 신통력을 빌어 넌지시 그러나 도저히 부정하기 어려운 메시지로, 친절하게 내 앞날을 암시해 준다. 호불호 간에 그 예시적 메시지는 지금까지 한 번도 빗나가지 않고 적중하였다. 그것은 신비神秘였다.

따라서 나의 신은 내가 믿고 섬겨야 하는 나의 절대자가 아니라, 나의 일부로서 내 육신이 갖지 못한 영적인 눈귀가 되어, 함께 사이좋게 살아 가는 내 친구인 것이다. 나는 호사가들이 말하는 소위 불가지론자도 영지주의자도 아니요, 에누리 없는 신명주의자일 것이다.

1. 유령

갑인년(1974년) 음력 정월. 서울 도화동 우거에서였다. 자정 무렵 평상시 하던 대로, 내일아침 출근준비를 대강 끝낸 나는, 스위치를 돌려 백열전등을 끄고, 이부자리 속에 들어가 잠을 청하려고 눈을 감았다. 그 순간 어둠 속에서 또렷이 눈앞에 어른거리는 영상影像이 보였다.

아들이 없어 장조카인 나의 큰형에게 얹혀사시다가, 지금부터 약 7개월 전 계축년 5월에 호흡기병으로 세상을 뜨신 숙부가 있었다. 그 숙부가 어디론가 걸어가시고, 당시에 멀쩡하게 생존해 계시는 내 아버지(양부님=仲父)의 영상이 그 아우님의 뒤를 바짝 따라가시며, 이내 두 분이 막힌 벽을 그림자처럼 지나서, 어디론가 가뭇없이 사라져버리는 게 아닌가!

엉겁결에 「아버지!」하며 내가 눈을 떴는데, 칠흑 같은 어둠이 있을 뿐 보이는 거라곤 아무것도 없고, 옆에 누워 자고 있는 아내의 숨소리만이 쌔근쌔근 밤의 정적을 깨뜨리고 있었다. 자려고 눈을 감은 지 채 1초도 안 됐으니, 황당한 꿈이 아닌 적실한 생시였다.

「이런 괴이한 일이!-----.」

어둠을 타고 갑자기 불안감이 엄습해 왔다. 나의 인생도정에 첫 번째로 불어 닥친 태풍을 피하여, 나보다 생활이 안정돼 있는 그의 막내여식에게 잠시 몸을 의탁하고 그런대로 잘 계시는 어른인데, 어찌하여 그런 불길한 헛것이 보인단 말인가? 나도 이제 태풍의 소용돌이에서 어찌어찌 벗어나, 생활의 안정을 되찾으려는 참인데, 아녈 말로 하필 이 시점에 그런 망극한 일을 겪게 된다면, 그 불효막급을 어찌 감당할 것인가!

뒤숭숭한 마음에 잠을 설친 이튿날 아침, 아버지를 모시고 사는 면목동 누이로부터 아버지가 미령하시다는 소식이 왔고, 그로부터 달포 남짓밖에 안 되는, 음력 2월 스무 여드렛날 그 아버지가 세상을 뜨고 마셨으니, 이를 두고 신명의 묵시가 아니라고 자신 있게 말할 사람이 있겠는가?

2. 생명의 환희

나의 인생도정에 불어 닥친 또 한 번의 태풍은 아마도 을축년(1985년) 동짓달의 마포 집 화재가 아닐까 한다.

한강이 내려다보이는 전통한옥의 본채에만 딸린 방이 일곱이요, 본채와 붙어있는 바깥채에 딸린 방이 셋이니, 결코 규모가 작다 할 수 없는 집이, 어느 날 대낮에 원인모를 화재에 휩싸여, 재와 숯검정이로 변하고 만 것이다.

도화동 집을 팔았어도, 이집 값의 반이 채 안 되는 돈을 손에 쥐고, 한옥의 우아함에 홀려, 어떻게든 이집을 사고 싶은 욕심이 동하고 있을 무렵, 우리 내외의 무엇을 보고 그랬는지, 주변의 고마운 분들이 선선히 융통해 준 돈을 가지고 이 집을 살 수 있었다. 이사한 지 10년 세월에, 아내의 명석한 살림두량과 의욕적인 생활력 덕으로 그 많은 빚을 다 갚고 나서, 이제는 남들처럼 아이들에게 용돈도 웬만큼 줄 형편이 됐는데, 호사다마였을까? 또 그런 재앙이 닥친 것이다.

화재 뒤끝은 참혹한 몰골이었다. 집채와 가장집물은 다 타서 재가 되고, 타다가 만 시커먼 기둥들의 밑동만 서너 뼘씩 앙상한 형해를 드러내고 있었다. 그 절망적인 광경을 넋 놓고 바라보며 온 가족이 망연자실하고 있을 때, 아들의 직장인 Korea Times의 편집국장과 며느리의 직장인 동아일보의 출판국장이 위문하러 와서 이 꼴을 보고는 혀를 내두르며 돌아갔다.

하늘이 무너져도 솟아날 구멍은 있다던가? 때마침 한국기자협회에서는 강남구 일원동에 기자아파트 800여 가구를 조합주택으로 건립하기 시작했다는 것이다. 800가구로는 이렇다는 고참기자들에게나 차례가 돌아가지, 내 아들이나 며느리같이 아직 새내기 올챙이 사원들은 감히 넘보기 어려울 것이라는 말도 들렸다. 그곳에 솟아날 구멍이 뚫렸다. 참담한 화재 뒤끝을 둘러보고 간 두 국장님의 주선으로 아들이 기자아파트 특별입주권을 받게 된 것이다. 한데로 나앉을 뻔했다가 집이 생기게 됐으니 [불행 중 다행]이라 해야 할지, 마포구민으로 살다가 일약 강남구민이 되게 생겼으니 [전화위복]이라 해야 할지, 어쨌든 여기까진 경황없는 속에서도 우선은 잘된 일이었다.

하지만 아파트 건립은 이제 시작이니, 그것이 완공되려면 몇 년을 기다려야 했고, 그 몇 년 동안 우리 여덟 식구가 어디서 기거할 것인가가 당장 눈앞에 다가온 시급한 과제였다. 부동산업에 종사하는 친지들이 나서주었다. 딱 9개월만 산다는 조건으로 강남구 대치동의 〈미도아파트〉를 반의 반값에 얻어주었다. 뜻밖의 재앙 덕에 강남의 부자마을 고급아파트에 살게 된 것이다. 거기서 9개월을 살고 난 다음에도 또 그 친지들이 나서서, 꼭 1년만 산다는 조건으로 안양시 비산동 삼호아파트 42평짜리를 지난번 같은 헐값에 얻어주었다. 거기서 1년을 살고 나면 기자아파트의 입주일이 3개월밖에 안 남는다. 그 3개월을 또 어찌한다? 에라, 나중엔 삼수갑산엘 갈망정 우선 들어가 살고 보자! 남은 3개월은 그때 가서 집주인에게 떼를 써볼 심산이었다. 이리하여 또 그 근방에선 남들이 다 부러워하는 고급 아파트에 들어가 살게 되었다. 하지만 그 아파트가 아무리 좋아도 남의 집이다. 게다가 머잖아 내 집으로 아주 이사하게 된다는 들뜬 생각에, 그곳에선 가구정리도 하는 둥 마는 둥 대강대강 살고 있는 동안, 해가 바뀌어 정묘년(1987년) 음력 정월이 되었다.

하루는 온 가족이 나서서 봄맞이 대청소를 하게 되었다. 먼지 털고 걸레 빨고, 모두가 분주하게 움직이고 있었다. 겨우내 닫혀만 있었지 한 번도 열려본 일이 없는 베란다 창문을, 오랜만에 내가 손수 열어보았다.

「아니, 이런!」

창문 밖 크고 튼실한 화분대에 작년 가을 내가 내놓았던 은행나무 화분이 눈에 들어왔다. 크고 묵직한 화분에 담긴 은행나무가 한데서 지난 겨울의 혹한을 이겨내고, 새 움이 트려는지 나뭇가지 여기저기에, 눈이 볼록볼록 돋아있는 게 아닌가! 화분 흙바닥엔 녹다가 말고 추위를 못 이겨, 또다시 닥지닥지 얼어버린 잔설이 엉겨붙어있었다.

≪아, 생명의 환희!≫

마포 한옥 집에서 내가 가꾸던 은행나무 화분이었다. 종로 5가에서 묘목을 사다가 커다란 화분에 심어놓고, 가을마다 노란 은행나무 단풍을 감상했던 그 화분 말이다. 마당가에 저 혼자 외따로 있어서 화재를 면한 것도 대견했거니와, 본시부터 내가 은행나무 단풍을 좋아해서 각별히 아끼던 화분이라, 대치동 미도아파트를 거쳐 이곳까지 가져온 것이다. 지난겨울에는 내가 안양에서 서울 강동구 명일동까지 장거리 통근을 하는

데다, 어수선한 집안일들이 얽히고설켰던 터라, 가을에 베란다 밖에 내놓았던 화분을, 한겨울이 다 가도록 깜박 잊고 지냈던가 보다. 인정머리 없는 주인의 그런 무관심에 아랑곳없이, 드높은 12층 노천에서 어쩌다 내리는 눈을 받아먹어 가며 그 엄동설한을 이겨내다니! 주인의 신상에 아직도 남아있을지 모를 고난을 자신의 온몸으로 극복하여 액땜을 해준 것이다. 순간 나는 그 은행나무와 그야말로 온몸으로 하나가 되었다. 은행나무 속으로 내 마음이 송두리째 빨려 들어가 나 자신이 은행나무가 돼버린 것이다. 글쟁이나 환쟁이들 말을 빌면 [감정이입]이 된 것이다. 그렇게 은행나무가 된 나는 탄탄한 나의 앞날을 스스로에게 암시해주고 있었다. [춘椿아, 너는 이제 살았다!]

증권시장에선 ≪주가가 바닥을 쳤다≫는 말을 쓴다고 들었다. 마포의 그 크고 우아한 한옥집이 잿더미가 되는 순간, 우리 가족의 불운도 바닥을 친 것이 아니었을까?

우리 집은 바로 그해에 입주한 일원동 기자아파트에서, 내가 이 글을 쓰고 있는 오늘까지 내리 20년 동안을 남부럽잖은 번영을 구가하며 살고 있다. 나의 1남 3녀 총생들 모두가, 돈이 쓰고 남을 만큼 넉넉지 않다는 걸 빼고는, 누가 보아도 행복의 조건을 두루 갖추고 있는 가정이니 말이다.

전 재산이 잿더미가 돼버린 대참사를 겪고, 앞날이 암담했던 20년 전 그 시절, 한겨울에 베란다 밖에서 얼어 죽지 않고 새싹을 틔어주던 그 은행나무 화분이, 나의 밝은 앞날에 대한 신명의 계시가 아니라고 딱 잡아 부정할 사람은 아마도 그리 많지 않을 것이다.

3. 질곡桎梏 – 〈이하 생략〉

≪이 항목은 내가 정년퇴직 후 자그마치 5년 2개월 동안 [종중도유사]로 있을 때 겪었던 수난과, 일신상의 운수비색을 몽징夢徵으로 예시豫示받았다는 이야기다. 다 털어놓자면 너무 번거로운데다, 기억조차도 떠올리기 끔찍한 일이라 여기서 접는다. 하지만 그 꿈자리(夢兆)가 현실에 적중했었다는 점만은 강조해 둔다. 그것이 바로 신명의 묵시였던 것이다.≫

수필은 청자연적青瓷硯滴이 아니다

같은 수필장르라 해도 칼럼이나 에세이라면 모를까, 통상적 수상이라면 누가 뭐래도 그건 자지레한 세상사에 대한 사설辭說이요 세설細說이다. 수필의 요체라 할 이 글쟁이의 푸념을, 글이 너무 길다는 이유로 또는 불필요한 넋두리라는 이유로 일부나마 도려내 버리는 짓은, 누구라도 해서는 안 되는 일이다. 설혹 그분이 글쓰기의 사부師父님일지라도.

우스운 말 같지만 수필은 남에게 읽히기 위해 쓰는 글이 아니다. 스스로의 신명에 겨워 되는대로 풀어놓는 글이다. 그 말을 토해내지 않고는 입이 간지러워 참기 힘들 때, 신들린 듯 나불거리는 글이 수필이다. 입안에 머금고 있는 생각을 곡진하게 토해내려니 이러쿵저러쿵 새살을 까야만 만족한 토설이 된다. 그래놓고 보니 나름대로 그 희한한 체험을 혼자서만 간직하고 있긴 아깝다는 생각이 들어 잡지사에 보내기도 한다.

글을 짧게 쓰되 그 속에 구조까지 엮어내는 유능한 수필가를 보면 한없이 부럽다. 그런 글은 수필이기보단 몇 백분의 일로 압축한 담시譚詩라면 맞을 것이다. 그런 글을 써내는 사람은 사실상 시인과 수필가를 겸업하고 있는 것이다. 부럽긴 하지만 그게 어디 아무나 흉내 낼 수 있는 일인가!

나는 뭔가 써보려고 붓을 잡으면 우선 젖먹이 어린 것이 놀소리하듯 기분 내키는 대로 새살부터 깐다. 배불리 먹어서 기분 좋다고 혼자서 옹알거리듯 말이다. 내게는 그것이 수필이다.

오늘은 이걸 술맛에 비유하여 새살 까야겠다.

나는 하루에 아침 한 끼를 빼곤 점심과 저녁에 꼭 반주를 마신다. 무슨 술을 마시느냐는 그때그때의 내 입맛과 아내가 안주로 뭘 챙겨 놓았느냐에 따라 달라진다. 대개 점심 반주로는 소맥(소주와 맥주의 칵테일)에 호두나 땅콩 같은 견과류 안주요, 저녁 반주는 인삼주에 죽방멸치와 황태포 안주다. 요즘 같은 봄철엔 시골에서 보내온 마늘종이나 두릅나무 어린 순을 초고추장에 찍어 그것을 안주삼아 막걸리를 마시기도 한다. 젊은 시절 한때는 아내가 직접 빚은 술항아리 용수 속에서, 노란 빛깔의 맑은 술을 조롱박으로 떠서 마신 일도 있었다.

막걸리를 거르기 전 용수 속에 고인 전주(前酒=청주)가 시장한 뱃속을 자극하여 식욕을 돋운 나머지 밥 한 그릇을 뚝딱 비우게 하는 구실을 한다면 한여름 뙤약볕 아래서 흘린 땀의 댓가로 찾아오는 갈증을 풀어주는 술로는 맥주에 버금할 것이 없다. 노동의 뒤 끝에 찾아오는 갈증은 물로는 달래지 못한다. 아무리 시원한 물을 마셔도 입천장과 잇몸과 혀에 엉겨 붙어있는 갈증이 없어지진 않는다. 냉장고에서 갓 꺼낸 얼음같이 차가운 맥주병 뚜껑을 '펑'소리 나게 따서 커다란 유리컵에 가득 부어 부풀어 오른 거품채 벌컥벌컥 들이켜야만 그 감칠맛에 갈증이 비로소 풀린다. 그 부풀어 오른 거품이 글로 치면 수필을 수필답게 만드는 새살이요 푸념이다.

나는 나이 70을 전후하여 남한산성 둔전말에 다니며 아내와 함께 노동의 즐거움에 탐닉한 일이 있었다. 하루는 뙤약볕 아래서 고구마 밭을 손질하다가 쉴 참이 되어 아내가 먼저 나가 쉬고 있는 느티나무 그늘 밑을 향하여 걸어가고 있었다. 그것을 본 아내가 잽싸게 아이스박스에서 시원한 맥주병을 꺼내 뚜껑을 따고 유리컵에 술을 채우고 있었나보다. 아내의 그 재치가 병이 됐다. 내가 그곳으로 가는 도중 밭고랑에 여기저기 깔려있는 고구마 넝쿨을 걷어서, 밭둑 위에 가지런히 얹어놓고 가느라 시간이 지체되고 말았것다. 아내가 기다리는 그늘 밑으로 왔을 땐 부풀어 오른 거품은 가라앉아 버리고, 노란 물만 잔을 가득 채우고 있었다. 하여간 목이 마르니 이놈을 마시긴 마셨는데 원 세상에! 김빠진 맥주란 말이 헛소리가 아니다. 두 잔 석 잔을 마셔보아도 갈증이 잡히기커녕 배만 잔뜩 불러가지고는 다시 일하러 나갈 의욕마저 앗아가 버렸다. 푸념이나 새살이 빠져 나가버린 밋밋한 수필을 읽고 난 뒷맛처럼.

수필은 어느 이름 높은 문필가양반이 말한 『난蘭』도 『학鶴』도 아니요 『몸맵시 날렵한 여인』도 아니다. 그렇다고 덕수궁 박물관 안에 있는, 균형속의 파격이 눈에 거슬리지 않는 『청자연적』은 더더욱 아니다.

수필이 꼭 그렇게 우아해야만 한다고 생각하는 순간, 그것은 이미 독자를 의식하는 속박이다. 거듭 말하거니와 속박에서 벗어나 제 신명에 겨워, 마음놓고 새살까고 싶어서 스스로 택한 글이 수필이다.

장황하거나 별 볼일 없는 넋두리거나 간에 하여간 수필은 마음 내키는 대로 써내려가는, 말 그대로 수필隨筆이어야 한다. 명문名文이고 아니고는 다른 문제다.

2010년 5월 8일

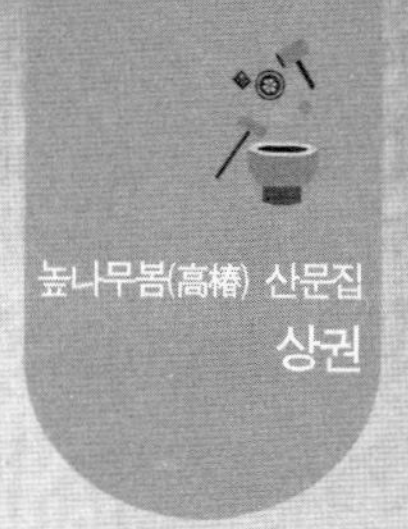

제4부

높나무봄 기행수필

아미쉬Amish의 시간時間

미국 오하이오 주도州都 [콜럼버스]에 10여 일간 머물고 있을 때, 하루는 현지교포 P씨의 안내로 120km 밖 데이튼(Dayton)에 있는 항공박물관을 돌아보았다. 손자 녀석들 견학을 겸한 나들이였다.

때가 6월 중순, 여름이 바야흐로 무르익어가는 철이라 귀로에도 해는 아직 중천에 있었다. 하루 일과를 마감하기엔 이른 시간이다.

그때 P씨가 운전하다말고 이상한 말을 꺼냈다.

『미국 속 원시사회를 한 번 보시렵니까?』하더니 뒤이어

『이 넓은 미국 땅에 딱 세 곳밖에 없는, 아주 귀한 사람들 마을이 이 부근에 있는데, 한 번 둘러볼까요?』하였다.

『어떻게 귀한 사람들인데요?』하니까

『문명을 거부하는 사람들입니다. 집집마다 자동차가 없는 건 물론, 온 마을에 전기가 들어오지 않아, 밤이면 촛불이나 호롱불빛 속에서 생활하는 사람들이죠.』하는 것이다. 순간 내 귀는 당나귀 귀가 됐다.

그들은 평범한 백인인데, 17세기에 [야곱 암만]이라는 사람이 창시하여 『맨노』라는 종파에서 떨어져 나와, 스스로 아미쉬(=Ammann의 사람들)라고 부르는, 기독교의 한 분파라고 했다.

사람의 기본생활을 넘어서는 일체의 문명을 거부하며, 원시적 농업사회의 틀에서 벗어나지 않고, 지금도 재래식 변소가 딸린 오두막에서 사는데 검소한 옷과 검소한 음식은 기본이고, 생활 전반에서 [검소儉素]를 최상의 가치로 여기며 살아간다는 것이다. 『미국 땅에 그런 마을이 있다니!』 믿어지지가 않았다.

『어떻게 할까요?』

P씨가 7인승 랜드로버 뒷좌석 일행을 향하여 대답을 재촉하였다.

『수고스럽지만 차머리를 그쪽으로 돌려주시겠습니까?』

이리하여 20여분을 어디론가 차를 몰아가니, 거기서부턴 자동차라곤 그림자도 안 보이고, 넓으나 넓은 지평선 위에 오직 우리가 탄 랜드로버 한 대만이 밭둑길을 달리고 있는 게 아닌가! 농부 하나 눈에 띄지 않았다.

미국 국토 안에 있는 주택이라고는 도저히 믿기 어려운 작은 집들이 군데군데 박혀 있었으며, 주행에 큰 불편은 없었지만 신작로도 먼지 나는 비포장이었다. 천지간에 움직이는 거라곤 우리가 탄 자동차 한 대뿐이고, 들리는 거라곤 우리 차에서 나는 부드러운 엔진소리 뿐이었다.

얼마를 그렇게 달렸을까? 차가 어느 한 모롱이를 굽이돌아가니 가게인 성싶은 집 한 채가 나타났다. P씨가 그 앞에서 차를 멈추자 검정옷차림 부녀자 두세 사람이 집 안에서 나오더니 P씨와 반갑게 인사를 나눴다.

P씨가 그들에게 우리를 소개하였고, 내가 서툰 영어로 『조금 전에 당신들 얘기를 듣고 많이 놀랐다. 갑자기 찾아온 게 예의가 아닐지 모르나 너그러이 용서하라』했더니, 상관없다며 자유롭게 둘러보라 하였다.

낯선 사람들이 온 걸 알고 가게에 모여든 5－6명의 부녀자들은 하나같이 검정이나 회색 옷을 입고 있었다. 들에 나갔다가 들어오는 여인을 보니 그녀 또한 검정 옷에 18세기 유럽풍의 회색 보닛(bonnet)을 쓰고 있었다. 우리를 구경하러 모여든 마을아이들도 모두 검정 아니면 잿빛 옷차림이었다.

마당엔 눈어림으로 백 마리쯤 되는 닭들이 제멋대로 흩어져 모이를 쪼고 있었다. 외양간엔 말이나 소가 한가롭게 졸거나 구유를 더듬고 있었다. 마당에 널린 닭똥과 쇠똥 말똥에 엉겨 붙은 파리 떼가 사람이 지나가면 몇 백 마리씩 일제히 날아올랐다가 다시 내려앉곤 하였다. 내 아내가 화장실을 물어서 다녀오더니, 한국농촌의 재래식 뒷간과 똑같은데 청소가 잘 돼 있어 심한 냄새는 안 나더라고 했다. P씨에게서 들으니 마당에 널린 가축배설물도 하루 두 번씩 청결하게 치운단다.

마구간 앞엔 쓰지 않은 마차들이 놓여있었고, 우리네 농촌에서 보던 절구통이나 돌확, 맷돌 같은 것도 있을 자리에 다 있었다. 가게 안에선 여인들이 램프 유리에 끼인 그을음을 닦고 있었다. 오늘 밤 불을 밝힐 준비를 하고 있는 것이리라. 조명기구라야 남포(Lamp)등과, 촛불 사방을 유리로 막고 그 유리벽의 반 뼘쯤 위로 갓을 씌워놓은 것, 두 가지가 전부였다.

그때 멀찍이서 큰 짐 덩어리가 저 혼자 느릿느릿 움직이고 있었다. 무엇인지 자세히 살펴보니, 회색 옷에 검정 모자를 눌러쓰고 말에 올라앉은 마부가 집채만 한 마초더미를 마차에 싣고, 이쪽으로 다가오고 있었다. 마차가 도착하고 말에서 내린 젊은 사내를 보니, 검은 구레나룻 얼굴에 그 차림새가 영락없이 영화에서 보던 17세기 유럽농민의 모습 그대로였다. 그들은 영원히 옛 유럽농민의 풍습을 그대로 전수받고 전수하며 살아갈 것이라 하였다. 미국 내의 세 곳(펜실베이니아. 인디애나. 오하이오)에서 집단으로 살아가고 있는 「아미쉬」는 약 5만 명에 이르는데, 하나같이 자로 잰 듯 똑같은 계율(오르드능-Ordnung)을 지키며 청교도적 삶을 이어가고 있다는 것이다.

타고난 욕망을 다 내려놓고 사는 [이미쉬]들에게서 예수의 또 다른 모습을 떠올리며, 기독교인도 아닌 내가 부지중 그들과 내밀한 대화를 나누고 있음을 깨닫고, 나는 흠칫 놀랐다.

『예수가 스스로 교회를 지어 예배를 보았더냐?』

아니오.

그러면 교회가 무슨 소용이냐. 그냥 집에서 하느님께 경배하면 되는 것이다.

『예수가 전쟁을 해서 나라를 부강하게 하라 했더냐?』

아니오.

그러면 누구와 싸우라고 자식을 군대에 보내느냐!

『예수가 다투어 지식을 익혀 남의 우두머리가 되라 했더냐?』

아니오.

그러면 문명이 필요 없는데 무엇을 배워오라 아이들을 학교에 보내느냐!

『예수가 화려한 집과 좋은 음식을 탐하였더냐?』

아니오.

그러면 우리도 예수처럼 검소하게 살면 되는 것이다.

『예수가 부지런히 일하라거나, 일하지 말고 놀라 했더냐?』

아니오.

그러면 우리도 먹고살 만큼만 일하면 되는 것이다.

너희가 되고자 하는 것이 진정 예수와 똑같은 [하느님의 아들]일진대, 예수가 하지 않은 일을 왜 하려 하느냐? 예수가 하지 않은 일은 그게 하느님의 뜻이 아니기 때문이다. 우리는 예수가 살았던 방식 그대로 살고 있을 따름이며, 아미쉬는 자자손손 그렇게 살 것이다. 아미쉬는 예수재세시대로부터 한 걸음도 더 나아가지 않을 것이다. 그것이 아미쉬의 시간時間이다.

우리는 그날 2000년 전 예수재세시대로 시간여행을 하고 있었던 것이다.

콜럼버스Columbus의 붕어

내가 한평생 즐겼던 취미생활은 두 가지다. 퇴근 뒤 동료들과 당구장에서 어울리는 일이 그 하나요, 다른 하나는 낚시 동호인끼리 주말에 호수를 찾아 낚싯대를 드리우는 일이다.

이 두 가지 모두 올챙이시절엔 마약중독 같은 탐닉증상을 보이는 기호嗜好다. 밤에 불을 끄고 잠자리에 누워 눈을 감으면 갸쭉한 당구대의 녹색 우단 위에서 당구알이 삼각형을 그리며 목적한 공을 맞히는 쓰리-쿠션 Three cushion 환상이 나타나기도 하고, 호수의 잔잔한 수면에 떠 있던 찌가, 바늘과 미끼를 통째로 물고 달아나는 월척대어越尺大魚에 이끌려 물속으로 곤두박질쳤다가 또다시 수면 위로 불쑥 솟구쳐 오르는 허깨비가 보일 정도로 중독성이 강하다.

오하이오 주도州都인 콜럼버스에서 10여 일간 묵고 있을 때였다. 마을을 휘감다시피 에워싼 넓은 댐의 가장자리가 낚시터의 훌륭한 조건을 갖추고 있어, 이놈이 날마다 날 유혹하는데 도구가 있어야 고기를 낚지!

붕어가 미끼를 물고 사력을 다하여 도망치려고 요동칠 때, 붕어의 세찬 힘이 팽팽한 낚싯줄을 통해서 손바닥이나 손가락에 전해오는 짜릿한 감각, 그 탄력적 손맛이 가져다주는 전율과 희열! 아녈 말로 오르가슴에 맞먹을 감동이다. 그걸 온통 느낌으로만 즐기며 댐 주변을 맴돌다 돌아오곤 하니--.

나의 시무룩한 속내를 가장 먼저 알아챈 건 처형이었다. 그녀가 나서주었다. 교포 한 사람이 한국형 낚시도구 일습을 가지고 있는 걸 보았다며 몽땅 빌려다주는 게 아닌가! 세상은 이래서 살고볼 일이다. 내가 미국 땅에 와서 잠시 머무는 동안 호수에 낚싯줄을 던지게 될 줄이야!

다음날 우리 내외와 동서 내외는 자동차에 낚시도구를 싣고 그곳에서 멀지 않은 댐 가에 자리를 잡았다. 날씨도 화창한데다 바람도 잔잔하여 던져놓은 찌가 고요하게 제 자리를 지켜주었다.

그때 갑자기 찌가 물속으로 쑤욱 사라지는 순간, 행여 놓칠세라 능숙한 솜씨로 잡아채니, 출렁출렁하는 물속에서 요동치며 딸려 나오는 놈은 영락없는 붕어였다. 「붕어야, 너 본지 오래다!」 들뜬 마음으로 건지고 보니 붕어는 적실한 붕어인데, 무슨 붕어가 요렇게 생겼담 그래! 한국붕어라면 참붕어는 갸쭉하고 떡붕어는 뭉툭하건만 이 미국붕어란 놈은 갸쭉하지도 뭉툭하지도 않고 꼭 도미새끼같이 둥글넓적하게 생겼는데, 큰 놈은 어른 손바닥보다도 크고 작은 놈은 그보다 조금 덜하였다.

잘 씻어 칼질해 놓으면 매운탕으로도 먹을 만하고, 무를 썰어 넣고 고추장을 풀어 조리거나 찜을 해놓으면, 밥반찬은 물론 술안주로도 썩 쓸 만해 보였다.

붕어는 심심찮게 올라와 주었다. 한 번도 지루하게 기다려본 일이 없이, 알맞은 간격으로 내게 짜릿짜릿한 손맛을 선사하였다. 처형과 아내는 우리 두 동서가 앉아있는 자리에서 가장 가까운 취사용 테이블 하나를 차지하고, 점심준비를 하는지 분주히 움직이고 있었다. 이렇게 한 나절을 낚아 올린 고기가 손윗동서가 잡은 것까지 합쳐 족히 40마리는 돼

보였다.

나는 낚시를 광적으로 즐기면서도 민물고기는 잘 먹지 않는다. 그런데 사람의 입맛이란 먹을거리 따라 달라지는 것인지, 이상하게도 그날 잡은 그 붕어는 잘 조려만 놓으면 맛있게 먹을 것 같은 기분이었다. 그때 뜻밖의 해프닝이 생겼다. 방정맞은 내 아낙이 점심을 먹다말고는 느닷없이

『고 서방은 민물고기라면 냄새도 안 맡으려 하니까, 오늘 잡은 고기는 언니가 몽땅 가져가서 형랑 해드려요』 이러는 게 아닌가!

아뿔싸! 뒤늦게 나도 먹을 테니까 반만 가져가라고 할 수도 없는 노릇, 나도 덩달아 그러라고 해놓고는, 한 번 맛보고 싶었던 고기를 못 먹게 된 게 못내 아쉬웠다.

처형 입장에선 저녁에 그 붕어를 조려 식구들 밥반찬을 할 텐데, 민물고기를 입에도 못 댄다는 제랑에게 자기 집에 가서 저녁을 먹자고 할 수도 없을 테니, 꼼짝없이 그놈의 고기는 못 먹을 팔자였다.

이튿날 아침 처형이 매일 나다니는 레포츠센터 나가는 길에, 내 임시 처소에 들러서 한다는 소리가

『어제 그 붕어찜이 어찌나 맛있는지 밥을 두 공기나 먹었는데, 언제 또 잡으러 가요. 근데 그 맛있는 걸 제랑은 왜 못 먹어요, 그래?』

이러니 내 하 기가 차서 말문이 막히더라.

뇌우雷雨속 경비행기

– 벼락과 번개를 벗 삼아

우리 가족 미 동북부 여행코스 중 [나이아가라] 다음 일정은, 서기 2천년 6월 5일 오후 3시 10분 비행기로 워싱턴 DC에 가는 일이었다. 날짜와 시간까지 밝힌 이유는 그날 하마터면 우리 일행 다섯(우리 내외와 큰딸 및 두 외손자)이 한날한시에 몰사할 뻔했기 때문이다.

하필 그 무렵은 세계 항공사들 중 서열으뜸으로 치는 미국 U-A항공사 노조를 비롯한 미국 국내선항공사 노조들의 파업이 극성스러워 항공기 결항이 잦은 때였다. 노조파업으로 승객들이 골탕 먹는 일이 비일비재였다. 거기 더하여 그날따라 오후 들어 갑자기 날씨가 사나워지니, 우리는 제발 워싱턴DC행 국내선 비행기 [US 애어-왜이]가 결항하지 않기만을 고대하며 불안한 마음으로 출발시간을 기다리고 있었다. 보딩 시간이 다 됐는데도 이상하게(?) 전광판엔 [결항]이라는 불도 켜지지 않았다. 보딩-게이트는 마냥 조용하기만 했다. 이러다가 우리 가족 모두 오늘밤 국제미아가 되는 게 아닌가? 마음이 초조하던 차에, 출발시간이 한참 지나서야 공항직원인지 항공기조종사인지 분간하기 어려운 복장을 한 사나이 하나가 보딩-게이트로 다가오더니

『워싱턴 DC행 표 가진 사람 이쪽으로 모이세요.』하는 게 아닌가! 제

발 비행기 결항이라는 소식이 아니길 기대하며, 우리 가족 다섯과 백인 세 사람까지 도합 8명이 모이자, 그 사람은 자기를 따라오라 하더니 공항 한쪽 구석지로 데려가서, 미리 대기시켜둔 10인승이나 될까 말까한 경비행기에 타라 하였다. 노조파업 때문인지 일기불순으로 비행기가 정상 운행할 수 없기 때문인 진 알 수 없으나, 아무튼 워싱턴DC로 데려다준다니 그것만으로도 고마워서 시키는 대로 코딱지만 한 비행기에 올라탔다. 12인승 경비행기였다. 무게가 한쪽으로 쏠리지 않도록 양쪽에 고루 사람을 앉힌 뒤, 조종사 한 명과 보조원 한 명이 우리 여덟 승객을 위해 많은 신경을 써가며 비행기를 띄웠다.

드디어 비행기가 공중에 솟아오르자 기다렸다는 듯 날씨는 더더욱 험악해졌다. 꼭 천지개벽할 것같이 번개와 벼락이 한순간도 그치지 않고 바로 지척에서 번쩍번쩍 우르릉 쾅쾅하였다. 그 요란한 소리와 번개 불빛이 비행기 안으로까지 파고들어 귀가 아프고 눈이 부셔서 정신을 가누기 어려울 지경인데, 그 사이사이를 이 주먹만 한 비행기가 뚫고 나가니, 사실 말이지 꼭 죽는 줄만 알았다. 저 많은 번개 중 어느 하나라도 이 비행기를 박살내지 말라는 법이 어디 있으랴! 엄살이 아니라 진실로 간이 콩알만 하게 줄어들어 있는데, 그런 중에도 한 가닥 위안은 조종사와 보조원의 얼굴에 두려워하는 빛이 없고 차분한 속에서 맡은 일에 전념하고 있는, 바로 그 점이었다.

비행기가 뜨기 전부터 날씨는 이랬는데, 만약 이게 위험천만한 일이라면 처음부터 비행기를 띄우지도 않았을 것이요, 이 번개와 천둥 속에서 저들의 표정이 저렇듯 평온할 리 있으랴 생각하니, 차츰 간이 커지기 시작했다. 무서웠던 느낌은 오히려 야릇한 스릴과 쾌감으로 변하여 번쩍번쩍하는 번개 속을 날아다니는 게 세상에 태어나서 이런 기회 아니면 두 번 다시 겪어볼 수 있겠는가 싶어 도리어 신명이 났다.

덩치 큰 비행기처럼 구름 위를 높이 날아 지상을 굽어봐도 보이는 건 구름뿐인 단조로운 비행이 아니요, 반공半空에 떠있는 먹구름을 헤치고 날아다니며 벼락과 번개를 벗 삼아 세계유일 초강국의 수도를 찾아가는 이 기막힌 멋과 스릴과 낭만이라니!

비행기는 무사히 워싱턴DC의 레이건 공항에 착륙하였다. 탈 때와 마찬가지로 공항 승강장이 아닌 후미진 귀퉁이였다. 허허벌판에 내려 서투른 영어로 매인빌딩의 출구를 물어물어 찾아가 마중 나와 있는 가이드아가씨를 만났다. 그녀에게서 들으니 요즘 경비행기는 일종의 [애어택시]라는 것이다. 뛰어난 장비를 갖추고 있어서 어떤 일기조건에도 안전하게 비행할 수 있으니, 경비행기를 얻어 탄 건 좀처럼 만나기 어려운 행운이었다는 것이다.

허허, 길을 가면 소도 보고 말도 본다더니만 세상천지를 돌아다니다 보니 참 별일 다 겪어본다.

경비행기야, 다음에 또 한 번 기회를 주지 않으련?

[오 헨리]를 찾아서

텍사스여행 중 나는 [오 헨리(O Henry)]를 두 번 만났다.

한 번은 [샌안토니오]에 갔을 때 대로변의 한 볼품없는 집 앞뒤에 [오 헨리가 살았던 집]이라는 팻말이 박혀있기로, 들어가 보려 했으나 앞뒷문이 모두 폐쇄돼 있었다.

『[오 헨리] 같은 큰 작가도 이리 초라한 집에 살았었구나.』

중얼거리며 만남을 대신하였다.

또 한 번은 텍사스 주도州都인 [오스틴]에 갔을 때, 옛 [텍사스 공화국]의 잔영으로서 미연방의회보다 규모도 크고 더 화려하다고 알려진 「텍사스 주의회 의사당」을 둘러보고, 그곳에서 가까운 [오 헨리 기념관]을 찾아서였다.

그가 30대 장년기에 살았던 집이 그대로 기념관이 되고 그 안에 유물들이 고스란히 보존돼 있었다. 기거하던 방이며 집필하던 책상과 의자며, 머리를 식히느라 연주했을 피아노며, 모든 게 19세기 고풍스러운 분위기였다. 어느 것 하나 그 옛날 집주인의 체취가 안 배있는 게 없는 것 같았다.

하지만 [오 헨리]가 10여년이나 이 집에 살았으면서도 실상 문학적으로 큰 업적을 남긴 건 많지 않다고 생각한다. 왜냐하면 그의 문학적 성취는 그가 죽기까지 마지막 8년 동안에 거의 뉴욕에서 이뤄졌기 때문이다. 그럼에도 불구하고 이 집은 그가 뉴욕에 나가 큰 작가로 대성한 동기를 제공한 의미 있는 공간임은 부인하기 어렵다.

그는 [노스캐롤라이나]주 〈그린스버러〉에서 이름 있는 의사인 아버지와 문학적 재원으로 이름난 어머니 사이에서 태어난다. 조실부모하여 할머니 손에서 자라다가 할머니마저 돌아가시자, 백부의 약국 일을 거들면서 백모가 경영하는 학교에서 교육을 받는다. 그게 정규교육의 전부다.

스무 살에 택사스로 나와 카우보이나 공장노동 등 여러 직업을 전전하면서도 틈만 나면 공부에 전념한다. 스물다섯 살에 마침내 국유지관리국 조수로 취직하여 열일곱 살 [에이솔 에스피스]와 결혼한다. 스물여덟 살이 되면서는 [오스틴 제일 국립은행] 출납직원으로 생활이 유족해지자 이 집을 장만한다. 그는 문학적 욕구가 충만한 사람이다. 먹고살만해지자 그 좋은 직장을 4년 만에 그만두고, 아내의 살뜰한 내조로 유머주간지 [구르는 돌]을 창간하여 운영한다. 오스틴 지방신문에도 칼럼이나 유머러스한 스토리가 담긴 산문 등을 기고하면서 문필생활을 시작한다. 얼마 뒤 2년 전에 그만둔 은행 근무당시 공금을 횡령했다는 혐의로 체포되고 만다. 5년형을 선고받고 1901년에 모범수로 석방되기까지, 3년간의 감방생활 중 열심히 단편소설을 습작한다. 그에게 만약 이 교도소생활이 없었던들 오늘날 미국문학사를 빛내고 있는 단편작가 [오 헨리]가 있을지는 의문이다.

출옥한 다음해인 1902년 마침내 이 집과 작별하고 뉴욕으로 진출하여, 죽기까지 마지막 8년 동안 무려 280여 편의 단편소설을 써낸다.

[오 헨리]는 기발한 착상과 특이한 구성으로, 상상력이 풍부하고 구상력이 완벽한 작가로서의 재능을 유감없이 보여준다. 작품들 속에 하나같이 배어있는 [유머]와 [위트] [해프닝]과 [페이소스]는 독자들에게 저절로 배시시 웃음이 새나오게 한다. 이것이야말로 이 작가가 인간심리와 인정의 기미機微에 통달했음을 의미하고, 작가자신의 따뜻하고 다감한 마음을 은연중 글 속에 담은 것이라고 보아야 할 것이다.

그는 문예사조와는 상관없이, 그냥 그가 몸담고 살았던 뉴욕 뒷거리의 빈민과 소시민의 애환을 그리되, 기지로 가득 찬 구성 속에서 능란한 화술과 다채로운 속어를 구사하여 독자의 심금을 울려준 순수 단편작가다.

흔히 그의 대표작으로 지목되는 1905년 작 [마지막 잎새]나 [크리스마스 선물]같은 작품이 보여주는 탁월한 구성은, 그 내용이 담고 있는 휴머니즘 못지않게 독자의 의표를 강하게 찌른다.

나는 여기서 이런 게 바로 짧은 이야기를 효과적으로 전달하는 기법의 하나인 급전急轉=Quick turn이라는 걸 지적하려 한다.

폐렴이 악화하여 죽음을 앞둔 처녀가 창밖 담벼락에 마지막으로 붙어있는 담쟁이 이파리 하나마저 떨어져 버리는 순간, 자기도 죽는다는 예감으로 절망에 빠진다. 그런데 그 이파리가 간밤의 거센 풍우를 이겨내고 아침까지도 끄떡없이 붙어있다. 처녀는 삶의 의욕을 되찾아 건강을 회복한다. 그 담쟁이 잎사귀는 가난한 술주정꾼 무명화가가 밤새 비바람 속에서 사다리를 놓고 올라가 담벼락에 그려놓은 것이다. 그 무명화가는 [마지막 잎새]라는 최대 걸작을 남긴 뒤 간밤의 무리한 작업 끝에 폐렴을 얻어 죽는다.-(마지막 잎새)

아내는 자신의 가장 소중한 금발머리를 잘라서 사랑하는 남편의 금시계에 걸맞은 시곗줄을 산다. 남편은 자신에게 가장 소중한 아버지의 유산인 회중시계를 팔아서 사랑하는 아내의 금발머리에 걸맞은 고급 머리빗 세트를 산다. 크리스마스이브에 서로 주고받으려 했던 가난한 부부의 크리스마스 선물이다. 아무 쓸모없게 돼버린 이 선물들을 보며 부부는 서로의 치열한 사랑을 재확인한다.-(크리스마스 선물)

틀림없이 떨어지고 없어야 할 이파리를 기적적으로 붙어있게 하고, 꼭 있어야 할 금발머리와 회중시계를 과감히 없애서, 충격적으로 독자의 의표를 찌르는 구성.

콩트(Conte)문학의 특징이기도 한 이 기법은 프랑스 사실주의문학의 대가 [모파상]이 즐겨 썼던 기법이다. 등단연대로 미루어 오 헨리는 아마도 선배인 모파상의 영향을 받았을 것이다. 오 헨리를 [미국의 모파상]이라고 말하는 이유를 모파상의 [진주목걸이]를 예로 들어 생각해보자.

⇒다음 항목 [모파상을 찾아서]

2002년 11월 2일

[페르-라셰즈 묘지]에서

① -알퐁스 도데의 무덤-

1994년 여름 우리 부부는 프랑스 파리를 방문하였다. 한겨레(신문) 파리주재기자로 있는 아들아이 가족이 보고 싶어서다. 기상관측사상 초유라는 섭씨 34-5-6도 폭염이 한 달 이상 이어지는 한반도라는 찜통에서 잠시나마 벗어나고 보자는 부차적 목적도 있었다.

파리 근교 [드골 공항]엔 아들 며느리와 두 손자아이가 다 마중 나와 있었다. 입국장 줄 꽁무니에서 멀리 그 아이들을 발견하는 순간 와락 코끝이 시큰하였다. 머나먼 이역, 넉넉잖은 봉급 가지고 살면서도 네 식구 모두 건재함을 확인하는 순간의 안도와 감격일 것이다.

이튿날 오전에 아들아이가 맨 처음 우리를 안내한 곳은 파리 동쪽 시가지 한가운데 자리한 [페르-라셰즈 묘지]였다. 이 묘역에 묻혀있는 인물들의 생애와 그들이 엮어낸 역사를 떠올리면서 자신을 되돌아보기도 하고, 그들과의 암묵적 대화를 통하여 위안을 받는 일도 많아서, 저 혼자 자주 찾는 곳이라 하였다.

아닌 게 아니라, 우리 아이들이 둥지를 틀고 있는 [뫼니에 거리]에서 멀지 않은 [메니르몽땡] 언덕에 있으니, 산책삼아 가끔 들를 만한 곳이었다. 묘지이기보다는 공원이요 산책로였다. 정연하게 널찍널찍 뚫려있는 그 산책로에 연沿하여 가지런히 들어앉은 무덤들도 무덤이기보다는 돌을 다듬어 각기 취향대로 빚어놓은 석조예술품이었다.

그날 날씨가 꽤 더웠으나 산책로엔 큼직큼직한 수목들이 도열해 있어서 한여름 뙤약볕을 가려준 덕에 거닐기엔 큰 무리가 없었다. 아들아이가 이곳저곳 명사들 무덤 앞으로 가족들을 안내해 주었다. 그날 우리가 들렀던 곳은 [발자크]와 [쇼팽] [로시니], [알퐁스 도데]와 [오스카 와일드] [폴 엘뤼아르], [들라크르]와 [뮈세] 등의 무덤이고 그 밖에 [아베랄]과 [에로이스]의 사당에도 들렀다.

[발자크]의 묘는 섬세한 꽃무늬가 새겨진 8각형 돌무덤 위에 탑신을 세울 기단을 앉히고, 그 기단 위에 모서리를 모나지 않게 깎아낸 높다란 4각형 탑신을 세웠으며, 탑신 정면에 음각한 커다란 십자가 아래 [Honorē de Balzac] 이라는 문패가 양각돼 있었다. 그 탑신 위에서 다시 부드러운 곡선으로 좁혀져 올라간 두 계단의 기단 위에 발자크의 흉상이 놓여있었다. 묘 둘레에는 나지막이 쇠고리 울타리를 둘렀는데, 울타리 안 발자크의 무덤이 울타리 너머로 보이는 다른 이들 무덤이나 주변의 우거진 수목들과 조화를 이루어, 훌륭한 현대식 설치미술이 돼있었다. 무덤조차도 거작 [인간희극]의 주인집다운 훌륭한 면모를 갖췄다는 생각이 들었다.

[쇼팽]의 무덤 또한 조형미도 훌륭했지만, 무덤의 위와 전후좌우를 온통 꽃다발이 뒤덮고 있어서 그의 대중적 인기를 실감케 하였다.

[오스카 와일드]의 무덤도 그가 비록 영국을 떠나 타국 땅에 묻혀있지만 결코 외로워하지 않을 만큼, 훌륭한 탐미적 조형미술품이었다. 무덤

위에는 꽃다발이 다섯이나 놓여있었다. 파리지앵의 예술사랑은 참 별난 것이었다.

내 발걸음이 가장 오래 머물렀던 곳은 [알퐁스 도데]의 무덤 앞이다. 이 무덤은 지금까지 거쳐 온 명사들 무덤같이 화려하지도 그럴듯한 조형미를 갖추지도 못했다.

게다가 산책로 안쪽으로 불쑥 들어가서 다른 이들의 무덤과 뒤섞여 있었다. 경계도 불분명한 곳에 부조흉상浮彫胸像과 함께 [Alphonse Daudet]라는 글자가 새겨져 있어 그걸 보고서야 그곳이 틀림없는 도데의 무덤임을 알 수 있게 해주는 그런 무덤이었다. 아, 소탈하다 못해 하염없이 초라한 무덤! 그래도 누군가 놓고 간 화분과 꽃다발 몇 묶음이 그의 문학세계에 대한 향수가 아직 살아있음을 엿볼 수 있게 하였다. 하지만 그가 남긴 커다란 문학적 공적을 생각하면 너무도 볼품없는 그의 무덤 앞에서 가슴이 아팠다.

그가 [플로베르]나 [졸라] [공쿠르 형제] 등과 친교하며 자연주의적 사조에 휩싸였던 건 사실이지만, 자연주의라는 카테고리 안에 갇혀있지만은 않았다. 그는 선천적인 민감한 감수성에다 섬세한 시인적 기질까지 타고난 사람이다. 그의 등단 작품집 [풍차방앗간 편지]에 실린 여러 작품들이 보여주듯, 그는 고향인 프로방스 지방의 순박한 인심과 서정적인 자연을 시정詩情 넘치는 유연한 문체로 그려냈다. 그리하여 마침내 자신만의 독특한 인상주의적 작풍作風을 세워, 순수문학의 우뚝한 봉우리를 이룩해 놓았던 것이다. 내가 교실에서 제자들과 함께 [별]을 읽으며 동경해 마지않았던 문학세계의 언저리를 파리에 와서 이렇게 살펴볼 수 있다는 다행스러움의 이면에, 아까 둘러보고 온 다른 무덤들과는 너무도 대조적인 그의 무덤이 안겨주는 허탈감을 한동안 털어내지 못하고 마음이 우울해 있다면, 내가 하릴없는 물신숭배의 속물이라서 그럴까?

비록 그렇다 해도 사람은 누구나 그가 세운 공적에 걸맞은 유택을 향유할 권리를 누려야 한다는 생각을 지울 순 없다. 우리는 그의 문학과 예술을 마음껏 향유하는데 그는 왜 저렇듯 초라해야 하는가!

사랑하는 도데여, 그대의 소박한 무덤이 바로 그대의 참모습일지니, 오히려 기뻐하며 부디 명복을 누리시라.

트레비 분수의 검둥이

사람의 마음속에 떠오르는 「이미지」라는 건 국가이미지 지역이미지 개인이미지 할 것 없이 구성원이나 당사자의 행동거지 여하에 따라 판이하게 다른 모습으로 나타난다는 건 두말할 나위 없는 상식이다.

나는 지금 이탈리아의 작은 구성원 하나가 터무니없이 공무를 집행하여, 그 나라를 찾아간 외국인들 앞에서 이탈리아라는 나라의 선진국이미지에 먹칠을 하고 말았다는 이야기를 하고 싶은 것이다.

애초에 유럽문명의 산실인 로마에 대한 내 꿈과 기대는 컸다. 그게 그만 같잖은 경찰공무원 하나로 하여 한순간에 환멸로 이어지고 만 것이다.

세계적으로 잘 알려진 [트레비 분수]는 로마의 한 중앙 「폴리 대공」의 궁전 바깥에 있는 설치물이다. [사르비]라는 건축가의 설계로 1732년 착공하여 사르비 사후인 1762년에 완성한 이 분수는, 눈부시게 흰 대리석만을 써서 만든 우아한 조형예술품이다. 조형내용은 개선문을 본뜬 물체를 배경으로 반인반수半人半獸 해신海神 [트리톤]이 이끄는 병거兵車 위에 해신 [넵튠]이 엄청나게 큰 조개를 밟고 서있는 웅장한 설치미술이다.

주위에 배치한 거대한 암석들 사이사이에선 끊임없이 맑은 물이 흘러나와, 그 밑에 청결한 연못을 만들어놓고 있다. 이 연못을 등지고 서서 물속에 은화를 던져 넣으면 그 사람이 다시 로마를 찾게 된다는 민속신앙이 있다고 들었다. 바로 그 트레비 분수를 찾았을 때의 일이다.

우리 가족이 분수대 경내로 들어서니 못물 속에는 속설대로 사람들이 던져 넣은 수많은 은화가 햇빛을 받아 반짝거리고 있었다. 가장자리 장식 돌에 걸터앉은 이탈리아 여인들이 그것을 바라보며 눈부시게 일렁이는 맑은 물속에 발을 담그고 있었다. 그러지 말라는 [영어경고문구]도 붙어있건만 아랑곳없이 그러고들 있었다.

이걸 본 내 아내의 호기심이 동했다. 그게 화근이었다. 대뜸 양말을 벗더니 물가로 가려 하기에 내가 눈을 부라리며 말렸는데도 소용없었다. 일이 잘못 되느라 아내가 아들아이에게 물어보니까 아들아이조차도 어머니가 그러고 싶다면 그게 뭐 그리 대수로운 일이냐며 맘대로 담그라는 게 아닌가! 아침에 로마거리에 막 들어서는 순간, 사진을 찍으려고 카메라를 만지작거리다가 그 비싼 일제카메라를 아스팔트 바닥에 떨어뜨려 망가뜨리고 만 일이 있었는데, 아무래도 그날 일진이 수상했던 것이다.

조금 있으니 경찰복 차림의 흑인여자 하나가 분수대 경내로 들어와서는, 못물에 발을 담그고 있는 내 아내에게 다가가 큰 소리로 뭐라 꾸짖으며 다짜고짜 아내를 잡아끌고 가려 했다. 내가 황급히 나서서 급한 김에 손짓발짓 섞어가며 「다른 여자들도 다 발을 담그고 있는데 왜 이 여자만 데려가려 하느냐!」고 항의했으나, 그녀는 똑같이 발을 담그고 있는 이탈리아 여자들에겐 눈길도 안 주고 내 아내만을 거세게 몰아붙이고 있었다. 내 아내도 지지 않고 화를 내며, 똑같이 발을 담그고 있는 이탈리아 여인들을 가리키면서, 이런 불공정한 처사가 어디 있느냐는 투로 격하게 저항하였다. 그녀는 「그 사람들은 주인이니까 그럴 수 있지만, 너희 같은 유색인종들이 여기가 어디라고 설치느냐」는 바로 그런 표정으로 당당하게 내 아내만을 연행하려 하였다.

무더운 날씨였다. 이 사단이 벌어지기 직전에 아이들 어미가 큰손자 아이에게 아이스크림을 사오라고 시켰다. 손자아이가 가족 수대로 한 손에 세 개씩 모두 여섯 개의 아이스크림을 사들고 와보니 이 지경이라, 양손에서 녹아 흘러내리는 아이스크림을 들고 할머니를 쳐다보며 울먹이고 있는 걸 뻔히 내려다보면서도 그녀는 인정사정없이 막무가내였다. 다른 건 다 그렇다 쳐도 하나의 인간으로도 그녀는(아니 그년은) 0점이었다.

그래저래 승강이가 20분은 족히 이어졌으리라. 마침내 그녀에게서 연락을 받고 달려온 백인남자 경관들에게 우리 가족은 따로따로 경찰차에 태워져 연행됐다. 백인경찰 끄나불인 그 흑인 여경은 어디론가 사라지고, 백인남자 경관들이 경찰서 복도의 딱딱한 나무의자에 우리일행을 대기시켜 놓고는, 아들아이만 데리고 들어가서 이것저것 물어보는 모양이었다. 파리주재 외국기자라는 신분도 확인하고, 여권에 기재된 파리의 집 주소까지 다 확인하고서도, 이 핑계 저 핑계로 시간을 끌다가, 파리행 TGV열차 출발시간이 다 돼서야 저희 차로 우리일행을 역 앞까지 태워다 주었다.

유색인종은 백인에 비하여 소수자그룹이다. 그 중에서도 흑인들은 소수자중 소수자그룹이다. 그런 소수자그룹에 속하는 사람이 왜 소수자편을 들지 못하고 다수에 영합하여 같은 소수자들을 괴롭히는 것일까? 그러지 않고는 살아갈 길이 없으니 생존전략상 어쩔 수 없는 것일까? 하지만 저 혼자 살아남기 위하여 그렇게 한다면 남은 동족들은 영원히 다수자의 지배 하에서 벗어날 수 없다는 걸 그녀는 정말 몰라서 그러는 것일까? 그렇게 백인에게 협력한다고 해서 백인들이 흑인을 확실한 인격체로 대접해 주지 않는다는 걸 가엾은 그녀는 정말 모르는 것일까?

소수자가 소수자편을 들지 않으면 소수자는 영원한 소수자에 머물고 만다는 걸 1994년 로마의 불쌍한 흑인여경이여! 진정 그대는 모르는가? 이 평범한 진리를!

다리가 손짓하여 부르는 도시 [상트페테르부르크]

러시아 국내선 여객기에 올라 모스크바에서 한 시간 거리의 [상트페테르부르크]에 도착한 건 5월 31일 아침나절이다.

이 도시는 핀란드만灣의 가장 안쪽에 자리하여 서유럽과 직행으로 오갈 수 있게 돼있다.

서유럽과의 활발한 교류만이 러시아의 살길이라고 확신한 뾰뜨르 1세는 이 네바 강 하구에 그런 도시를 건설할 계획을 세웠다. 즉각 스웨덴에 선전포고하여 [북방전쟁]을 일으킨 끝에 마침내 [네바 강 하구]를 탈환한다. 이 전쟁의 승리로 러시아는 일약 유럽의 열강에 오른다. 러시아 원로원은 뾰뜨르 1세에게 [대제]의 칭호를 헌정한다.

물어볼 것도 없이 러시아의 꿈을 실현해 줄 이곳에 원대하고 치밀한 뾰뜨르의 기획설계에 따른 꿈의 도시가 세워진다. [유럽으로 열린 창-러시아의 머리]는 이 도시의 자랑스러운 애칭이다. 1712년엔 수도首都까지 모스크바에서 이곳으로 옮겨오면서 유럽을 향한 [러시아의 머리]기능을 유감없이 발휘하게 된, 인구 500만의 러시아 제2도시는 이렇게 만들어진 것이다.

[뾰뜨르]대제는 심지어 자신의 이름을 러시아 이름인 뾰뜨르(Pyotr)라 부르지 말고 영어이름인 피터라 부르고, 따라서 페테르부르크(Peterburg)도 피터(Peter)뒤에 명사의 소유격어미 's를 붙여 영어발음으로 [피터스버그(Petersburg)=피터의 도시]라고 부르라 명령했다는 것이다. 그건 그만큼 그가 서유럽 문화를 러시아에 접목시켜, 그걸 부국강병의 초석으로 삼겠다는 강한 의지를 보여주는 사례라 할 것이다. 또한 자신의 그런 구상을 실현시켜줄 이 도시건설에 심혈을 기울였을 거라는 건 미루어 짐작할 일이다. 때문에 오늘날 갖가지 볼거리 많고 아름답기로 세계유수의 도시가 된 걸 게다.

현지 국영방송 관현악 지휘자라고 자신을 소개한 젊고 재기 넘치는 가이드를 따라다니며 구경한 '피터대제'의 화려한 여름궁전, 강대국 면모를 유감없이 보여주는 '에르미타주 겨울궁전' '성 이삭성당' '바실리 섬 등대' 순양함 '오로라 호' 등도 볼만했으나, 그런 역사유적은 유서 깊은 나라라면 어디에나 있는 것 아닌가. 그런 것들보다는 오히려 이 도시의 아름다움이 내 마음을 사로잡았다. 그 아름다움은 이 도시의 가는 곳마다 나타나는 크고 작은 다리橋들에서 비롯된다. 우리는 버스를 타고 이 환상적 물의 도시를 동서남북으로 휘젓고 다니는 동안 수없이 많은 다리와 마주쳤다.

상트페테르부르크는 본디 [네바 강] 하구의 101개나 되는 크고 작은 섬과 네바 강의 본류와 지류를 중심으로 건설한 도시라서, 섬과 섬 사이를 이어주는 각양각색의 다리는 물론, 네바 강 본류와 그 본류로 흘러드는 수십 개의 지류 위에도 빠짐없이 제각각 다른 특색을 지닌 우아한

다리가 놓여있었다. 그 다리들을 멀리서 바라보거나, 가까이 지나가거나 직접 건너면서, 나는 이 도시를 러시아 사람들이 부르고 있는 애칭 [북방의 수도水都]대신, 500여개나 되는 다리로 시원스럽게 연결한 도시의 특징을 살려 [다리가 손짓하여 부르는 도시]라고 명명해 주었다. 다리는 이 도시 이미지의 플러스 요인으로 사람들을 손짓하여 부르고 있는 것 같았기 때문이다.

물이야 어디 간들 없으랴! 하지만 101개나 되는 섬과 섬을 다리를 놓아 연결하고, 강의 본류 지류에 500개가 넘는 다리를 놓아 수운과 육상 운수를 하나로 묶어, 세계의 오지라면 오지인 이곳에서 유럽과 거침없이 교류하는 도시가 여기 말고 또 있을까? 아름답구나, 상트페테르부르크!

2005년 8월 26일

[네바 강] 밤 뱃놀이
- 5 유로의 팁

네바(Neva)강은 러시아 북서부 지방을 흐르는 강이다. [상트페테르부르크] 북동쪽 유럽 제일의 [라도가]호 남-서안에서 발원, 서남쪽으로 흐르다가 하류에 큰 삼각주를 만들어 그 위에 발트해상의 가장 크고 아름다운 무역항 [피터스버그]를 건설해놓고 [핀란드만]으로 빠져나간다.

본류와 지류를 합하여 한반도의 약 1,3배가 넘는 28만여㎢ 유역에 관개灌漑는 물론 수운水運의 온갖 혜택을 제공해 주는 축복의 강이다. 북유럽 관광객에게 선택 관광으로 제공되는 [백야의 밤 뱃놀이]도 이 강이 주는 보기드믄 혜택의 하나라는 것이다. 이번 러시아 여행의 선택 관광은 네 가지였다. 모스크바 민속공연과 서커스, 그리고 이곳 상트페테르부르크의 수준 높은 발레와 네바강 뱃놀이 등인데, 각자 취향대로 골라 자유시간에 즐기라는 것이다. 생각해보니 그중 네바강 유람선 놀이는 현지에서가 아니면 체험할 수 없는 속지적 성격 때문에 우리 부부는 다른 것들을 제쳐두고 [네바강 밤 뱃놀이]를 선택하였다. A팀 관광객 4~5명, B팀 5~6명과 양 팀 가이드까지 도합 10여명이 승선비 1인당 60유로 도합 600유로(한화로 약 90만원)에 유람선 한 척을 대절하였다. 각 테이블마다 기본으로 나오는 샴페인 한 병과 기본 안주 몇 가지 놓고 관광이 진행됐다. 강 우측 상류 쪽으로 거슬러 올라갔다가 좌측하류 쪽으로 내려오는 코스다. 강을 오르내리며 주변의 희끄무레한 백야경白夜景을 감상하는 이 환상적 분위기를 세상 어디에서 맛볼 것인가! 황홀경의 극치였다. 더하여 러시아인 5-6명으로 짜인 유람선 전속악단이 펼쳐 보여주는 깜짝 이벤트와 흥미진진한 쇼는, 샴페인 몇 잔에 취흥이 도도해진 우리 관광객의 흥취를 110% 북돋아줄 만큼 기발하고 매혹적인 것이었다.

가수가 동서양 가곡을 번갈아 부르면 무용수가 멋진 몸놀림으로 가곡과 조화를 빚어내는데, 가수의 놀라운 가창력과 무용수의 세련된 동작 연출은 가히 수준급이었다. 서양의 가곡은 귀에 익숙한 고전만을 골라 부르니 듣기에 편하고, 동양의 노래는 고객이 모두 한국인일 경우를 대비해 얼마나 연습을 했는지 [진도 아리랑] [밀양 아리랑]등 각종 민요와 한국인이면 누구나 잘 아는 동요 [과수원길]이나 [오빠생각] 등을 불러, 고국을 떠나온 지 고작 며칠밖에 안 되는 사람들의 향수를 불러일으키기도 하였다. 그러는 일방 레퍼토리의 중간 중간에 여가수는 남자 관광객 손을 잡고 나가 음악에 맞춰 야한 춤을 추기도 하고, 남자 무용수는 여자 관광객 손을 잡고 나가 야하면서도 음탕하지 않은 춤을 즐기니, 배 안의 관광객이 온통 하나 되어 자정 무렵에 백야의 밤이 찾아와 주위가 거의 어두워질 때까지 질탕한 놀이가 이어졌다. 내 아내는 평생 처음으로 두 번씩이나 백인 남자의 미끈한 손에 이끌려 나가 서투른 춤이나마 마음껏 즐기고 들어왔으니, 태어난 후 처음으로 사는 보람을 느꼈을 것이다. 뱃놀이가 끝날 무렵 관광객들 앞으로 모자를 뒤집어 들고 지나가는 남자 무용수에게, 내 아내를 기쁘게 해 준 대가로 5유로의 팁을 던졌더니, 1유로가 아니고 5유로임을 확인한 그가 나를 향하여 절을 몇 번씩이나 하는 게 아닌가! 5유로면 한국화폐로 고작 6천원이다. 우리나라 접객업소에서 의당 저희가 해야 하는 식사수발을 들고서도 분에 넘치는 팁을 바라는 웨이트리스와는 너무나 대조적이어서, 세상을 너무 쉽게만 살려고 하는 우리네 모습을 자연스럽게 또 한 번 되돌아보는 계기가 됐다.

2005년 8월 26일

[북방의 수도水都]에서 [Viking의 요람搖籃]까지

–실랴–라인(Silja–Line) 선상(船上)의 낭만

북유럽 기후가 변덕이 죽 끓듯 함은 널리 알려진 사실이라 으레 그러려니 했지만, 그래도 노상 가벼운 양산이라도 하나 지니지 않고는 자칫 물에 젖은 생쥐 꼴 되기 십상이었다. 러시아 토산품은 오늘 이 북방의 수도水都 상트페테르부르크를 벗어나면 살 수 없을 것이기에 우중임을 무릅쓰고 그중 그럴싸한 가게를 찾아, 손자 녀석들 몫으로 5중 목각인형을 서너 개 사서 짐 속에 챙겨 넣었다. 그러고는 특별히 할일도 없어 그 마켓 소파에 앉아 기차시간을 기다리고 있었다. 이곳에서 핀란드 수도 [헬싱키]까지는 국제열차 [시벨리우스]호를 여섯 시간이나 타야 했기 때문이다.

기차는 급행열차라는 이름이 무색하게 서행 또 서행하고 있었다. 이런 게 어떻게 국제열차일까!

이곳 문화가 혹시 [슬로우-모션 만만디=Slow-motion 慢慢的]의 북방문화라서 그럴까? 어쨌거나 그 지루한 기차여행 끝에 헬싱키에 도착, [소코스]호텔의 아늑한 분위기에서 그 밤을 묵었다.

다음날 시벨리우스공원에 설치된 시벨리우스 모뉴먼트와 대면하고, 헬싱키대학 건축과 세 동창생의 전설 같은 아름다운 이야기가 서린 [세

채의 집]을 구경하였다. 그 집들은 완벽한 설계 하에 지어져서 가히 건축학 교과서라 불리며, 건축공학도들의 견학이 끊이지 않는 곳이라 하였다.

오전 일정을 끝내고 헬싱키 시내 한 중국음식점에서 점심을 마친 일행은 5만5천 톤급 초호화유람선 [실랴-라인] 승선을 위하여 버스를 타고 선창으로 나갔다. [실랴-라인]은 오후 다섯 시에 헬싱키를 출발, 이튿날 아침에 스웨덴의 스톡홀름에 도착한다는 것이다.

우리 부부가 배정받은 객실은 배의 진행방향을 바라보고 왼쪽 바다에 면한 9층 12호실이던가? 배의 후미 쪽에 붙은 방이었다. 배안에서 하루 밤을 자야 한다기에 얼마나 불편할까 내심 걱정이었는데 매사에 기대가 크면 실망이 크듯, 아예 기대하지 않은 뒤끝은 환호성이 나오게 마련인가 보다.

T C(Tour conductor) [정 연정]씨에게서 받은 카드키로 문을 따고 들어갔다. 침대 하나에 거실과 화장실을 따로 갖춰 밤을 지새우기에 큰 불편 없는 그저 그런 객실인 것 같았다. 일단 들어가서 이모저모 살펴보니 그게 아니었다. 한국의 오피스텔 구조같이 낮엔 거실로 쓰다가 잠잘 땐 벽에 붙어있는 또 하나의 침대를 펴게 돼있어, 그걸 펴놓자 훌륭한 두 개의 침대가 놓인 호화객실이 됐다. 화장실도 옆에 샤워장까지 붙어있어, 공간만 조금 더 넓으면 호텔 못잖은 시설이었다. 핀란드와 스웨덴 양국 정부가 공동출자하여 운영하는 배라는데, 과연 국가적 체면에 손색없는 훌륭한 배였다.

짐을 풀어놓고 잠시 쉬고 있자니 저녁식사 시간이 됐다. 그동안 북유럽 여행 중 내게 가장 불만스러웠던 건 식사 전에 반주를 즐길 수 없는 일이었다. 주문하면 술이 나오긴 하지만 적포도주 한 잔에 15유로나 25유로씩을 받는데다, 일행들 모두가 잠자코 식사를 하는데 우리 부부만

별나게 끼니때마다 따로 술을 챙기는 것도 민망하여 그냥 참고 밥만 꾹꾹 먹을 때가 많았다. 오늘은 아니었다. 이 실랴-라인 선상의 식대엔 주류와 음료수 값이 다 포함돼 있기 때문에 주객들은 각자 주량대로 마음껏 마셔도 된다는 T C의 귀띔을 받고, 여행길에 나선 후 처음으로 적포도주를 마음껏 즐길 수 있었다. 이 또한 호화로운 이 배가 내게 선물한 또 하나의 색다른 낭만이 아니랴! 식사 후 면세점과 찻집과 갑판 위를 한 시간 가량 산책하고 우리 방으로 돌아오니, 이거야말로 두 번 다시 맛보기 어려운 멋진 체험이었다.

지금 우리가 선창 밖으로 내다보고 있는 저 바다는 [핀란드만]인데 아마도 에스토니아 쪽으로 열려 있는 바다일 것이다. 스웨덴의 스톡홀름 쪽을 바라보고 그 왼쪽에 있으니까. 그렇다면 맞은편에 멀찍이 바라보이는 저 육지가 바로 에스토니아 땅일지도 모를 일이다. 왜냐하면 핀란드만은 워낙 폭이 좁아서 수평선이라는 게 없을 것이기 때문이다. 수평선은 이 배가 핀란드만을 벗어나 [발트 해]에 접어들어 〈보트니아 만〉을 건널 때에야 비로소 볼 수 있을 것이다.

에스토니아공화국: 인문학을 공부해온 내겐 감회가 남다른 나라다. 오랜 세월 강대국의 지배를 받았다는 비슷한 근세사를 공유한 동질감도 있지만, 그보다는 오히려 같은 어계語系에 속한 나라라는 친근감이 작용하고 있을 것이다. 발트3국 언어는 핀란드 헝가리어 등과 함께 우랄어족이다. 알타이어 사용자가 정서적 연대감을 갖는 건 자연스러운 인정이 아닐까? 물론 최근 언어학계엔 우랄어족과 알타이어족이 같은 조어祖語에서 파생한 어족이라는 걸 부인하는 학자들이 많다고 들었다. 하지만 난 고등학교 때부터 엄연히 그렇게 배웠고 지금도 우랄-알타이 어족을

주장하는 학자도 많다고 하니, 이왕이면 같은 어족이라고 생각하는 게 정서적으로 좋은 것 아닐까!

지금 창밖으로 멀리 보이는 저 도시가 혹시 수도인 탈린Tallin이 아닐까 생각하며 『아, 에스토니아 라트비아 리투아니아!』 내가 무의식중 큰 소리로 부르짖자 아내가 깜짝 놀라 자기에게 뭐라 말을 건네는 줄 알고, 뭐라 했느냐고 되묻는다.

배가 어느덧 핀란드만을 벗어났는지 수평선이 보이기 시작했다. 발트해의 보트니아 만을 건너고 있는 것이리라. 수평선 멀리 무역선인지 어선인지 모를 배가 나타났다. 보였다 하면 어느새 물결 너머로 사라졌다가 또다시 나타나곤 한다. 밤늦도록 그 배와 숨바꼭질을 하는데, 『이제 그만 자야 하지 않으냐』는 아내의 말에 시계를 보니 밤 11시였다. 그러니까 나는 밤 열한 시가 넘도록 수평선상에 떠다니는 배와 숨바꼭질을 하며 놀고 있었던 것이다. 물새들조차도 그 시간에 자지 않고 바다 위에 떠서 삼삼오오 물놀이에 여념이 없는 걸 보라!

백야白夜였다. 백야의 박명현상이 자정이 되도록 바다 위에 머물러 나에게 수평선을 보게 한 것이다. 배는 움직이는 듯 마는 듯 조용한 항해를 이어가는데, 이따금 반대쪽으로 지나가는 배와 엇갈리는 것으로 우리 배도 전진하고 있음을 알 수 있었다. 이 꿈같은 발트해상의 낭만을 잠 속에 묻어버리고 싶지 않다. 침대에 누워 잠깐 눈을 붙였다가 다시 일어나 수평선상에서 가물거리는 배들과 가까운 물위에 떠서 자맥질하는 물새들과 어울리며 그 밤을 그렇게 지새우고 있는 사이, 배는 어느새 보트니아 만을 다 건너고 [Viking의 요람]인 스웨덴 땅 내해에 접어들었나 보다. 연안 언덕바지에 들어선 별장들과, 그 앞에 정박해 있는 자가용 요트들이 스웨덴 사람들의 부유한 생활상을 유감없이 보여주고 있었다.

[돔보스]의 창밖풍경

노르웨이의 제2일은 11년 전 동계올림픽이 올림픽 역사상 가장 성공적으로 열렸던 오플란 주의 주도 [릴레함메르]를 거쳐, 노르웨이 국립공원 풍치지역인 돔보스(DÄMBOS)에 도착했다. 호텔에 들기 전 부근 광장에 차를 세우고 영상물 상영관에 들어갔다. 극장에선 북구신北歐神 〈트롤〉의 전설영화와 국립공원 돔보스 지역의 아름다운 풍치를 소개하는 영상물을 보여주었다.

극장에서 나와 토산품가게에 들러 어린 손자들 몫으로 트롤인형 세 개를 개당 무려 5만원씩이나 주고 사서 챙겨 넣었다. 대기 중인 버스 쪽으로 걸어가다가 무심코 고개를 들어 전후좌우 주변경관을 둘러본 나는, 그만 그 자리에 말뚝처럼 서고 말았다. 내 입에선 연신 탄성이 터져 나오고 있었다.

『아, 돔보스!』이렇게 시적이면서 회화적이고 정갈하고 아담하며, 꼭 있어야 할 것들이 제 자리에 있는 완벽한 신의 창조물이 또 있을까? 나는 이곳에 와서 처음으로 이번에 세상구경 나서기를 잘했다고 생각했다. 구도가 잘 째인 거대한 회화를 보고 있는 느낌이었다.

호텔이나 개인가옥들도 주변과의 조화를 생각했음인지 모두 목조건물이었다. 우리 부부가 배정받은 방도 목조건물 1층이었다. 여장을 풀고 창가에 서서 밖을 응시하다가 나는 문득 오지호吳之湖화백의 그림을 연상하였다. 복잡하지 않은 구도에 선명한 색으로 분위기를 이끌어내는 오 화백의 그림. 만약 오 화백이 생전에 이곳에 와봤으면 이곳은 또 하나의 대작의 고향일시 분명하다고 생각했다.

경사가 완만한 구릉이, 쭉쭉 곧게 뻗은 전나무들 사이로 간간히 얼굴을 내밀고 있는 집들을 소품小品삼아, 먼 산을 향하여 몇 번을 굽이쳐 오르다가 어디론가 사라지고, 저만치 전나무 숲이 활짝 열린 공간 그 너머에 아득히 먼 능선이 군데군데 만년설을 이고 일직선으로 가로 누워있었다. 이 대목에서 오 화백이라면 〈군데군데〉라는 자잘한 기교를 쓰지 않고 흰색으로 뭉툭 한일(一)자를 가로 그어 그 아래 푸른 전나무 숲과의 조화를 통해서 바로 지금 이 분위기를 살려내지 않았을까?

말을 뱉어놓고 보니 그림도 모르는 주제에 내가 너무 나갔나?

2005년 8월 26일

어느 [산악열차]에서 벌어진 일

브릭스달 빙하관광을 끝내고 [송달]로 이동하여 그 밤을 송달호텔에서 묵었다. [송달]은 큼지막한 산골짜기로 흐르는 맑은 시냇물 양쪽 언덕에 고즈넉이 들어앉은 200여 호의 촌락이었다. 한국으로 치면 두메산골의 면사무소 소재지쯤 돼보였다.

그곳에서 아침식사를 마치고 다음 목적지인 [베르겐]을 향하여 노르웨이의 험준한 산악과 협곡을 종일토록 누볐다. 때로는 카페리를 이용하여 강을 건너기도 하고, 때로는 버스 높이만큼 눈얼음이 쌓여있는 지대를 정연하게 기계로 제설해놓은 그 사이를 달리기도 하고, 수시로 크고 작은 터널을 통과하는데 그중 [플롬]으로 가는 〈래르달 터널〉은 길이가 무려 24,5킬로(60여리)나 되어, 그 일대 산악의 규모와 험준함을 짐작케 하였다. 그 터널을 지나 [플롬]에 다다르면 일단 버스를 내려, [산악열차]로 갈아타고 험준한 멧부리와 사나운 폭포들을 구경하며 [뮈르달]까지 가게 된다. 이 산악열차 노정路程야말로 노르웨이 관광의 하이라이트 중 단연 백미로 꼽힌다는 것이다.

바로 그 [플롬－뮈르달]간 〈로맨틱열차〉로 불리는 산악열차 속에서 참으로 맹랑한 해프닝이 벌어졌다.

우리 일행은 T C의 지휘를 받아 승차권에 적힌 대로 각기 좌석에 앉아 기차가 출발하길 기다리고 있었다. 깊은 산골 기차역은 마냥 조용하기만 했다. 한참 있자니 그 적료寂寥를 깨고 시끌벅적한 독일어와 함께 약 2-30명 독일사람 패거리가 우리 찻간으로 들어왔다. 그자들은 험한 표정으로 우리를 노려보며, 자기들이 앉을 자리에 왜 너희 같은 이상한 놈들이 먼저 앉아있느냐는 투로 어서 일어나라는 시늉을 하였다.

억양이 거센 독일어를 내뱉으며, 키와 몸집이 우리와는 비교도 안 되게 큰 자들이 위압하자, 한쪽에선 쭈뼛쭈뼛 자리에서 일어나는 사람도 있고, 나같이 간이 작은 인간은 순간 나치의 인종주의와 아우슈비츠의 비인간적 만행이 떠올라 잔뜩 겁을 집어먹고 있었다. 그 순간 갑자기 등 뒤에서 기차 안을 쩌렁쩌렁 울리는 여자의 독일어 목소리가 들렸다. 순간에 기차 안이 잠잠해지며 그렇게도 기세등등하게 소란을 피우던 독일인들이 조용히 그녀 말에 귀 기울이고 있었다. 누군가? 궁금하여 뒤돌아보니 그 당찬 태도와 분명한 독일어 발음으로 연설을 하고 있는 사람은 다름 아닌 우리를 인솔해 다니는 T C 정연정씨였다.

난 내 눈을 의심하였다. 그리도 상냥하고 자상하게 우리 뒷바라지에만 전념하던 그녀에게 저런 일면이 있었던가? 그녀는 그 많은 독일 사람들을 완전히 제압하고 있었다. 뒤에 독일어를 알아듣는 일행 중 한 사람에게서 들으니

『이 칸은 좌석이 지정돼있는 칸이다. 우리는 그 좌석대로 앉아있는데, 너희가 좌석이 지정되지 않은 표를 사가지고 이 칸으로 와서 행패를 부리면 되느냐! 좌석지정이 없는 칸으로 빨리 나가달라』고 말했다는 것이다.

짐작에 유럽 사람들은 가까운 이웃나라를 여행하는 일이 평범한 일상

사로, 기차표 같은 것도 값비싼 지정좌석 티켓 아닌 좌석지정 없는 입석 표를 사가지고 다니는 성실었다. 독일 사람이 어디 야만인인가? 이치에 닿는 그녀 말에 순순히 승복하고 다른 칸으로 옮겨가자, 나는 다시 한 번 우리의 T C 정연정씨의 사람 됨됨이에 감복했다.

그녀는 키가 크고 늘씬한 미인이다. 본인이 공석에서 그런 이야기를 하진 않았지만 나와 사적으로 이야기를 나눈 자리에서 아버지 사업 때문에 미국에서도 프랑스에서도 독일에서도 상당기간씩 거주한 일이 있어, 유럽 쪽 언어를 잘 구사할뿐더러, 언어학이 자신의 관심분야라고 했다. 생활취향 또한 유럽 쪽이어서 T C생활도 주로 유럽 쪽을 맡는다나.

결혼적령기를 넘기고 보니, 이젠 중매 선다는 사람도 없다는 농담도 서슴지 않았다. 그녀가 내년쯤엔 이 생활을 접고 결혼할 계획이라는 말을 들은 터라 부디 좋은 사람 만나 행복하게 살기를 간곡히 빌고 바랄 뿐이다.

2005년 8월 28일

고춘 산문집(상)

억이야! 떡이야!

인쇄 2015년 05월 11일
발행 2015년 05월 16일

지은이 고 춘
발행인 서정환
펴낸곳 좋은수필사
주소 서울시 종로구 삼일대로 32길 36(익선동 30-6 운현신화타워 빌딩) 305호
전화 (02) 3675-5633, (063) 275-4000 · 0484
팩스 (063) 274-3131
이메일 sina321@hanmail.net essay321@hanmail.net
출판등록 제300-2013-133호
인쇄 · 제본 신아출판사

ISBN 979-11-5605-213-5 04810
ISBN 979-11-5605-212-8 04810(세트)

값 12,000원

이 도서의 국립중앙도서관 출판예정도서목록(CIP)은 서지정보유통지원시스템 홈페이지(http://seoji.nl.go.kr)와 국가자료공동목록시스템(http://www.nl.go.kr/kolisnet)에서 이용하실 수 있습니다.(CIP제어번호: CIP2015013351)」

Printed in KOREA